인생을 바꾼
시간관리 자아실현

인생을 바꾼

시간관리 자아실현

유성은 · 유미현 지음

중앙경제평론사

새벽의 인사

새벽이 주는 교훈에 귀 기울여 보십시오.
오늘을 바라보십시오.
오늘은 삶이요 삶 중의 삶이기 때문입니다.
당신 존재의 진실성과 실재성:
성장의 기쁨
행동의 영광
미의 장엄이
하루의 짧은 과정 중에 놓여 있습니다.
어제는 꿈에 지나지 않고
내일은 환상에 불과할 뿐입니다.
그러나 최선을 다한 오늘은
모든 어제를 행복의 꿈으로
그리고 모든 내일을 희망의 환상으로 만듭니다.
그러므로 오늘을 잘 바라보십시오.
이것이 새벽의 인사입니다.

The Salutation of the Dawn

Listen to the Exhortation of the Dawn!

Look to this Day!

For it is Life, the very Life of Life.

In its brief course lie all the

Verities and Realities of your Existence:

The Bless of Growth,

The Glory of Action,

The Splendor of Beauty,

For yesterday is but a Dream,

and Tomorrow is only a Vision:

But Today well-lived makes

Every Yesterday a Dream of Happiness,

And every Tomorrow a Vision of Hope.

Look well therefore to this Day!

Such is the Salutation of the Dawn!

머리말

시간처럼 신비한 속성을 가진 것이 있을까?

쓰지 않아도 저절로 사라지며 아깝다고 저축할 수도 없는, 그리고 같은 5분이라도 어떤 때는 단 몇 초처럼 느껴지고, 어떤 때는 몇 시간 같이 느껴지기도 한다.

시간관리가 중요하다고 입버릇처럼 말하는 사람들도 사실 시간관리를 어떻게 해야 하는지 잘 알지 못한다.

인생을 후회 없이 살기 위해서는 시간관리가 필수적이라는 것은 대부분 동의할 것이다. 그러나 시간관리 방법은 저절로 학습되지 않는다.

시간관리는 시간의 가치, 중요성을 뼈저리게 느끼는 데서 출발한다.

자신의 인생의 패턴에서 벗어나서 새롭게 인생을 바꾸려는 절박한 결심이 있어야 시간관리를 익히는 것이 가능하다. 늘 하던 대로, 편한 대로 살려는 마음, 그리고 이번이 아니어도 다음에 하지 하면서 미루는 마음, 이런 마음으로는 인생을 변화시키기 어렵다.

사람의 DNA는 선천적으로 부모에게 물려받는 것이지만, 시간관리 습관의 DNA는 타고난 것이라기보다는 후천적으로 형성되는 것이다.

시간관리를 하면 어떤 점이 유익일까?

시간관리는 인생을 업그레이드 한다.
시간관리는 인생의 우선순위를 깨닫게 한다.
시간관리는 행복을 창조한다.
시간관리는 일과 공부의 효율을 높인다.
시간관리는 인생의 목표에 도달하게 한다.

그 밖의 유익한 점은 책을 읽는 독자들이 직접 읽으면서 하나씩 발견해내기 바란다.

이 책이 한 사람의 인생에 의미 있는 변화를 주었다면 저자들에게는 더없는 기쁨이 될 것이라 믿는다.

차 례

3장   목표설정

4장   우선순위 결정

12장   시간관리의 좋은 습관들

13장   항상 배우고 늘 새로워지는 것만이 살 길이다

14장 행복을 창조하는 시간사용법

15장 명언과 명시를 통해 배우는 시간관리 지혜

1장
시간의 가치를 알면
행운이 달려온다

시간은 인간이 쓸 수 있는 가장 값진 것이다.
Time is the most valuable thing a man can spend.

시간은
기다리는 자에게는 너무 느리고,
두려워하는 자에게는 너무 빠르게 지나가고,
비탄에 빠진 자에게는 너무 길고,
기뻐하는 자에게는 너무 짧고,
그러나 사랑하는 자에게
시간은 영원하다.

- 헨리 반 다이크 〈시간은〉 -

시간관리의 제1조는 건전한 시간의식을 갖는 것이다.

사람이 살아가며 가장 많이 사용하는 단어 중 하나는 시간 혹은 시간과 관계된 말이다. 우리의 삶이 시간과 얼마나 깊이 연관되었는지 한번 생각해보자.

"오늘 아침 6시에 일어났다", "근무시간 10분 전에 사무실에 도착했다", "시간이 참 빨리 가네!", "벌써 점심시간이네!", "그 일을 하는 데 소요되는 시간은?", "타임아웃!", "괜히 시간만 낭비했네!", "벌써 가을이네!", "고령화 사회가 도래했습니다", "아! 세월은 잘 간다, 야야야!", "그분은 90세를 향수하셨습니다" 등등.

우리는 하루에도 수십 번, 의식적이든 무의식적이든 시간과 관계된 말을 하며 살아간다. 우리는 시간 속에 살고 있으며, 시간을 이용하고 있다. 그러면서도 시간을 분명하게 이해하지 못하고 있다. 시간은 막연하며 잊히기 쉬운 존재이기 때문이다.

우리의 인생은 시간에서 시작되어 시간으로 끝난다. 사실 우리가 소유했을 때만 시간을 시간이라 할 수 있으며, 그것을 올바로 사용했을 때만 가치 있게 살았다고 말할 수 있다.

그러면 사람들은 왜 시간의 가치를 제대로 이해하지 못할까? 그것은 여러 가지 원인이 있다.

12세 미만의 아이들은 시간감각이 없다. 그리고 20대의 청년들도 시간감각이 그리 예민하지 않은 편이다. 많은 사람은 30대가 되어서야 비로소 철이 들고 시간의 귀중함을 인식하게 된다.

보통 시간은 노력하지 않아도 주어지는 탓에 시간의 가치를 인식하지 못한다. 만약 시간도 생수처럼 돈을 주고 사야 한다면 굳이 강조하지 않아도 시간의 가치를 깨달을 것이다. 또한 시간이 솜털처럼 많이 남아 있다고 생각해서 시간의 가치를 경시하는 사람들도 많다.

우리는 무엇보다도 시간의 가치를 반복적으로 우리 자신에게 확신시켜야 한다. '시간의 가치를 알면 행운이 달려 온다'라는 서양속담도 있듯 말이다.

나이가 먹을수록 철이 들고 시간감각도 예민해지는데, 누구나 그런 것은 아니다. 나이를 먹어도 시간의 가치를 모르는 이들도 있다. '철들자 망령'이란 우리나라 속담이 이를 말해준다. 그러나 일찍이 분명한 인생철학을 세우고 열심히 일하는 사람은 나이에 관계없이 시간의 귀중함을 알고 있다.

✔ 시간은 돈이다

'시간은 돈이다'라는 벤저민 프랭클린의 명언은 이제는 상투어가 되어버렸다. 그렇지만 이 말의 의미를 진정 아는 사람은 드물다. 만약 시간은 돈이라는 말 속에 숨겨진 깊은 뜻을 알면, 시간의식이 보다 더 향상될 것이다.

시간과 돈의 연관성을 생각해보자.

첫째, 시간과 돈은 모두 가치 있는 자원이다. 시간은 그 자체가 자원이며, 다른 자원을 활용할 수 있는 자원이다. 시간이 없으면 아무것도 할 수 없다. 그러므로 시간은 최상의 자원이다. 시간이 있어야 돈을 벌 수 있다. 시간을 컨트롤해야 돈도 컨트롤할 수 있는 것이다.

둘째, 시간과 돈은 얼마나 소유했느냐보다 어떻게 사용하느냐에 따라 가치가 달라진다. 시간을 잘 사용하면 무슨 일이든 가능하다.

셋째, 시간이 경과하면 돈의 가치도 달라진다. 한 단위의 화폐는 시간적 요인에 따라 다른 가치를 지니게 된다. 그래서 사람들은 사업에 돈을 투자하는 것이다.

넷째, 시간이나 돈을 장기간 꾸준히 투자해야 원하는 바를 달성할 수 있다. 투자는 마라톤과 같다. 한 가지를 꾸준히 10년만 하면 그 방면에 전문가가 된다. 그리고 10년 이상 충분히 장기적으로 투자하면 많은 돈을 모을 수 있다.

다섯째, 시간을 사용할 때나 돈을 투자할 때 타이밍이 결정적인 요소가 된다. 투자뿐 아니라 일상생활의 대부분이 올바른 타이밍을 잡아야 훌륭하게 성취할 수 있다.

여섯째, 가치 있는 일에 시간과 돈을 투자하면 부가가치를 낳는다. 대부분의 사람은 시간을 죽이는 일에 돈을 쓴다. 그러나 현명한 사람은 시간을 살리는 일에 돈을 쓴다. 평범한 사람은 시간과 돈이 늘 부족하고, 현명한 사람은 시간과 돈이 늘 남는다. 시간을 살리는 일에 돈을 투자해야 한다. 시간낭비를 줄이면 자연스럽게 여유시간이 생긴다.

일곱째, 자신의 시간적 분수와 경제적 분수를 알면 시간과 돈에 쫓기지 않고 자유를 즐기며 살아간다.

여덟째, 시간이나 돈은 가치 있게 여길 때 가치 있게 쓸 수 있다.

아홉째, 시간과 돈은 결핍할 때 그 가치를 더욱 실감하게 된다.

열째, 시간과 돈은 모두 다 무소불위의 힘을 행사한다. 시간과 돈의 세력을 이길 사람은 아무도 없다.

✔ 5분은 긴 시간이다

5분이 짧은 시간이라고 경시하는 사람은 시간관리 요령을 터득하지 못한다. 예를 들어 운동경기 시간 중 5분은 매우 긴 시간이다. 5분이면 충분히 상황을 역전시킬 수 있다. 100m 단거리 선수는 0.1초의 기록경신을 위해 여러 달 동안 맹렬히 훈련한다. 탁구에서 받을 수 있는 공과 받을 수 없는 공의 차이는 불과 0.01초라고 한다.

어느 급박한 상황이 닥쳐올 때를 가리켜 '초읽기'라고 한다. 응급환자에게도 5분이란 매우 긴 시간이다. 5분 차이로 생사가 판가름 나기도 한다. 소방관에게 주어진 5분은 결코 짧지 않은 골든타임이다. 비행기 조종사에게도 5분은 매우 긴 시간이다.

당신은 5분이 부족해서 쩔쩔매거나, 실패와 좌절감을 맛본 경험은 없는가? 아마추어와 전문가의 차이는 5분을 덜 하느냐 더하느냐에 달려 있다고 한다. 5분만 더 공부하고, 5분만 더 운동하고, 5분만 더 대화하는 등 5분만 더 하는 것이 나중에 큰 차이를 만들어내는 것이다. 하루 5분을 더 살리면 분명코 인생이 달라진다.

대부분의 사람은 어떤 특별한 때에만 시간의 가치를 귀중하게 느낀다. 평소에는 시간의 가치를 느끼지 못하고 어영부영 시간을 보내는 경우가 많다. 평소에도 시간의 가치를 실감하고 시간을 아낀다면 다른 사람보다 분명히 앞서갈 수 있다.

나는 가끔 전철을 타고 수원에서 서울로 간다. 전철 속에서 맞은편에 앉아 있는 사람들의 모습을 유심히 바라본다. 10명 중 8명은 스마트폰을 사용하고, 2명은 눈을 감고 자는 것이 일반적인 현상이다. 책을 보는 사람은 거의 찾아볼 수 없다. 이는 시간을 부지중에 그냥 흘려보내는 것과 같다.

같은 직장에 다니는 두 직원이 있다. 퇴근 5분 전에 한 직원은 "5분이나 남았다"고 말하며 그 시간을 잘 활용한다. 또 다른 직원은 "5분밖에 안 남았다"고 말하며 어영부영 시간을 때운다. 이런 사소한 습관의 차이가 장차 큰 차이를 가져오는 것이다.

"영웅이란 보통 사람보다 더 용감한 것이 아니라 보통 사람보다 5분 더 길게 용감할 뿐이다(랠프 월도 에머슨)."

✔ 1초의 시간도 매우 귀중하다

평생 시계 만드는 일에 종사한 사람이 있었다. 그는 아들의 성인식 날 손수 만든 시계를 선물하였다. 그런데 그 시계는 여느 시계와는 다른 특별함을 지니고 있었다. 시침은 동(銅), 분침은 은(銀), 초침은 금(金)으로 되어 있던 것이다.

시계를 받은 아들이 "시침이 가장 크니까 금으로 만들고, 가장 가늘고 작은 초침은 동으로 만들어야 하지 않나요?" 하고 물었다.

아들의 질문에 아버지는 "초침이야말로 금으로 만들어져야 한다. 초를 잃는 것은 세상의 모든 시간을 잃는 것과 마찬가지란다"라고 답했다. 그는 아들의 손목에 시계를 채워주며 말을 이어갔다.

"초를 아끼지 않는 사람이 어떻게 시간과 분을 아낄 수 있겠니? 세상 만사 순간에 의해 결정될 수도 있다는 걸 명심하고, 너도 이제 성인이니만큼 1초의 시간도 소중하게 여겼으면 좋겠구나."

삶을 살아가다보면 1초 때문에 울기도 하고 웃기도 하는 일이 부지기수다. 교통사고가 0.1초 차이로 일어나기도 하고, 피해가기도 한다. 1초 때문에 전철을 타지 못하는 경우도 있다. 과학자가 아닌 일반인들도 '초 관리'를 해야 할 때가 분명 많다. 무릇 지극히 적은 시간도 귀중하게 여겨야 한다.

☑ 지금 이 순간을 사랑하자!

세상에는 중요한 세 가지 '금'이 있다. 바로 돈을 상징하는 '황금'과 음식을 상징하는 '소금', 시간을 상징하는 '지금'이다. 어느 남편이 이 말을 듣고선 너무 의미 있다고 생각해서 부인에게 문자로 물어보았다. '여보, 세상을 살아가는 데 꼭 중요한 세 가지 금이 있다는데, 뭐라고 생각하나?' 잠시 후 부인에게 답장 문자가 왔다. '현금, 지금, 입금.' 이 문자를 보고 남편이 입을 쩍 벌리며 다시 문자를 보냈다. '방금, 쬐금, 입금.'

대부분의 사람은 시간보다 돈을 선호한다. 하지만 시간은 돈보다 훨씬 귀중하다. 시간은 인생을 만드는 자료이기 때문이다.

모두에게 평등하게 주어진 24시간을 어떻게 사용하느냐에 따라 인생이 달라진다. 그런데 많은 사람이 두 마리의 호랑이에게 쫓겨 인생을 낭비한다. 한 마리의 호랑이는 '과거'라는 호랑이다. 과거의 실패, 과거의 성공에 집착하다가 허송세월을 보낸다. 또 한 마리의 호랑이는 '미래'라는 호랑이다. 사람들은 미래에 좋은 일이 일어나기를 꿈꾼다. 그래서 "대입 시험에 합격만 하면", "직장에 취직하기만 하면", "좋은 아파트를 사기만 하면", "좋은 승용차를 사기만 하면"이라고 말한다.

미래에 대해 행복한 기대를 갖는 것이 나쁘지는 않다. 그러나 미래에 함몰되는 시간이 많으면 현재를 잃어버릴 가능성이 농후하다. 현재 이 순간을 사랑하면서 살아가는 방법을 배우면 삶이 달라진다. 가장 절망적인 순간을 맞았더라도 그 순간을 사랑해야 한다. 물론 그 순간이야말로 가장 나답게 살아가야 할 순간임을 알고, 무엇을 행하면서 산다는 것은 어려운 일이다. 하지만 그런 태도가 내 인생을 값지게 하는 최선의 삶인 것이다.

지금 해야 할 일을 뒤로 미루고 기다림 속에서 머뭇거리다가 많은 시간과 감정을 소모하고 있지 않은가. 과거의 삶을 회고해보면서 과연 각자는 현재의 삶에 충실했는지 살펴볼 필요가 있다. 매일의 삶을 생의 마지막 날로 여길 때 현재를 가장 값진 순간으로 살 수 있다.

오늘을 성실하게 보낸 사람에게 내일의 세상은 그렇게 높은 산이 아닐 것이다.

✔ 메멘토 모리와 카르페 디엠

'메멘토 모리(Memento mori)'와 '카르페 디엠(Carpe diem)'은 모두 보석

같은 서양격언들이다. 이 격언들은 오랫동안 유럽인의 삶을 떠받치던 두 기둥이었다. '메멘토 모리'는 '죽음을 기억하라'는 뜻이고, '카르페 디엠'은 '현재를 즐겨라'는 의미다. 정반대의 교훈이지만, 이 둘은 서로 통한다. 두 격언은 시간의 귀중함을 깨닫게 해주는 데 큰 작용을 한다.

옛날 로마에서는 원정에서 승리를 거두고 개선하는 장군이 시가행진을 할 때, 노예를 시켜 행렬 뒤에서 큰 소리로 외치게 했다고 한다. "메멘토 모리!" 이는 '전쟁에서 승리했다고 너무 우쭐대지 말라. 오늘은 개선장군이지만, 너도 언젠가는 죽는다. 그러니 겸손하게 행동하라'는 의미에서 생겨난 풍습이다. 그리고 로마 귀족들 사이에서도 이 말이 인사말로 자주 사용되었다고 한다. 죽음을 기억하면 삶은 그만큼 더욱 의미가 생기고, 시간의 가치도 높아진다.

'카르페 디엠'은 고대 로마의 시인 호라티우스의 라틴어 시 한 구절에서 유래한 것이다. 라틴어 카르페(Carpe)는 '즐기다, 잡다, 사용하다'라는 의미이고, 디엠(diem)은 '날'을 의미한다. 그의 시 중에 '현재를 잡아라, 가급적 내일이란 말은 최소한만 믿어라(Carpe diem, quam minimum credula postero)'는 말이 나온다.

인간은 어차피 모두 죽는다. 그러니 잘나간다고 우쭐할 거 없다. 못 견디게 괴로운 상황에 놓여 있다 해도 좌절할 필요 없다. 무엇이건 영원하지 않다. 죽음 앞에서 인생이라는 연극은 공평하게 막을 내린다.

그렇다면 우리는 어떻게 살아야 할까? '카르페 디엠'은 이 물음에 답을 준다. 마지막 한 방울까지 음미하는 자세로 '지금 이 순간(here and now)'을 살아야 한다.

주변의 평가는 중요하지 않다. 하루하루 주어진 역할을 충실히 이행하며 삶을 보석같이 가꾸어야 한다. 이럴 때 내 인생은 그 무엇에도 휘둘리지 않는다. 최선을 다한 삶이 아름답다. 설사 실패했다 해도 미련이 남지 않는다. 행운만 주어진 인생은 남들에게 부러움을 안길지 모른다. 그러나 헛헛하고 외롭고 공허하다. 삶을 대하는 나의 올바른 자세만이 삶을 튼튼하게 만든다. '메멘토 모리'와 '카르페 디엠!' 보석 같은 두 격언을 가슴에 늘 새기고 진중하게 살아가야 한다.

✅ 인생 목표를 세우자

사람은 왜 방황할까? 왜 계속해서 시행착오만 겪다가 세월을 보낼까? 중요한 원인은 인생의 확고한 비전이 없기 때문이다.

스스로에게 "내 꿈과 비전은 무엇인가?"라고 질문해보자. 결코 대답하기 쉽지 않은 질문이다. 꿈과 비전은 '바람직한 나의 미래상'이라고 정의할 수 있다. 꿈과 비전은 보이지 않는 미래를 볼 수 있는 능력이다. 또한 꿈과 비전을 소중히 하는 사람은 언젠가는 그 꿈을 성취할 것이다.

'꿈은 이루어진다'라는 말은 표어로는 좋지만, 현실과 거리가 먼 이야기일 때가 더 많다. 삶이 고달파서 거창한 꿈은 고사하고 일상의 평범한 목표마저도 포기하기 쉬운 사회다. 꿈꿀 자유마저 박탈당하고 사는 사람도 있다.

　꿈을 잃은 사회나 개인은 희망이 없다. 왜 그런가? 꿈은 올바른 방향을 설정해주기 때문이다. 성서에는 "비전이 없으면 백성이 망한다(잠언 29:18)"고 했다. 비전은 방향, 질서 또는 목표를 위한 열정을 탄생시킨다. 그것은 무목적, 혼돈, 무법을 추방한다. 비전은 모든 장애물을 극복하는 동력이 된다. 인생의 앞길이 흐리고 침침하고 답답한 것은 내 운명이 나쁘거나 내 앞에 가로놓인 장애물 때문이 아니다. 미래에 대한 명확한 환상과 뚜렷한 목표가 없기 때문이다. 최악의 조건에서도 꿈만은 잃어버리지 말아야 한다. 그래야 희망의 줄을 잡을 수 있다.

　하루 종일 TV 앞에 매달려 있거나, 도시락을 싸 가지고 불가마 사우나에 가서 온종일 지내다 집에 오거나, 매일 떼를 지어 찻집에 몰려들어 몇 시간 동안 수다를 떠는 이들도 있다. 시간이 넘쳐나도 무엇을 해야 할지 모르는 사람이 많다. 꿈이 없기 때문이다. 시간이 남는다면 생산적인 취미라도 갖는 것이 바람직하지 않겠는가?

　꿈과 비전은 인생과 시간에 새로운 가치를 부여한다. 일생을 투자해서 이루고 싶은 매혹적인 비전 한 가지와 생산적인 취미 한 가지만 설정해도 시간의 가치를 크게 높일 수 있다.

✔ 일상 속에서 시간의식을 높이는 비법

첫째, 모든 시간은 가치가 있다는 점을 늘 염두에 두어야 한다. 시간에 대해 '자린고비'가 되자. 시간에 대한 자린고비는 미덕이다.

둘째, 평소에 '시간이 좀 부족하다'라는 의식을 가지고 사는 것이 좋다. 그래야 적당한 긴장감을 느끼면서 일할 수 있다.

셋째, 생활할 때 분 단위로 생각하는 습관을 들이자. 초 단위로 생각하면 조급하게 되고, 시간 단위로 생각하면 시간 손실이 크다.

넷째, 시간예측을 잘해야 한다. 어떤 일을 하는 데 드는 시간의 양, 그리고 그 일을 할 때 가장 적합한 시기를 잘 판단해야 한다.

다섯째, 지금 이 순간을 중요하게 여기면서 행동해야 한다.

여섯째, 사소한 일을 할 때도 마감시각을 정하는 습관을 갖는다. 즉 '이 일을 늦어도 언제까지는 마친다'라고 스스로에게 다짐한다. 마감시각을 정하면 자연히 시간의 밀도가 높아지게 마련이다.

일곱째, 일상 속에서 시간의 다양하고 역동적인 성질과 작용을 잘 살핀다.

학습과 토의를 위한 질문

1. '시간은 돈이다'라는 말의 진정한 의미를 아는가?

2. 언제, 어떻게 시간의 가치를 실감하게 되었는가? 각자 의견을 나누어보자.

3. 내가 일생 동안 추구하는 비전 한 가지는 무엇인가?

4. 나는 평소에도 시간의 가치를 의식하고 살아가는가?

2장
시간관리 업그레이드가
인생 업그레이드이다

시간을 가장 잘못 사용하는 사람이 시간이 없다고 늘 불평한다.
Those who make the worst use of their time most complain of its shortness.

✅ 먼저 관리에 관심을 갖자

우리가 일상에서 가장 많이 사용하는 말 중의 하나가 '관리'라는 단어다. 예를 들면 인사관리, 재무관리, 건물관리, 건강관리, 시간관리, 가정관리, 표정관리, 비만관리, 인기관리, 노후관리 등이다. 관리는 어떤 일을 계획하게 하고 유지하며, 완성시키는 고마운 체계이다.

관공서나 은행 혹은 병원에는 청소부 아주머니가 항상 대기하고 있다. 휴지 한 조각이 떨어져도 그 아주머니는 재빨리 다가와서 치운다. 이렇게 세심하게 건물을 관리하니까 건물이 늘 청결하고 보기 좋은 것이다. 아무리 훌륭한 건물도 잘 관리하지 않으면 보기 흉할 것이다.

회사에서 가장 중요한 관리는 '인사관리'와 '재무관리'이다. 이 두 기둥이 무너지면 회사는 존립할 수 없다.

관리는 만능이라고 할 수 있다. 무슨 일이든지 관리만 잘되면 제 기능을 발휘할 수 있고, 문제도 사전에 예방할 수 있다. 반대로 관리가 잘되지 않으면 일이 막혀 손해를 입고 재앙까지 불러오게 된다.

돈관리와 시간관리에 대해 생각해보자. 일확천금을 얻어도 그 돈을 흥청망청 쓴다면 무슨 유익이 있겠는가? 단 10만 원의 돈이라도 계획해서 잘 쓰면 아주 보람이 있을 것이다. 마찬가지로 하루 통째로 주어진 휴가를 계획 없이 어영부영 보내면 허탈한 심정일 것이다. 하지만 단 한 시간이라도 계획을 잘 세워 사용하면 보람을 느낄 수 있다.

여기서 우리는 한 가지 원리를 찾아낼 수 있다. 자원의 많고 적음이 중요한 것이 아니라 그것을 어떻게 관리하느냐가 더 중요하다는 사실이다. 돈이나 시간이 많아도 관리하는 기술이 없으면 무용지물이다.

'관리'의 반대말은 '방치'다. 정원을 관리하지 않고 그대로 내버려두면 잡초가 무성하게 자라 피폐해진다. 잔디도 깎고 화초에 물을 주어야 정원다운 모습으로 유지된다. 시간도 정원처럼 틀림없는 관리의 대상이다.

✔ 시간관리란 무엇인가?

시간관리란 '자기관리'의 한 부분이다. 그래서 자기관리만 잘하면 시간도 잘 관리하는 것이다. 시간관리는 묘기나 자잘한 기법이 아니다. 왜 살아야 하는지 하는 인생의 근본 문제부터 지금 어떻게 행동해야 하느냐에 이르기까지, 삶의 태도와 지식과 기술을 모두 포함하는 종합예술이다. 시간관리는 넓은 의미에서 보면 주어진 시간을 최선으로 활용하여 자아실현을 하는 방법이고, 좁은 의미로는 시간표를 잘 짜서 일을 이루어 나가는 것이다.

시간관리의 중요한 목적은 시간의 노예가 되지 않고 해야 할 바를 여유 있게 실행하는 것이다. 시간을 관리하지 못해 시간의 노예가 된 사람은 시간에 속박당해서 끌려다닌다. 자유의지를 발휘할 여지가 없으며, 자신이 원하는 바를 이루지 못한다.

현대인들은 매일 시간과 전쟁을 벌인다. 아침 출근길에 오르는 사람들은 분초를 다투며 시간과 한바탕 전쟁을 치른다. 사람들은 시간과의 전쟁을 반복하면서도 왜 자신이 바쁜지는 생각하지 않는다. 다람쥐 쳇바퀴를 돌듯 계속해서 같은 일만 반복한다.

그러나 시간을 잘 관리하는 사람은 불리한 상황 속에서도 아래의 사례들처럼 자신의 꿈을 펼쳐 나간다.

사례 1 벤처기업을 운영하던 한 사장이 IMF때 부도를 맞아 큰 빚더미와 함께 실업자가 되고 말았다. 집과 대부분의 재산이 은행으로 넘어갔고, 대출금을 갚지 못해 신용불량자가 되어 직장을 구하는 데 어려움을 겪었다. 할 수 없이 그는 가족이라도 먹여 살리기 위해 새벽 일용직을 시작했다.

그러던 중 시간관리 컨설턴트로 활동하고 있는 한 친구를 만났는데, 그 친구가 비전과 희망을 찾도록 시간설계 상담을 해주었다. 호구지책에 연연하던 그는 자신의 비전과 꿈을 바탕으로 목표와 계획을 세우고 철저한 시간관리를 하여 재기에 성공하였다.

그는 지금도 자신의 멋진 미래를 향하여 열심히 달려가고 있다. 시간관리 혁신이 없었더라면 그는 지금까지도 미래에 대해 전전긍긍하며 살아가고 있었을 것이다.

충남 계룡시에 사는 김명은(당시 계룡고 3년) 양은 동네에서 이름난 효녀다. 시각장애 1급인 아버지와 간경화로 투병 중인 어머니를 대신해 어린 시절부터 집안 살림을 챙겼다. 중학생 때는 집 문제로 곤욕을 치르는 부모님을 보고 독학으로 공인중개사 자격증을 땄다. 또 스페인 성지 순례가 '꿈'인 어머니를 위해 몇 년간 용돈 등을 모아 지난해 여름 직접 모시고 다녀오기도 했다. 학교 선생은 이를 만류했지만, 이때가 아니면 도저히 가능할 것 같지 않다는 생각에 결단을 내렸다.

학업성적도 좋아 올해 원광대 한의예과에 수시 합격했다. 김양은 제17회 심청효행상 대상을 받게 됐다.

김양은 긍정주의자이다. 그는 자기 처지가 불행하다고 생각해본 적이 없다고 한다. 사교육을 받지 않은 그는 밤 10시까지 학교에서 야간자율학습을 한 게 전부다. 초등학교 때부터 신문과 책 읽기를 좋아했다. 고3이 되어서도 문학, 과학, 철학 관련 책을 학교도서관에서 꾸준히 빌려 봤다.

그는 자기가 해야 할 일을 분명히 알았다. 그리고 어떻게 해야 할지도 알았다. 피할 수 없는 일이라면 기꺼이 즐기면서 했다. 그는 자신은 평범한 일상생활을 보내고 있다며 겸손해한다. 나이는 적지만 분명코 성숙한 시간관리 능력을 갖춘 사람이라고 할 수 있다(《중앙일보》 2015. 12. 11 기사 참고).

사례 3 세계 직물업의 거물 올브라이트 캉은 사업적으로 큰 성공을 거두었지만, 가슴 한편에는 어릴 때 품었던 화가의 꿈이 남아 있었다. 고민 끝에 그는 아무리 바쁘더라도 매일 한 시간씩 그림을 그리겠다는 계획을 세웠다.

매일같이 그림을 그리는 것이 쉽지만은 않았다. 그럼에도 매일 한 시간씩 일찍 일어나 아침식사 전까지 그림을 그렸다. 수년이 지났을 때 결과는 어땠을까. 그가 그린 그림은 많은 사람의 관심과 사랑을 받았으며, 개인전도 몇 차례 열었다. 그림은 높은 가격에 팔리기도 했는데, 그는 그림의 수익금을 우수한 예술가 지망생을 위해 장학금으로 내놓았다.

불가능해 보이는 일을 어느 누군가는 하고 있다. 독자들도 새로운 시간관리법을 배우는 일에 도전하기 바란다. 시간관리 방식이 바뀌면 삶도 바뀐다. 시간관리 업그레이드가 인생 업그레이드이다.

✔ 시간관리의 필요성을 알라

모든 일의 시작은 그 일에 관심을 갖는 것이다. 올바른 시간관리 방식에 관심과 의욕을 가져야 한다. 그러나 사람들은 대개 시간을 관리할 필요성을 느끼지 못하고 산다. 무조건 더 열심히, 그리고 더 많은 시간 일하면 되는 줄 안다. 그들은 왜 바쁜지 모르고 시간부족만 탓하며 살아간다. 그런데 시간이나 돈 모두 의도적으로 관리하지 않으면 대부분 허공에 날려버리게 되는 것이다.

그렇다면 시간관리를 잘하면 얻는 이점은 무엇인가?

1) 주어진 시간 내에 목표를 달성할 수 있다.
2) 질서 정연하게 일을 처리해나갈 수 있다.
3) 일과 휴식을 적당한 비율로 조합하게 되어 능률적으로 기분 좋게 일할 수 있다.
4) 계획을 잘 세우기 때문에 시간과 물질이 낭비되는 것을 최대로 막을 수 있다.
5) 서두름과 분주함을 다스리게 되어 사고와 스트레스를 예방한다.
6) 여유시간이 충분히 생겨 가정생활, 취미생활, 자기계발 등을 할 수 있다.
7) 일생의 꿈과 소원을 만족스럽게 달성할 수 있다. 시간관리의 달인이 되면 더 많은 시간을 갖게 되고, 시간부족으로 이루지 못했던 꿈도 펼치게 될 것이다.

✅ 나는 시간을 잘 관리하는가

시간을 잘 관리하지 못하는 사람은 자신이 시간관리를 잘하는지, 아닌지 조차 파악하지 못하고 있다. 물론 사람마다 시간관리의 수준은 제각기 다르다. 따라서 시간관리를 배우려면 우선 자신의 현재 상태를 살펴보는 것이 유익하다. 어떻게 시간을 사용하고 있는지 꼼꼼히 기록하고, 객관적으로 관찰해야 한다. 자신의 모습을 발견하는 것이 바로 시간관리의 시작이다.

아래 시간관리를 잘하는 사람의 특징을 간략하게 열거했으니, 이를 읽고 자신의 현재 상태를 살펴보기 바란다.

시간관리를 잘하는 사람의 열 가지 특징(괄호 안은 그 반대 현상)

1) 시간을 지배할 수 있다.—자율성(시간에 끌려다닌다.—타율성)
2) 시간을 자린고비처럼 여긴다. 자투리 시간을 잘 활용한다. 시간을 낭비하지 않는다(시간에 대해서 후하다. 즉, 통이 크다).
3) 머리를 써서 일한다(습관에 따라 일한다).
4) 주어진 시간 내에 목표를 달성한다(목표를 달성하지 못한다).
5) 계획에 따라 일관성 있게 활동한다(기분이나 환경에 따라 중구난방으로 움직인다).
6) 아무리 바빠도 서두르지 않는다(서두르거나 태만하다).
7) 미리미리 준비한다(준비성이 없어 즉흥적, 무계획적으로 움직인다).
8) 삶 전체가 균형과 조화, 그리고 발전이 있다. 삶이 건강하다(삶이 불균형하고 혼란스러우며 제자리걸음을 한다. 삶이 건강하지 못하다).

9) 기쁨과 보람이 많다. 좋은 사건이 자주 일어난다(삶이 권태롭거나 괴롭다. 새로운 일들이 별로 일어나지 않는다).

10) 늘 미래지향적이다(과거지향적이거나 답보상태다).

✔ 시간을 관리하기 어려운 이유

시간을 관리하기 어려운 이유는 여러 가지가 있다. 외적인 조건으로는 제한된 시간에 많은 일을 해야 하기 때문이다. 내적인 조건으로는 시간관리 훈련이 부족하기 때문이다. 그런데 눈에 보이지 않는 중요한 장애요인도 있다. 바로 지금까지 길들여온 타성, 곧 습관이라는 것이다.

매일 택시를 타고 출근하는 여직원이 있었다. 어느 날 이상하게 생각한 수위가 여직원에게 말했다. "아가씨는 돈이 많은 모양이네요. 매일 택시를 타고 출근하니까 말예요." 그러자 여직원은 "돈이 많은 게 아니에요. 잠이 많아요"라고 대답했다. 집에서 5분만 일찍 나오면 대중교통을 이용할 수 있는데, 그렇게 하지 못해서 매일 택시를 이용하고 있는 것이다. 또 다른 직장인은 "매일 3시간 이상 TV를 보는데요, 보고 나서 시간낭비라는 생각에 허탈감을 느끼지만, 그것을 끊기가 어려워요"라고 말한다.

사람의 습관은 강력한 것이다. 왼발부터 내딛는 사람은 오른발부터 내디디라고 하면 어려움을 느낀다. 신발도 마찬가지다. 오른편 신발을 먼저 신는 사람에게 왼편 신발을 먼저 신으라고 하면 어색해한다. 왜 그럴까. 습관의 힘이 작용하기 때문이다.

습관에는 좋은 습관이 있는가 하면, 나쁜 습관이 있다. 나쁜 습관 중의 하나가 타성, 곧 매너리즘이다.

우리는 매너리즘의 정체를 알아차리고, 그것을 완전히 통제해야 한다. 그렇지 않으면 삶의 의미도, 발전도 없다. 왜 그 일을 해야 하는지, 어떻게 하면 새로운 방법으로 일할 수 있는지 고려하지 않으면 무조건 반복된 행동만을 할 뿐이다. 매너리즘에 빠져 있다는 것은 다시 말해 창조성이 고갈되었다는 뜻이기도 하다.

그러므로 매일 매너리즘과 싸워야 한다. 자신의 행동을 예민하게 관찰하라. 지극히 작은 행동도 자세히 관찰해보아라. 꼭 필요해서 하는 행동인지, 관성에 따라 하는 일인지를 판단하라. 왜 이 일을 해야 하는지 그 동기를 분명히 하라. 그리고 새롭게 생각하고, 새롭게 행동해보라. 그래야 늘 신선한 마음으로 일할 수 있다.

이미 많은 사람이 매너리즘에 빠져 있다. 대부분의 일이 표준화되어 있기 때문이다. 이치에 맞느냐, 맞지 않느냐를 따지지 않고 "그것은 규정이다", "이게 매뉴얼이다", "옛날부터 그렇게 해왔다"고 주장하기만 하면 새로운 것이 들어설 여지가 없다. 더욱이 사람은 현상 유지하는 것을 편안하게 생각하므로 매너리즘을 극복하기 어렵다. 자신의 생각과 행동을 매일 검토하고 새로운 시각과 행동을 취할 때, 매너리즘을 극복하고 변화와 발전을 가져올 수 있다.

특히 사업하는 사람이 같은 일을 오래 하다 보면 자기도 모르게 매너리즘에 빠져 사업이 퇴조하기가 일쑤다. 따라서 매너리즘을 늘 경계해야 한다.

✔ 시간관리를 체계적으로 공부하라

시간관리는 가장 유용한 삶의 기술이다. 인생의 모든 일들은 시간이라는 무대에서만 펼쳐지기 때문이다. 시간관리 능력이 증가할수록 더 자유롭고, 더 효과적으로 살아갈 수 있다.

우선 시간관리에 관한 기본서적을 선택하여 그 책을 수십 번 읽자. 그러면 시간관리의 기본 원리와 기술을 터득할 것이다. 그리고 시간관리 세미나에 참석하거나 시간관리 컨설팅을 받으면 상승효과를 거둘 수 있다.

시간관리에 대해 배우면 두 가지 상반된 감정이 생긴다. 하나는 과거에 쓸데없이 버린 시간에 대한 후회감이다. 또 하나는 지금이라도 시간관리에 대해 깨우치게 되었다는 안도감이다. 그러나 '늦었다고 생각한 때가 가장 빠른 때'라는 말을 기억하고 용기를 내자.

당신이 시간관리를 잘한다고 해도 자만하지 말라. 더 나은 시간관리 달인이 되기 위해 계속 도전해야 한다. 우리는 100세시대에 살고 있다. 끊임없이 새로운 삶을 창조해야 한다.

✅ 효과적인 습관을 꾸준히 길러라

사람은 변화하려는 속성을 지닌 동시에 변화를 저항하려는 속성도 지니고 있다. 따라서 신선한 자극을 받아 삶을 개선해나가는 노력이 필요하다. 지금의 습관을 계속 붙잡고 있으면서 다른 결과를 기대하는 것은 무망한 일이다. 새로운 인풋(input)을 해야 새로운 아웃풋(output)도 기대할 수 있다.

좋은 습관은 생각과 행동에 영향을 주어 결국은 한 사람의 인생 전체를 송두리째 변화시킨다. 좋은 습관은 마음이 순백 상태인 어린 시절부터 기르는 것이 가장 좋다. 어렸을 때 몸에 밴 습관은 어른이 되어서도 변하지 않는다. 그런데 생활하면서 자기도 모르게 나쁜 습관에 빠지게 되는 경우가 있다. 따라서 늘 정신을 깨워 좋은 습관은 기르고 나쁜 습관은 제거하는 양면의 노력을 기울여야 한다.

존 토드 목사는 《행복을 부르는 마법의 원칙》이란 저서에서 올바른 인생을 위해 반드시 익혀야 하는 습관을 다음과 같이 말했다.

- 매일 계획을 세우는 습관
- 포기하지 않고 노력하는 습관
- 인내를 기르는 습관
- 시간을 아끼는 습관
- 일찍 일어나는 습관

- 만나는 사람, 모두로부터 무엇인가를 배우는 습관
- 생각, 행동에 자기 나름의 기준을 갖는 습관
- 무엇이든지 성실히 처리하는 습관
- 감정을 억제하는 습관
- 정확한 판단을 하는 습관
- 주변 사람들을 중요시하는 습관

벤저민 프랭클린은 젊어서 좋은 습관을 길들이기 위해 집중적으로 노력했다. 그 습관은 절제, 침묵, 질서, 결단, 절약, 근면, 성실, 정의, 중용, 정결, 평정, 순결, 겸손 등이었다. 79세의 그는 이렇게 회고했다.

"처음에 나는 나를 이기기 위해 이런 습관을 길렀다. 때때로 원칙을 어긴 적도 있지만, 괘념치 않고 계속했다. 그리고 내 자신이 상상했던 이상으로 결점이 많은 인간이라는 것에 놀랐다. 그러나 다행스러운 것은 그 결점이 서서히 고쳐지고 있다는 사실이었다. 그러면서 끝내는 그토록 원했던 결점 없는 완벽한 인간이 될 수 없다는 것도 알았다. 이 깨달음을 얻은 것은 다행이었다. 나는 이를 생각하고 실행함으로써 아무것도 하지 않았던 것보다는 훨씬 진실한, 훨씬 행복한 인간이 되었다. 나는 올해 일흔 아홉이다. 나는 이 나이가 될 때까지 행복한 인생을 살았다. 물론 신의 가호도 있었지만, 무엇보다도 내 자신이 부단히 노력을 했기 때문이다. 신은 우리를 인도하지만 행동 하나하나까지 자세하게 보살펴 주시지는 않는다. 그 일은 전적으로 자신의 책임이고 자신의 의지이며 자신의 몫이다.”

좋은 습관의 가치는 금전으로 환산할 수 없을 정도로 크다. 작심하고 좋은 습관 열 가지만 길러보라. 좋은 습관은 신체와 정신을 건강하게 만들고 성공하게 하며, 위기에서 보호해준다.

좋은 습관을 기르는 법은 어렵지 않다. 좋은 습관의 가치를 깊이 깨닫고 작은 행동을 매일 반복하면 된다. 매일 반복하는 것이 지루할 수도 있지만, 일단 익숙해지면 즐거운 것이 된다.

✔ 몇 가지 작은 실습을 해보라

첫째, 아침에 10분만 할애하여 오늘 해야 할 일의 목록을 적어보자. 그 목록의 우선순위를 정하고 차근차근 실천해보자. 그리고 저녁에 오늘 이룬 일들을 체크해보자. 목록을 적지 않았을 때보다 알찬 하루 8시간을 얻게 될 것이다.

둘째, 매사를 기록하는 습관을 길러보라. 어디를 가든지 메모지와 필기도구를 지참하여 잊기 쉬운 사항들을 기록하라. 떠오르는 아이디어가 있으면 그것도 기록하라. 그러면 더욱 정확한 사람이 될 것이며, 앞으로 생활하는 데 유익한 자료들을 모으게 될 것이다.

셋째, 책상 위에는 지금 당장 읽을 책이나 처리해야 할 서류만 남기고 다 치워라. 기분이 좋아지고 집중이 잘 되어 효율적으로 일을 처리하게 될 것이다.

넷째, 1분이라도 생산적으로 쓰려는 의지를 가져라. 티끌모아 태산이다. 작은 시간이 모여 큰 시간을 만든다.

✔ 시간관리 십계명

모든 사람에게 보편적으로 적용되는 시간관리 원칙은 아래와 같다. 잘 숙지할 필요가 있다.

1) 예민한 시간감각을 갖는다.
2) 명확한 목표를 세운다.
3) 우선순위를 올바로 결정한다.
4) 계획을 현실적으로 세운다.
5) 시간낭비를 최소화한다.
6) 효과적으로 의사소통을 한다.
7) 시간을 절약하는 도구들을 적절하게 사용한다.
8) 충실한 하루를 창조한다.
9) 스트레스와 분노를 잘 다스린다.
10) 균형과 조화를 이루는 삶을 산다.

학습과 토의를 위한 질문

1. 시간을 잘 관리해서 얻는 이점과 잘 관리하지 못해서 얻는 손해에 대해 토의해보자.

2. 나의 시간관리 방식 중에서 잘하는 면 세 가지와 취약한 면 세 가지를 찾아보자.

3. 매너리즘을 극복할 수 있는 방법에 대해 토의해보자.

3장
목표설정

목표 없이는 살아남을 수 없다.
Without a goal, you cannot survive.

✅ 목표 스토리

• 고대 중국의 한 부자 이야기이다. 그는 초나라 여행길에 올랐다. 여정 중 마차를 멈추고 쉬고 있는데, 그 지역 사람이 말을 걸었다.

"어디로 가십니까?"

"초나라로 가는 중입니다."

"초나라요? 초나라는 남쪽으로 가야 하는데요."

"전 아무 걱정 없습니다. 여행 준비를 철저히 했거든요."

"초나라는 남쪽에 있다고요. 지금 북쪽으로 가고 계시네요."

"걱정하실 것 없습니다. 제 마차의 말은 아주 튼튼합니다. 게다가 빠르기까지 해요."

"지금 방향을 말씀드리고 있습니다. 남쪽으로 가셔야 합니다."

이 어리석은 부자는 구제불능의 인간이었다. 방향 자체가 틀린 것을 깨닫지 못하고 무조건 가고 있는 것이었다. 시계보다는 나침반이 먼저다. 속도보다는 방향이 먼저다. 아무리 철저히 준비하고 훌륭한 말과 마차, 유능한 마부가 있다고 하더라도 방향이 틀리면 아무 소용이 없다. 인생 역시 최선을 다해 열심히 살지만, 방향이 잘못되면 헛수고를 하고 있는 것이다. "지금 어디로 가는지 아십니까?"란 질문에 자신 있게 대답할 수 있는 사람은 성공한 사람이다. 잘못된 방향으로 가면 더 빨리 망한다. 목표가 중요한 이유이다.

• 좀 게으르고 몸치장도 신경 쓰지 않는 한 청년이 있었다. 그런데 어느 날부터 그의 행동에 갑작스런 변화가 찾아왔다. 일찍 일어나서 청소하고 옷도 깔끔하게 입으며 몸치장도 단정하게 하는 것이었다. 이유가 뭘까? 그에게 애인이 생겼던 것이다. '애인과 데이트 한다'는 새로운 목표가 생기니 행동에도 변화가 일어났다.

• 바위 덩어리 40kg은 무거워서 들기 어렵고, 집에 가져가라 해도 가져가지 않는다. 그러나 만약 금덩어리 40kg을 집에 가져가라고 하면, 갑자기 힘이 솟아서 번쩍 들 수가 있다. 들지 못하면 질질 끌고서라도 가져갈 수 있는 힘이 생길 것이다. 목표의 질이 달라졌기 때문이다.

• 남편이 골프에만 너무 미쳤다고 투덜거리는 부인이 있었다. 그러던 중 부인도 우연히 골프를 배우게 되었다. 주말마다 골프여행을 가게 되었는데, 부인이 남편보다 먼저 일어나 골프도구를 챙기고 빨리 떠나자고 남편을 재촉한다. 부인에게 '골프'라는 새로운 목표가 생긴 것이다.

• 인생에는 지름길이 없다고 말한다. 과연 그럴까. 인생에는 분명히 지름길이 있다. '올바른 목표설정'을 하는 것이 바로 지름길이다. 인생은 여행으로 종종 비유된다. 여행할 때는 먼저 목적지를 정해야 하는 것과 같이 인생을 살아갈 때도 반드시 목표를 정해야 한다.
성공적인 삶이란 무엇인가. 가치 있는 목표를 설정하고, 그것을 추구하며 달성하는 삶이다. 한 가지 목표를 달성하면 다른 목표를 추구한다. 그것을 달성하면 또 다른 목표를 추구한다. 이것이 가장 효과적인 삶의 패턴이다.

목표설정은 인생관리뿐 아니라 시간관리에 있어서도 핵심원리이다. 목표를 세우되 충실한 목표를 세워야 한다. 목표가 있어도 뜬구름 잡는 격이 되거나, 그 내용이 저속하면 실패하기 마련이다. 잘못된 목표를 선택하는 것은 목적지와는 다른 곳으로 가는 것과 같다. 잘못 들어선 길은 간 거리만큼 손해만 볼 뿐이다.

시간관리는 목표설정에서부터 시작된다. 어떻게 시간을 사용하느냐는 것은 항상 목표와 연관되어 시간 할당과 평가가 이루어져야 한다. 따라서 올바른 목표를 설정해야 한다.

목표 없이 산다면 어떤 현상이 일어날까? 무기력하고 지리멸렬한 삶을 살아가게 될 것이다.

자신의 삶과 세상에 불만이 가득한 사람들을 가만히 살펴보면 뚜렷한 목표를 갖지 못한 경우가 대부분이다. 그들이 온종일 툴툴대는 것은 특별한 일도 없이 하루하루를 보내면서 자신이 무엇을 해야 하고, 어떤 일에 적합한지 알지 못하기 때문이다.

사람들이 아무것도 이루지 못하거나 자포자기를 하는 가장 큰 이유 역시 자신을 똑바로 인지하지 못하고, 자신이 무엇을 하고 싶은지조차 알지 못하기 때문이다. 목표가 없으니 방황하는 것이다.

이것도 하고 싶고, 저것도 하고 싶어 조금씩 시도해보지만 제대로 하는 것은 하나도 없다. 감당하지도 못하면서 보고 싶고, 갖고 싶고, 하고 싶은 것들에 둘러싸여 뭣하나 몰입하지 못하고 평생을 찔끔거리며 산다. 이런 것들이 다 인생을 낭비하는 습관이다. 이제는 이 같은 악순환에서 벗어나야 한다. 올바른 목표를 정하라. 그러면 순식간에 인생이 소중해지고, 충실해지며, 재미있어진다.

인생의 끝에 후회하는 사람이 많다. 할 수도 있었는데 하지 않았거나, 하지 말아야 하는데 했기 때문에 후회하는 것이다. 즉, 목표를 세우지 않거나 '잘못된 목표'를 세웠기 때문이다.

✔ 목표의 개념

많은 사람이 목표에 관해 말한다. 그러나 목표가 무엇인지 명확히 가르쳐주는 사람은 많지 않다. 나 역시 과거를 돌이켜보면 학교에서 목표에 대해서 구체적으로 배운 바가 없다. 학교에서는 학생들에게 목표가 무엇인지, 목표가 왜 중요한지를 가르쳐주는 데 등한시해왔다.

목표란 무엇인가? 목표의 가장 바람직한 정의는 '미래에 달성할 바람직한 결과'이다. 이 간단한 문장 안에 네 가지 개념이 포함되어 있다. 첫째는 '미래'이다. 미래와 현재 사이에 시간적인 간격이 있다. 둘째는 '달성할'이다. 실현가능성이 있어야 한다는 뜻이다. 실현가능성이 없는 것은 공상이지 목표가 아니다. 셋째는 '바람직한'이다. 즉, 해볼 만한 가치가 있어야 한다. 시간과 물질, 돈을 투자할 만한 것인지 따져봐야 한다. 넷째는 '결과'이다. 막연해서는 안 되고, 구체적인 결과가 나타나야 한다.

목표 속에는 변화의 개념이 포함되어 있다. 시간과 장소가 변한다. 여기서 저기로, 지금에서 그때로 향하는 것이다. 목표에는 수량의 개념과 함께 질의 개념도 있다. '얼마나 많이'뿐만 아니라 '얼마나 잘'이란 의미가 담겨 있다.

✔ 목표의 힘

나는 스위스에 두 번 가 보았는데, 갈 때마다 인터라켄에서 산악열차를 타고 융프라우 봉을 올라갔다. 만년설을 바라보는 감격, 얼음동굴로 들어가는 오싹함, 상봉에서 눈을 밟고 눈을 맞은 기억은 지금도 새롭다. 특히 현장에서 들은 산악철도 창시자의 기막힌 생각과 모험에 받은 감동이 지금도 여전히 남아있다. 오늘날의 기술로도 건설하기 어려운 산악철도를 130년 전에 어떻게 건설했을까?

1880년대 후반 어느 날, 아돌프 구에르첼러라는 사람이 딸과 함께 융프라우 봉 밑을 산책하던 중 '이곳까지 열차를 연결할 수 없을까'라는 생각을 하게 되었다. 그리고 이것을 계기로 융프라우 산악열차를 건설하게 된다. 한 사람의 마음속에 생긴 웅장하고 매력적인 한 가지 목표가 총 12km의 산악열차를 완공케 한 것이다. 이 산악열차는 오늘날까지 전 세계의 수많은 관광객에게 큰 유익을 주고, 스위스 정부에 막대한 관광수입을 안겨주고 있다.

목표의 위력에 대해서 미국의 아폴로 계획을 예로 드는 것도 적절하다. 1961년 케네디가 미국 대통령에 당선되었을 무렵 미국과 구소련은 인공위성 경쟁을 벌였다. 당시 미국은 구소련보다 한발 뒤떨어져 있었다. 케네디는 취임에 즈음하여 '1960년대 후반까지는 인류를 달에 착륙시킨다'는 목표를 세우고 정책을 입안토록 하였다. 이런 시도에 높은 가능성이나 긍정적인 전망이 있었던 것이 아니었다. 미국 과학자들 대부분은 1995년경이나 가능할 것으로 내다보았다. 그러나 미국정부는 무모한 목표를 추진했고, 과학자들의 예상보다 25년이나 앞당겨 1969년 7월 21일, 최초로 인류를 달에 착륙시켰다.

목표는 아래와 같이 여러 가지 작용을 한다.

1) 시간을 만들어낸다. 아무리 바빠도 목표가 정해지면 시간을 내서 일을 추진할 수 있다.
2) 방향을 정해준다.
3) 일의 평가 기준을 정해준다. 따라서 시간을 낭비하는 요소가 무엇인지 파악할 수 있다.

4) 동기부여의 역할을 한다. 높은 목표는 더 뛰어난 노력을 이끌어내지만, 낮은 목표는 더 적은 노력을 유발한다.

5) 힘을 집중시킨다. 목표는 목표 관련 활동에 집중하게 하고, 관련 없는 활동과는 멀어지게 한다. 잡념도 제거해준다.

6) 의욕적으로 일을 지속하도록 만든다. 희망을 주며 인내심도 길러준다.

7) 관찰력을 높여 많은 정보를 얻게 한다.

8) 건강을 증진시킨다. 연구결과에 의하면 사람이 목표를 지니면 심장질환과 뇌졸중 위험률이 낮아진다고 한다. 목표가 뚜렷한 사람은 질병을 앓아도 빨리 회복된다. 치매에 걸릴 확률도 희박하다.

9) 매사에 효율성을 증진시킨다. 공부나 운동, 예술, 사업도 구체적인 목표를 세워서 하면 더 좋은 결과를 얻게 된다.

10) 도전의식을 불러일으킨다. 해볼 만한 목표를 세우면 용기가 솟아나 어려운 일도 능히 해낸다.

✔ 목표의 기본요소

목표가 갖추어야 할 기본요소는 첫째, 최종 결과가 분명해야 한다. 숫자로 표현할 수 있을 만큼 결과가 구체적이어야 한다. 둘째, 마감일이 분명히 정해져 있어야 한다. 언제까지 달성해야 하는지 정해져 있지 않은 것은 목표가 아니다. 셋째, 마감일까지 실현가능한 것이어야 한다. 아래에서 목표의 세 요소를 좀 더 자세히 살펴보자.

• 첫째, 최종 결과나 추구하는 목표점이 분명해야 한다.

마치 표적이 뚜렷해야 하고, 종착지가 분명해야 하는 것과 같다. 명확성은 목표의 생명이라고 할 수 있다. 막연한 목표보다 명확한 목표가 성과를 높일 수 있는 행동을 불러일으킨다. 명확한 목표는 모호성을 감소시키고 행동 방향 역시 명확하게 제시해준다. 명확한 목표란 최종결과를 수치로 나타낼 수 있는 목표를 말한다. 그리고 글로 쓸 수 있어야 한다.

피터 드러커는 "자신의 업무에 대해 정확한 목표를 갖고 있지 않는 사람이 인재가 될 확률은 1억분의 1보다 적다"고 했다.

인생 목표를 종이에 쓰라는 말을 할 때 빼놓지 않고 언급되는 사람이 있으니, 바로 존 고다드이다. 존 고다드는 15세가 되던 해인 1940년, 노란 색종이 맨 위쪽에 '나의 인생 목표'라고 제목을 쓰고는 127개의 인생 목표들을 적었다. '이집트 나일 강 탐험하기', '비행기 조종술 배우기', '브리태니커 백과사전 전권 읽기' 등 평소 꿈꿔왔던 것들을 나열했다. 어느 날 할머니가 외숙모에게 '내가 젊었을 때 그것을 했더라면'이라고 푸념하는 소리를 듣고는 자신은 후회하지 않으리라고 다짐하며 꿈을 기록한 것이라고 한다.

1972년 미국 《라이프》지가 존 고다드를 '꿈을 성취한 미국인'으로 대서특필했을 때, 그는 127개 목표 가운데 104개를 달성한 상태였다. 1980년에는 우주비행사가 되어 달에 감으로써 108개를 달성하게 된다.

명확성이 목표의 제1요건이다. 목표를 정할 때는 최종 결과가 명확해야 하며, 반드시 글로 써둬야 한다.

• 둘째, 마감일이 정해져 있어야 한다.

목표는 달성할 때까지 필요한 시간을 명확히 나타내주어야 한다.

"신문 편집국 사무실에는 번민할 과거도 미래도 없다. 내일의 신문을 낸다. 그 단순명쾌한 목표를 향해 많은 사람들이 정해진 시간을 공유하며 달리는 것이다. 노여움도 초조함도 분노도 단두대의 날처럼 내려치는 마감시간에 의해 끊어진다. 그 순간 모두가 깨끗하게 '오늘'을 던져버린다. 그리고 다시 다음 날에는 아무 일도 없었다는 얼굴로 모여 마감시간을 세팅하여 새로운 오늘을 팽팽하게 넷으로 배분한다. 찰나적이고 뒤끝이 없기 때문에 몰두할 수 있는 것이다."

요코야마 히데오의 소설 《클라이머즈 하이》에 나오는 이야기이다.

마감을 영어로는 데드라인(deadline)이라고 하는데, 글자 그대로 금 밟으면 죽는 선이다. 누구든지 '마감'이라는 현실적인 조건이 없으면, 해야 할 일을 차일피일 미루게 된다. 시간의 한계 때문에 스트레스를 받지만, 그것 때문에 일을 성취하고 앞으로 나아가는 것이다. 시간에 대해 강박감을 받지 않으려면 마감일을 여유 있게 잡아야 한다. 특히 어려운 일이거나, 처음 하는 일이라면 더욱 그렇다. 마감일이 정해져 있지 않는 것은 목표가 아니다.

• 셋째, 주어진 시간 내에 실현가능한 것이어야 한다.

즉, 현실성이 있는 목표여야 한다. 사람들은 왜 자신이 세운 목표가 이루어지지 않았을까 하고 뒤늦게 후회한다. 가장 큰 원인은 애당초 스스로 만든 목표가 너무 거창하거나, 내용이 황당무계하기 때문이다. 목표를 세울 때 무조건 의욕만 앞서서는 안 된다. 남이 하니까 나도 해보겠다고 무작정 따라 해서도 안 된다. 자신의 장점과 단점, 환경, 경험에 비추어서 가능성을 판단해야 한다. '체중을 한 달에 10kg 줄인다'라는 목표는 무리한 목표이다. 그보다는 '체중을 세 달 동안 3kg 줄인다'가 현실적인 목표이다.

✔ 좋은 목표

좋은 목표란 무엇인가?

첫째는 자기 스스로 설정한 목표이거나, 자신이 좋아하고 용납할 수 있는 목표이다. 이런 목표가 더 큰 동기를 유발할 수 있다. 물론 남이 의뢰한 것도 자신의 가치에 부합하면 좋은 목표이다. 예를 들면 출판사의 의뢰를 받은 저자가 기꺼이 원고를 쓰는 일이다. 남이 정해주고 억지로 해야 하는 목표는 나쁜 목표이다.

둘째는 이루기 좀 곤란한 목표여야 한다. 쉬운 목표보다 다소 어려운 목표가 동기를 더욱 유발시킨다. 도전의식은 정신을 집중시키고 많은 아이디어를 내도록 만든다. 단, 너무 어려운 목표는 좌절감을 심어줄 수 있다. 실현가능한 범위 내에서 어렵고 도전적인 목표일수록 달성할 가능성이 높아진다. 일반적으로 자신의 가능성이 100이라고 하면 120정도를 목표로 하여 도전하는 것이 좋다. 이루기 어려운 목표를 설정하여 80% 달성하는 것이 이루기 쉬운 목표를 설정하여 100% 달성하는 것보다 더 발전적이다.

셋째는 목표를 이룬 후에 적절한 대가가 주어져야 한다. 물질적인 대가나 정신적인 만족감을 충족시키면 좋은 목표라고 할 수 있다. 즉, 이룬 후에 보람을 느끼는 목표여야 한다. 힘들여서 달성했지만 허탈감을 느낀다면 좋은 목표라고 할 수 없다. 재능기부를 하는 봉사활동은 활동 후에도 계속 만족감을 주기 때문에 좋은 목표라고 할 수 있다.

✔ 목표의 종류

목표의 종류는 다음과 같이 다양하다.

1) 장기 목표, 중기 목표, 단기 목표: 달성하는 기간에 따라 구분한

다. 장기 목표가 단기 목표보다 우선적이다. 5년을 장기, 3년을 중기, 1년 이하를 단기로 간주한다. 그러나 절대적인 기준이 있는 것은 아니다.

2) 주 목표와 부속 목표: 주 목표가 부속 목표보다 우선적이다.

3) 직장(직업) 목표, 개인 목표, 가정 목표

4) 일상생활 향상 목표

　 −유지목표: 월 1천만 원의 매출을 낸다.

　 −문제해결 목표: 3년 안에 부채 5천만 원을 갚는다.

　 −창의혁신 목표: 이달 말까지 새로운 아이디어 10개를 창출한다.

　 −자기계발 목표: 3년 안에 문학 박사 학위를 취득한다.

5) 좋은 목표와 나쁜 목표: 좋은 목표는 자신이 수락하는 목표이며, '내 목표'라고 할 수 있고, 나쁜 목표는 강제적으로 주어지는 목표로서 '네 목표'라고 할 수 있다.

6) 현실적 목표와 비현실적 목표: 현실적 목표는 이루기 좀 어렵지만 도전해볼 만한 목표이고, 비현실적 목표는 주어진 시간 내에 달성할 수 없는 목표이다.

✔ 목표관리

목표를 어떻게 성취해나갈 것인가? 현실적인 계획을 세워서 성취해나가는 것이 정도(正道)이다.

시오노 나나미는《로마인 이야기》를 15권으로 완성한다는 목표를 세웠다. 실로 거창한 목표였다. 그는 매년 1권씩, 15년간 완성하기로 세부 목표를 세웠다. 그 후 15년을 그 목표에만 매진하였다. 심지어 병이 발견될까 두려워 일부러 의사를 만나지 않기도 했다.

큰 목표는 작게 나누면 훨씬 다스리기 쉬워진다. 자신이 해낼 만한 크기의 현실적 목표를 세울 수만 있다면 어떤 목표든지 실현할 수 있다.

거대한 목표라면 실현가능한 상태로 세분화해야 한다. 큰 덩어리의 고기를 한입에 먹을 수는 없지만, 한입 크기로 잘게 썰으면 모두 다 먹을 수 있는 이치와 같다. 큰 건축물을 세우는 데도 벽돌 한 장에서 시작한다. 위대한 작곡도 한 소절부터 이루어진다. 거대한 프로젝트도 작은 단위로 나누면 무엇을 해야 할지 분명해지고, 달성 가능성이 높아진다.

의욕만 앞세워 무작정 시작해서는 안 된다. 설정한 목표와 현실의 간격이 얼마나 큰지 파악하고, 이에 합당한 전략을 세워야 한다.

시오노 나나미는《로마인 이야기》를 쓰기 전에 철저한 자료준비와 현지답사를 했다. 30년간 로마와 르네상스 시대의 서적을 독학하기도 했다. 그는 책을 쓰기 위해서 얼마만큼의 노력을 기울여야 하는지 깨닫고 있었던 것이다.

목표의 마감일은 촉박하게 잡지 말아야 한다. 달성하기 쉬운 목표라도 마감일을 여유 있게 잡아야 한다. 종종 예기치 않는 일들이 발생해서 목표달성을 방해하기 때문이다. 달성하기 어려운 목표는 처음부터 마감일을 늘려 잡는 것이 합리적이다. 여유를 갖고 차근차근 진행해나가야 한다. 자원 부족, 시간 부족, 인력 부족 등 상황이 좋지 않더라도 마감일을 늘려 잡으면 차분히 일을 진행할 수 있다.

그리고 목표를 정기적으로 읽다 보면 잠재의식 속에 목표가 뿌리내려 달성할 수 있도록 자신을 프로그램화하는 경향이 있다. 목표를 잊지 않으면 언젠가는 달성하게 된다.

자신이 목표하는 바 혹은 희망하는 바를 눈에 띄는 곳에 배치해 놓고 수시로 보면, 볼 때마다 마음가짐을 추스르고 다짐을 새로이 하게 된다. '경영의 신'으로 불릴 정도로 존경받는 기업가인 이나모리 가즈오, 현 교세라 명예회장은 1972년에 '하와이 갑시다'라는 목표를 내걸어 커다란 성공을 거두었다. 그는 월 매출 10억 엔을 달성하면 전 직원이 다함께 하와이에 가겠다고 약속했다. 그 전해 월 매출액이 5~6억 엔 수준이었으니, 목표를 두 배가량 높여 잡은 셈이었다. 그때까지만 해도 일본의 평범한 샐러리맨에게 하와이는 감히 엄두도 내지 못할 여행지였다. 직원들 사이에 "아무리 그래도 10억 엔은 너무 지나친 것 아니냐"라는 불만이 제기되자, 이나모리 회장은 "9억 엔이면 홍콩, 8억 엔이면 교토의 사찰에서 좌선하자"라며 절충안을 내놓았다. 기대에 부푼 직원들은 책상이며 기둥마다 '홍콩 가자!', '하와이 가자!'라는 목표를 각자 붙여놓고, 매출액 달성에 골몰했다. 그 결과 수출이 크게 늘어 이듬해에 목표를 달성하는 데 성공했고, 약속대로 청소부 아주머니부터 사장까지 전 직원 1,300명이 전세기를 타고 하와이로 향했다.

사람의 마음은 변덕스럽기 그지없다. 바위처럼 굳은 결심을 해도 끝까지 지켜내기가 여간 어려운 게 아니다. 그래서 결심을 주기적으로, 상황에 맞추어 가며 반복해야 한다.

✔ 목표를 설정해도 작심삼일로 끝나는 이유

흔히들 목표를 세워도 오래 지나지 않아 포기한 경험이 있을 것이다. 이렇게 목표를 설정해도 작심삼일로 끝나는 이유는 다음과 같다.

첫째, 너무 많은 목표를 세우거나 현실성 없는 목표를 세우기 때문이다. 작심삼일로 끝내지 않으려면 몇 가지 중요한 목표만 세워야 한다. 자신이 능히 이룰 수 있는 목표를 세워라.

둘째, 시간이 흐를수록 결심이 약해지고 우선순위가 바뀌기 때문이다. 목표달성의 결심은 늘 새롭게 해야 한다.

셋째, 시스템을 이용하지 않기 때문이다. 사람은 순간의 기분에 사로잡히기 쉬우므로 목표의 진행과정을 추적하는 시스템을 만들어야 한다. 일지를 만들어 기록하고, 진행사항을 주기적으로 확인해야 한다.

넷째, 성과가 빨리 나타나지 않는다고 쉽게 포기하기 때문이다. 결심한 바를 한두 번 어겼다 할지라도 실망하지 말고 계속 추진하는 끈기가 필요하다. 작심삼일도 10번 하면 한 달이다. 3일 간격으로 작심하기를

100번만 하면, 300일 동안 그 결심이 유지되고 목표를 달성할 수 있다.

나 자신과의 싸움에서 '반드시 나는 이룬다. 할 수 있다!'는 확신을 가지면 끝내 목표를 달성할 수 있다. 칸트는 이렇게 말했다.

"너는 그것을 할 것이다. 왜냐하면 그것을 하지 않으면 안 되기 때문이다."

해야 할 당위성이 높으면 반드시 이루게 된다.

확실히 목표달성이 중요하기는 하지만, 목표달성에 너무 몰입해서는 안 된다. 목표에 대한 강박증을 갖지 말라. 목표를 잊지 않는다면 언젠가는 달성한다. 목표를 조속히 이루지 못한다고 초조해 할 필요는 없다.

✔ 항목별로 분류한 목표의 예

개인생활에 관한 것

1) 일주일에 하루는 스마트폰을 사용하지 않는다.

2) 일주일에 하루는 일에서 떠나 완전히 휴식을 취한다.

3) 적어도 내년 8월 말까지는 자동차를 교체한다.

4) 매일 30분 이상 명상시간을 갖는다.

가족에 관한 것

1) 매주 목요일 저녁 아내와 특별한 데이트 시간을 갖는다.

2) 일주일에 적어도 한 번은 부모님께 안부전화를 드린다.

3) 이번 여름에는 가족들과 함께 5일간 국내여행을 한다.

4) 매주 최소한 5일은 가족들과 함께 저녁식사를 한다.

5) 배우자의 생일, 결혼기념일을 기억하여 특별한 이벤트를 갖는다.

재정에 관한 것

1) 내년에는 매출액을 올해보다 20% 올린다.

2) 3년 내에 부채 5천만 원을 모두 갚는다.

3) 10년 내에 10억 원을 저축한다.

문화생활 및 지적수준 향상에 관한 것

1) 1년에 100권의 교양서적을 읽는다.

2) 1년에 적어도 4회 이상 세미나에 참석한다.

3) 1년에 적어도 3회 이상 공연 및 전시회를 관람한다.

4) 1년 내에 새로운 요리법 세 가지를 배운다.

5) 악기 한 가지를 꾸준히 배워 3년 안에 중급실력을 갖춘다.

건강증진에 관한 것

1) 매일 적어도 1만 보 이상 걷는다.

2) 매년 1회 건강검진을 받는다.

3) 올해 말까지 최소한 3kg 감량한다.

4) 회사 모임에서 2차, 3차를 계획하지 않으며, 절주한다.

5) 금연한다.

사회활동에 관한 것

1) 친한 친구 20명의 생일에 책을 선물한다.

2) 관리해야 할 인맥 중 중요하다고 생각되는 사람 20명에게 매년 선물을 한다.

3) 연 100시간 재능기부활동을 한다.

4) 매월 불우아동 3명을 돕는다.

직장생활에 관한 것

1) 5년 후에 부장이 된다.

2) 3년 안에 중국어회화 고급실력을 갖춘다.

3) 매월 저널 세 가지를 읽는다.

4) 매년 일과 관계된 전문서적을 10권 이상 읽는다.

학습과 토의를 위한 질문

1. 목표의 위력에 대해서 서로 의견을 나누어보자.

2. 항목별로 분류한 목표를 참고하여 자신의 목표를 세워보자.

3. 100세까지 산다고 가정하고 버킷리스트를 스무 가지 작성해보자.

4장
우선순위 결정

당신이 일에 쏟아붓는 시간이 중요한 게 아니다.
중요한 것은 당신이 시간을 쏟아붓는 일 그 자체다.
It's not the hours you put in your work that counts,
it's the work you put in the hours.

✅ 우선순위 스토리

• 찰스 슈왑이 베들레헴 철강의 회장이었을 때, 회사에 위기가 닥쳐 계속 적자가 발생했다. 그 시기에 아이비 리라는 사람이 슈왑 회장을 찾아와 간단한 제안을 했다. 아이비 리는 자신의 아이디어로 위기를 극복할 수 있다고 말했다. 찰스 슈왑은 그의 제안을 받아들여, 전 직원에게 이 방식을 실천할 것을 요구했다. 3개월 동안 실천하니 회사는 어느덧 흑자로 돌아섰다. 슈왑 회장은 사례의 뜻으로 아이비 리에게 2만 5천 불을 건넸다. 그 돈은 오늘날 가격으로 수천만 원에 해당된다. 아이비 리가 제안한 것은 다음의 다섯 가지이다.

1) 내일 당신이 해야 할 가장 중요한 일 여섯 가지를 적으시오.
2) 그것들을 중요도에 따라 번호를 매기시오.
3) 아침에 제일 먼저 1번 순위의 일만 바라보시오.
4) 1번 순위의 일이 완성될 때까지 1번만 계속하시오.
5) 나머지 열거된 것도 똑같은 방식으로 하시오. 한 번에 한 가지씩, 그날을 마칠 때까지 하시오.

• K사장은 벤처사업을 시작하여 단시일에 대단한 성공을 거두었다. 이 사실이 매스컴을 통해 알려지면서 방송에도 출연하게 되었고, 각종 기업체에서도 강의 요청이 쇄도했다. 그는 매일 외부활동으로 바쁜 시

간을 보냈다. 하지만 얼마 지나지 않아 회사는 부도가 나서 문을 닫고 말았다. 부도가 난 가장 큰 이유는 K사장이 경영자로서 사업을 돌볼 시간이 없었기 때문이다. 그는 자신에게 우선적인 것은 방송출연과 강연이 아니라, 사업을 돌보면서 새로운 프로젝트를 개발하는 일이라는 것을 뒤늦게 깨달았다.

• 1995년 6월 30일, 삼풍백화점이 붕괴되어 1,500여 명의 사상자를 냈다. 그때 의료진은 사람들을 어떻게 구출해야 할지 몰라 갈팡질팡하였다. 환자가 대량 발생했을 때 가장 중요한 일은 현장에서 신속하게 환자를 분류하는 것이다. 긴급, 응급, 비응급, 지연(사망자) 순으로 이동 순서를 정한 뒤 앰뷸런스가 오는 대로 이송해야 한다. 긴급 중증환자를 가장 가까운 대학병원으로 옮기고, 경중환자는 멀리 떨어진 병원으로 이송해야 한다. 사망자는 가장 나중에 이송한다. 살릴 수 있는 사람부터 빨리 이송해야 하기 때문이다. 하지만 그날 현장에서는 이런 원칙이 전혀 지켜지지 않았다. 중증환자와 경중환자가 뒤섞여 아비규환이었다. 우선순위에 관한 매뉴얼만 지켰어도 더 많은 생명을 살렸을 것이다.

• 1912년 4월 15일, 북대서양에서 조난당한 타이타닉호 선장 에드워드 존 스미스는 타이타닉호가 침몰하기 시작하자 승객 중에서 노인, 어린아이, 여자, 남자 순서로 탈출을 지시했다. 공포탄을 쏘면서 질서를 유지했으며, 승객들에게 안정감을 주기 위해 악사들로 하여금 마지막

공연을 하게 했다. 그는 결국 배와 운명을 같이하면서 투철한 직업의식과 책임감을 보였다. 우선순위를 올바로 결정하고 질서를 유지하며, 탁월한 리더십을 발휘한 것이다. 그는 지금까지도 많은 사람들의 존경을 받고 있다.

✔️ 우선순위의 개념

우선순위는 영어로 'priority'라고 한다. 어떤 목표나 과제, 일이 다른 것보다 더 중요해서 우선적으로 처리해야 한다는 뜻이다. 우선순위 감각이 미약한 사람은 자신에게 닥쳐오는 일이 모두 똑같이 중요하게 보여서 무엇을 먼저 해야 할지 몰라 허둥댄다. 그러므로 우선순위에 대해 잘 배워둬야 한다.

'최우선 과제'란 우선순위가 가장 높은 일을 말한다. 어떤 일이든 우선순위를 정해서 해야 하는 이유는 첫째, 우리 앞에 해야 할 일들이 수없이 그리고 무질서하게 몰려와 정리 정돈할 필요성이 있기 때문이다. 둘째, 우리가 가진 시간과 돈, 에너지가 제한되어 있기 때문이다.

우선순위를 잘 결정하는 것만으로도 행복과 번영을 누릴 수 있다. 우선순위를 잘 결정하면 승승장구하며, 흑자 인생을 살아가게 된다. 반대로 우선순위를 결정하지 않거나 우선순위를 잘못 결정하면 적자 인생을 면하기 어렵다. 개인 뿐만 아니라 회사, 국가의 흥망성쇠는 모두 우선순위와 관련되어 있다.

셰익스피어가 일찍이 "죽느냐 사느냐, 이것이 문제로다"라고 말했듯이 모든 일은 선택과 결정에 따라 결과가 좌우된다.

우선순위를 결정하는 능력은 '목표설정'과 더불어 시간관리의 가장 중요한 원리이다. 우선순위만 바르게 설정한다면 시간과 돈이 부족해서 곤란할 일이 생기지 않는다.

우선순위를 결정하는 것이 어느 경우에는 쉽고 간단하나, 어느 경우에는 매우 어렵고 복잡하다. 특히 선택할 목록이 많은 중요한 일이라면 우선순위를 결정하는 것이 결코 쉽지 않다. 판단력이 미약한 것도 우선순위를 잘못 정하게 만드는 주요 원인이다. 대부분의 사람은 올바른 것보다는 자기가 좋아하는 것을 먼저 하기 때문이다.

또한 내가 우선순위를 정하지 않으면 다른 사람이나 환경이 내 우선순위를 정하게 된다. 그러면 외세에 휘둘려 지낼 가능성이 크다. 나다운 삶을 살려면 반드시 우선순위를 정하고 행동해야 한다.

✔ 우선순위 효과

우선순위를 잘 정하면 다음과 같은 효과를 얻을 수 있다.

1) 목표와 행동에 질서를 부여하므로 서두르지 않고 순조롭게 일을

해나갈 수 있다.

2) 각 업무의 중요도를 식별하게 되어 중요하고 필수적인 일을 먼저 처리할 수 있다.

3) 마감일이 정해진 업무를 처리하는 데 필요한 구체적인 행동을 취할 수 있다.

4) 적은 시간 일하는 데도 큰 효과를 거둘 수 있다.

5) 일을 방해하는 요인과 낭비를 최소한으로 줄일 수 있다.

6) 목표들 간의 충돌을 막을 수 있다. 그 결과 마음의 갈등을 없애주어 대인관계에서도 이해상충을 피할 수 있다.

7) 시간과 물질, 노력을 대폭 절약하게 되어 흑자 인생을 살 수 있다. 이것은 세월이 가면 갈수록 더욱 효과를 발휘한다.

"바쁘다, 바빠"라는 말을 입에 달고 다니는 사람들이 있다. 이는 시간관리를 잘하지 못해서 늘어놓는 푸념에 불과하다. "시간이 없어서 하지 못했다"는 말도 합당하지 않다. 시간이 없어서 하지 못한 것이 아니라, 그 일이 그렇게 중요하지 않기 때문에 하지 않은 것이다. 누구나 중요한 일에는 늘 시간을 낼 수 있다. "바쁘다"라는 자체가 시간낭비이므로 이 말을 결코 사용하지 말기 바란다. 대신 자신이 무엇을 먼저 해야 할지에 관심을 두라.

우선순위를 잘 정하면서 일하면 매우 유익한 결과를 얻을 수 있다. 일이 아주 많은 경우 다하려고 허둥대지 말고, 그 가운데 핵심적인 것을 몇 가지 골라서 잘해내는 것이 현명하다. 일이 많으면 해야 할 일의 목록을 기록하는 것만으로도 무엇을 해야 할지 분명해져서 마음의 평정을 찾을 수 있다.

✅ 나의 우선순위 결정력은 어느 정도인가?

아래의 문항을 읽고 자신의 우선순위 결정력을 판단해보자.

1) 책상에 놓인 일 중 눈에 보이는 것, 손에 잡히는 것부터 하는 경향이 있다.
2) 내가 좋아하는 일부터 먼저 한다.
3) 어려운 일보다 쉬운 일을 먼저 시작한다.
4) 마감이 코앞에 닥쳐서야 일을 처리한다.
5) 다른 사람이나 외부의 의견에 따라 무비판적으로 결정하거나, 할 필요가 전혀 없는 일을 할 때가 있다.
6) 과거에 해온 방식대로 일을 처리한다. 시대가 변했음에도 행동방식은 고치려고 하지 않는다.
7) '시간만 더 주어지면 일을 잘 마무리할 수 있는데'라는 생각을 자주 한다.
8) 사소한 일도 선택과 결정을 내리지 못해 우물쭈물한다.

9) 스케줄 계획표를 만들지 않고 일한다.

10) 휴일을 효과적으로 이용하지 못한다.

11) 모든 일이 똑같이 중요해 보인다.

12) '어떻게 하면 모든 일을 잘할 수 있을까' 하고 고민하는 때가 많다.

13) 무조건 더 많이 일하는 것이 시간을 가장 잘 활용하는 방법이라고 생각한다.

14) 다른 사람으로부터 업무요청이 들어오면 바쁘더라도 대부분 수락한다.

15) 마감시간이 되어서도 일을 완성하지 못해 초조하다.

16) 업무량이 과도해서 고통을 받는다.

17) 무엇인가에 지배당한다는 느낌을 종종 갖는다.

18) 자신이 하는 일에서 보람을 느끼지 못한다.

19) 항상 바쁘고 지쳐 있다.

20) 시간과 물질, 노력을 많이 투자했음에도 이룬 것이 별로 없어 허탈하다.

위의 문항 중 해당사항이 12개 이상이면 우선순위 감각에 심각한 문제가 있다. 자신의 취약점을 살펴보고 개선하고자 노력해야 한다.

✔ 우선순위를 올바로 결정하는 사람들의 특징

1) 많은 일을 적당히 하는 것보다 한 가지 일이라도 잘하는 것이 더 중요하다고 생각한다.

2) 꼭 해야 할 일만 선택한다.

3) 중요도에 따라 일을 적절하게 분배한다.

4) 무엇을 단념하고 포기해야 할지를 안다.

5) 필요하다면 다른 사람에게 도움을 청하고 효과적으로 위임한다.

6) 매사를 심사숙고한 후에 결정한다.

7) 중요한 일이 아니라면 외부요청을 거절한다.

8) 불필요한 일이나 방해되는 요소를 철저히 배제한다.

9) 중요도가 높은 일을 선별적으로 처리한다.

10) 남의 지배를 받지 않고 주도적으로 계획하고 행동한다.

11) 목표가 분명하다.

12) 자기가 하는 일에 확신과 자부심을 갖는다.

13) 시행착오를 최소화하여 매사 좋은 성과를 낸다. 남에게 신뢰도 받는다.

14) 아무리 바빠도 여유를 가지고 일을 달성해나간다.

15) 일하는 과정에서 즐거움을 누린다.

✅ 우선순위 설정을 위한 질문들

　다음의 몇 가지 질문과 도표를 이용하면 우선순위를 효과적으로 설정할 수 있다.

목표	매우	보통	전혀
긴급도?			
중요도?			
빈도?			
위임?			
꿈, 비전, 목표와의 연관 여부?			
영향?			
최상의 방법?			

1) 얼마나 긴급한 일인가? 지금 당장 꼭 해야 되는가? 다음 날 해도 괜찮은가?
2) 얼마나 중요한 일인가? 매우? 상당히? 다소? 전혀?
3) 얼마나 자주 해야 하는 일인가? 매일? 매주? 때때로?
4) 다른 사람이 나보다 더 효과적으로 할 수 있는가? 전혀? 상당히? 매우?
5) 나의 꿈, 비전, 목표와 연관된 일인가?
6) 미래에 얼마나 영향을 미칠 일인가? 만약 하지 않으면 장기적으로

큰 손해를 보는가?

7) 이것이 최상의 방법인가?

✔ 우선순위의 원리

많은 사람이 일을 처리할 때, 우선순위를 설정하지 않은 채 적당히 얼버무리곤 한다. 마감시간에 임박해 발등에 떨어진 불을 끄듯이 조급하게 움직이거나, 당장 긴급한 일에만 집착하는 경우도 비일비재하다. 이같은 일이 반복되면 항상 손해 보는 삶을 살아갈 수밖에 없다.

자연이나 인간의 일상생활을 자세히 관찰해보면 어떤 원리의 작용에 의해 움직여진다는 것을 알 수 있다. 그중 하나가 '파레토의 법칙' 혹은 '20/80' 법칙이다. 효과적으로 살아가기 위해서는 파레토의 법칙을 알고, 그 원리를 활용해야 한다.

파레토의 법칙은 이탈리아 경제학자이며 통계학자였던 빌프레도 파레토가 1906년에 발표한 것으로, 우리의 행위 20%가 80%의 가치를 낳는 현상을 말한다. 그의 원초 관심은 소득분배에 관한 것이었다. 20%의 사람들이 사회 전체 부의 80%를 차지하고, 나머지 20%의 부는 80%의 사람들이 나누어 갖는다는 말이다. 그는 이 원리를 잘 이해하고 난 후에 복지 문제를 생각해야 한다고 주장했다. 즉, 사회 전체 부의 80%를 차지한 20%의 사람들이 나머지 80%의 사람들의 복지를 위해 대가를 지불해야 한다는 것이다.

　이 법칙은 경제학을 넘어선 수많은 이론과 원리에 적용되기 시작했다. 기업에서도 마찬가지다. 한 기업에 10개의 상품이 있다면 2개 상품이 전체 매출의 80%를 차지하고, 나머지 8개 상품은 전체 매출의 20%에 그친다. 그래서 20%의 주요상품을 집중 관리하는 것이다. 수익성이 좋은 부문은 계속해서 자원과 시간을 집중 투자하여 수익성을 높여야 하며, 수익성이 낮은 부문은 과감하게 정리해야 한다. 물론 수익성이 낮아도 구색을 맞추어야 한다거나, 성장 가능성이 높다고 판단된다면 계속 유지해야 한다.

　판매실적을 탁월하게 내는 직원 20%가 전체 매출의 80%를 올린다. 핵심적인 소수를 파악하여 그들의 능력을 인정해주고 보상금을 주어야 조직은 더 많은 성과를 낼 수 있다.

　파레토의 법칙은 시간관리에도 아주 유효하게 적용된다. 업무성과의 80%는 근무시간 중 집중력을 발휘한 20%의 시간에 이루어진다. 나머지 80%의 근무시간은 낭비되고 있는 것이나 다름없다. 따라서 일을 더 많이 하는 것만이 능사가 아니다. 언제나 무슨 일이든 하고 있어야 한다는 생각도 버려야 한다. 때때로 아무 일도 하지 않으면서 가만히 쉬는 것이 더욱 생산적인 시간이 될 수 있다. 이 법칙의 요지는 '본질적 소수'에 집중하라는 것이다.

　인생을 관리할 때 무조건 열심히 하는 것이 지혜로운 것이 아님을 알아야 한다. 적은 시간과 적은 노력으로 많은 것을 생산해낼 수 있다면 그 방법을 택해야 하지 않을까. 즉, '선택과 집중'의 원리를 적절하게 활용하면서 살아가야 한다는 말이다.

✔ 우선순위를 정하는 방법

작은 일이든 큰일이든 심사숙고해서 결정하는 버릇을 길러야 한다. 조금만 더 생각하면 보다 나은 결정을 내릴 수 있다. 순간적인 감정에 사로잡혀 급하게 결정하면 일을 그르치기 십상이다. 기분과 감정이 아닌 이성의 지배를 받아야 실수를 면한다.

중요한 일을 긴급한 일보다 먼저 다루어야 한다. 중요한 일은 목표와 관계되어 있고, 긴급한 일은 시간과 관계되어 있다.

모든 일은 다음의 다섯 가지로 구분해볼 수 있다.

1) 중요하면서 긴급한 것이다. 예: 오늘 납품해야 하는 일, 이사회의
2) 중요하지만 긴급하지는 않은 것이다. 예: 직원 연수, 정례회의, 건강관리
3) 긴급하지만 중요하지는 않은 것이다. 예: 고객 만남, 메일 답신
4) 중요하지도 않고 긴급하지도 않은 것이다. 예: 잡무, 정기 간행물 읽기
5) 시간낭비에 불과한 것이다. 예: 잡담, 불필요한 모임

마감시간이 촉박하거나 고객의 불만을 처리하는 것은 긴급한 일에 속한다. 반면 건강을 지키기 위해 운동하거나, 자기계발을 위해 공부하거나, 창업 아이디어를 생각하는 것은 중요한 일에 속한다. 대부분의 사람은 긴급한 일을 가장 먼저 하려고 한다. 하지만 그런 식으로 살면 어떤 결과가 빚어질까. 정신없이 바쁘게 살면서도 만족감을 느끼기 힘들다. 중요하지만 긴급하지 않은 일은 결국 자기에게 투자하는 것을 의미하고, 이는 궁극적으로 미래를 바꾸어주는 밑거름이 된다.

평상시 우선순위는 자신의 기본 책임에 따라 결정된다. 현재 부장의 직책을 맡고 있다면 기본적으로 해야 할 업무를 우선순위에 따라 10가지만 작성해보라. 평소 업무 처리하는 데 매우 유용할 것이다. 업무 시간만큼은 부장이라는 나의 위치를 잊어서는 안 된다.

위기나 비상시의 우선순위는 첫째, 생명을 구하는 것이다. 둘째, 위기상황을 조속히 진정시키는 것이다. 갑자기 비상사태가 벌어지면 당황해서 우선순위를 잊기 쉽다. 따라서 위기 순간에 가장 먼저 행동해야 하는 매뉴얼을 만들어놓고 숙지하는 것이 좋다. 위기 상황을 가상하고 훈련을 정기적으로 해야 한다.

장기적인 계획이 단기적인 계획보다 중요하다. 마치 운전할 때 먼 곳을 먼저 보고, 그다음에 가까운 곳을 보는 것과 비슷하다.

✔️ 우선순위 지키기와 우선순위 재조정

우선순위는 올바로 정해야 할 뿐만 아니라 잘 지켜야 한다. 우선순위가 자꾸 바뀌면 혼란스러울뿐더러 자신감도 약해지기 때문이다. 다른 일이 갑자기 끼어들더라도 한번 정한 우선순위를 지키기 위해 노력해야 한다.

우선순위를 잘 지키려면 먼저 강한 의지력이 있어야 한다. 중점목표를 늘 염두에 두고 한 가지 일을 끝낸 다음 다른 일을 시작하는 것이 좋다. 또한, 한 가지 일에 너무 많은 시간을 들여서는 안 된다. 외부로부터 오는 유혹이나 청탁을 효과적으로 거절할 수도 있어야 한다.

우선순위를 지키기 위해서 중요한 질문이 있다. 바로 '내가 지금 올바른 일을 하고 있는가'이다. 올바른 장소에서 올바른 때에 올바른 일을 한다면, 우선순위를 잘 지키고 있는 것이다.

세월이 지나고 상황이 변함에 따라 우선순위도 바뀐다. 그럴 때는 현재, 여기에서 가장 중요한 일이 무엇인지 파악하여 우선순위를 조정해야 한다. 내일의 우선순위가 오늘의 우선순위가 될 수는 없다.

우리는 보통 인생의 절기를 지나면서 우선순위가 다를 수 있음을 깨닫게 된다. 유년기, 청소년기, 청년기, 장년기, 노년기의 최우선 관심사는 저마다 다르다. 인간은 언제 어디서나 다른 책임과 기능이 주어지기 때문이다.

우선순위를 정하기 어려운 순간도 종종 찾아온다. 예를 들면 건강 vs

돈, 가정 vs 직장, 사회생활 vs 육아 같은 경우다. 어느 한 가지가 아니라 모두 다 잘해야 할 때가 생긴다. 이 같은 상황에서는 인생에서 균형과 조화를 이루도록 우선순위를 조정하는 지혜를 발휘해야 한다.

✔ 일상에서 선택하는 힘과 결정하는 힘을 길러라

인생은 선택과 결정의 연속이라고 할 수 있다. 사소한 것부터 중요한 것에 이르기까지, 우리는 선택하고 결정하며 살아간다. '우선순위 결정'도 이 범주에 속한다. 선택과 결정은 자유이지만, 그로 인한 결과에서는 자유롭지 못하다. 그럼 어떻게 해야 할까? 일상에서 올바르게 선택하고 결정하는 습관을 기른다면 미래는 매우 밝아질 것이다.

남자는 '옳은 것이냐, 그른 것이냐?'에 관심을 두는 반면 여자는 '좋은 것이냐, 나쁜 것이냐?'에 관심을 두는 경향이 있다고 한다. 인간은 불완전한 존재이므로 남자든 여자든 누구나 그릇된 판단과 결정을 내리기 쉽다. 따라서 평상시에 선택과 결정을 내리는 습관을 꾸준히 길러야 한다. 다음은 선택과 결정에 도움이 되는 지침을 열두 가지로 정리한 것이다.

1) 심사숙고한 후에 결정하라.

바보는 항상 서두르고 생각 없이 결정한다. 돌다리를 두들겨보고 건너는 것이 결국 빠른 길임을 알지 못하기 때문이다. 시간이 걸리더라도 합리적으로 심사숙고한 후에 결정하라. 두세 번만 더 생각하고 결정해도 그렇지 않은 경우보다 많은 이익을 얻을 수 있다.

2) 선택과 결정이 가져오는 결과의 후폭풍을 생각하라.

'이것을 결정하면 어떤 일이 발생할까?'라고 스스로에게 질문해야 한다. '오늘 점심은 무엇으로 할까?'와 '한일 정상회담을 언제 해야 할까?'와는 전혀 다른 차원의 문제이다.

3) 사적 선택이냐, 공적 선택이냐를 명확히 구분하라.

잘못된 사적 선택은 제한적이고 일시적인 결과를 초래하지만, 잘못된 공적 선택은 방대하고 영속적인 결과를 초래한다.

4) 익숙해진 사고방식을 경계하라.

고정관념에서 탈피해야 한다. 익숙함이 판단을 지배하도록 내버려 두어선 안 된다. 이전과 다른 시각으로 주변 현상을 살펴보고, 올바른 결정을 내리도록 힘써야 한다.

5) 눈앞의 이익을 좇는 것을 경계하라.

사람은 눈앞의 이익에 신경을 쏟느라 먼 앞을 바라보지 못한다. 미래의 가치가 더 중요함에도 현재의 관심사에 너무 치중한다. 이를테면 노후대책이 중요하다는 것을 알면서도 대비하지 않는 것이다.

6) 타이밍이 생명이다.

가장 올바른 때 가장 적절한 결정을 해야 한다. 아무리 좋은 일도 나쁜 때에 결정하면 무익하다.

7) 감정을 잘 다스려라.

특히 화날 때를 조심해야 한다. 이때는 아무 행동을 취해서도 안 되고, 중요한 결정을 내려서도 안 된다. 화를 잘 다스리지 못하는 것이 당신의 최대 약점이 될 수 있다. 부정적인 감정을 제대로 관리하지 못하면 다른 사람의 이용물이 되기 십상이다.

8) 신중하게 생각해야 하지만, 일단 결정하면 즉시 행동하라.

아는 것을 실천할 때 비로소 빛을 발하게 된다.

9) 소문이나 추측으로 결정하지 말고 객관적이고 정확한 정보를 근거로 결정한다.

때로는 결정하기 전에 전문가나 멘토에게 의견을 구한다.

10) 자신만의 올바른 기준을 갖고 결정한다.

11) 최고의 선택이 아니라 자신에게 적합한 선택이 되도록 한다.

12) 값진 경험을 쌓으면서 지식과 인격을 꾸준히 향상시켜라.

경험이 풍부하고 식견이 높으며 가치관이 성숙하면 올바른 결정을 내릴 가능성이 크다.

학습과 토의를 위한 질문

1. '나의 우선순위 결정력은 어느 정도인가?'를 다시 읽고 자신의 취약점 세 가지를 골라 개선방안을 마련해보자.

2. 자신의 경험이나 다른 사람의 경험 중에 우선순위가 잘 세워진 사례 세 가지와 잘못 세워진 사례 세 가지를 찾아 의견을 나누어보자.

3. 선택과 결정을 잘하려면 평소 어떤 습관을 길러야 하는지 이야기해보자.

5장
계획수립

계획 없이 시작한 날은 혼돈으로 끝난다.
The day that starts without a plan will end in chaos.

✅ 계획 스토리

• 이순신 장군은 왜적과 23번 싸워 모두 승리했다. 13척으로 왜군전함 133척을 격침한 '명량대첩'은 승전의 백미다. 그는 이미 명나라의 병법 책을 읽어 병법에 통달했을 뿐만 아니라 왜적의 침입을 예견해서 치밀하게 준비했다. 심지어 성공할 가능성이 전혀 없었을 때는 왕의 명령을 거절하기까지 했다.

• 다산 정약용은 수원성을 건설하기 전 치밀한 계획을 세우고, 이를 효과적으로 추진하여 2년 만에 축성을 완성했다.

• 어느 날 알프스 산중에서 스위스 산악 부대원들이 훈련을 하고 있었다. 그때 폭설이 불어닥쳐 부대원들은 방향을 잃고 조난당하고 말았다. 한 치 앞이 안 보일 정도로 펑펑 쏟아지는 눈에 그만 길을 잃고 여러 날을 헤매다 보니, 모두 기진맥진해 더 이상 한 발자국도 내딛기 어려웠다. 탈진한 부대원들이 절망하며 죽음에 직면해 있을 때, 어느 부대원이 우연히 자기 배낭에서 지도를 발견했다. 대원들은 지도를 보면서 가장 가까운 마을 방향으로 걸었고, 그 결과 모두 구조됐다. 나중에 구조대가 도착해 이들의 생명을 구출한 지도를 살펴봤는데, 그들은 놀라지 않을 수 없었다. 왜냐하면 그 지도는 스위스 알프스 산맥이 아닌 스페인 피레네 산맥 지도였던 것이다.

이 이야기는 잘못된 지도라도 있는 것이 없는 것보다는 낫다는 점을 시사한다. 어떤 계획이라도 세우는 것이 계획을 전혀 세우지 않는 것보다 낫다.

• 칠레에서 구리광산 매몰사고로 700m 지하 갱도에 갇혔던 광부 33명을 69일 만에 구출한 사건이 있었다. 이 사건의 주역은 칠레 광업부 장관이었던 라우렌세 골보르네였다. 골보르네 전 장관은 2010년 8월 5일 밤에 일어난 광산 붕괴 사건을 처리하는 과정에서 탁월한 계획을 세우고 실행했다. 그는 어떻게 전 세계 10억 인구가 지켜보는 가운데 광부 33인 구조작전을 성공적으로 이끌었을까.

첫 번째는 존중과 신뢰였다. 골보르네는 슬픔에 오열하는 가족들에게서 신뢰를 얻어냈다. 법적으로는 정부가 개인이 소유한 광산업체에 책임을 떠넘길 수도 있었지만, 골보르네는 모든 책임을 감수하기로 하고 대통령을 설득해 가족들의 마음을 얻었다.

그다음은 구체적인 행동계획을 세운 것이다. 매몰된 광부들이 살아 있다는 것을 확인한 순간 내린 결단력과 탁월한 전략 짜기, 팀 구성은 그야말로 한 편의 드라마와 같았다. 골보르네는 즉각적으로 광부들 가족 문제만 담당하는 팀, 구조를 위해 드릴로 구멍을 뚫는 팀, 구체적으로 구출할 방법을 찾고 실행에 옮기는 팀, 광부들이 구조됐을 때 이들 생명을 유지시킬 팀 등으로 팀을 세분화했다.

이는 다양성이 존재하는 최고 팀을 조직한 가장 좋은 사례이다. 골보르네는 문제를 파악하고, 책임을 스스로 떠안아 신뢰를 얻고, 전략을 짠 후 팀을 구성해 최고의 성과를 이루어냈다. 그는 계획의 달인이었다 (〈매일경제〉 2014. 10. 15, 〈매일경제〉 2014. 1. 24 기사 참고).

✔ 계획의 개념과 필요성

계획의 사전적 정의는 다음과 같다. 계획은 '목적을 수행하기 위하여 앞으로 할 일에 대한 방법이나 절차 등을 미리 생각하여 나타낸 단계 목록이나 도표 및 내용을 가리킨다. 또 이러한 내용을 정하는 일 자체를 가리키기도 한다. 이와 비슷한 용어로 전략이 있다.' 간단하게 정리하면 계획이란 할 일을 미리 결정하는 것이다. 우리는 매일 계획 속에서 살고 있다. 언제 일어나며, 아침은 무엇을 먹으며, 어떤 옷을 입고 외출하며, 오전에는 무슨 일을 하며, 오후에는 누구를 만나며, 그리고 언제 귀가하는지 등 해야 할 일을 미리 생각하며 살아간다.

계획에 관련된 용어는 참으로 많다. 인생계획, 다이어트계획, 여행계획, 휴가계획, 생일계획, 결혼계획, 2세계획, 사업계획, 생산계획, 재무설계 계획, 재테크 계획, 건강계획, 디자인, 설계, 제도, 로드맵, 청사진, 전략, 전술 등등 삶의 모든 면에서 계획과 관련되지 않는 곳이 없을 정도다.

그렇다면 왜 계획이 필요한가. 계획을 세워야만 꿈과 목표를 달성할 수 있기 때문이다. 계획을 세워야 시간과 물질, 자원과 노력을 가장 잘 사용할 수 있기 때문이다.

계획을 세우는 것은 여러 가지 이점이 있다. 먼저 우리가 어느 정도 노력해야 할지를 가늠하게 된다. 계획이 없으면 동일한 잘못을 거듭 반복할 가능성이 크다. 계획은 우리가 시간을 낭비하지 않도록 보호해준다. 미리 계획을 세운다면 자기 능력의 한계를 알 수 있고, 우선순위 설정도 보다 세밀하게 할 수 있다.

시간관리의 다른 말은 바로 '계획'이다. 계획을 잘 세우면 시간을 몇 배 더 늘려 사용할 수 있고, 혼돈과 무질서를 극복할 수 있다. 5분의 시간을 잘 계획하면 계획하지 않은 1시간 보다 더 많은 일을 할 수 있다. 돈도 마찬가지다. 1만 원의 돈도 잘 계획해서 쓰면 계획성 없이 쓰는 10만원 보다 더 효과적일 수 있다.

아래 그림처럼 좋은 계획은 수많은 시간을 절약한다. 일하기 전에 30분만이라도 미리 생각하고 계획한다면 잘못된 방향으로 가느라 낭비하는 시간, 혹은 며칠의 시간을 건질 수 있다.

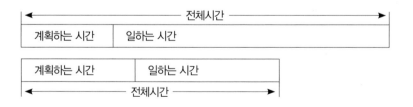

기업경영을 하는 CEO에게 기업경영계획은 생명과 같이 중요한 요소

이다. 기업의 장기적 성과를 높이려면 기업이 갖춘 모든 역량을 잘 조직해야 하기 때문이다.

계획은 언제나 결과를 예언하고 있다. 얼마나 훌륭한 계획을 세웠느냐에 따라 그 계획의 실현가능성이 결정된다.

어느 사회에 있어서든지 과학과 기술이 발달하면 할수록 사회변동은 더욱 심해진다. 따라서 생존을 위해서도 계획이 반드시 필요하다.

매사에 계획을 세우는 습성을 기르는 것 역시 중요하다. 계획의 효과성은 그다음 문제이다. 무계획보다는 잘못된 계획이 낫다. 적어도 잘못을 시정할 기회가 주어지기 때문이다.

사람들에게 앞으로의 계획을 질문해보면 명확하게 대답하는 사람이 의외로 드물다. "내일 무엇을 하려고 합니까?", "새해에는 특별한 계획이 있나요?", "올해 휴가 계획을 세우셨습니까?", "은퇴 후에는 무엇을 하려고 하십니까?" 같은 질문을 받으면 "글쎄요, 그때 가봐야 알겠습니다"라고 대답하는 사람들이 대부분이다. 모두 계획 마인드가 없다는 증거다.

우리나라 속담에 '아닌 밤중에 홍두깨 내민다'는 말이 있다. 예기치 않은 일이나 말을 갑자기 꺼냄으로써 상대방을 당황시키는 경우에 쓰인다.

서양인들은 1, 2년 전부터 미리 계획을 세우는 생활이 몸에 배어 있다. 반면 한국인들은 '홍두깨'와 같이 갑자기 일을 해치우는 데 익숙하다. 어쩌면 이제껏 우리가 살아온 생활환경이 계획을 세워 차근차근히 실행하기에는 다소 힘들지 않았나 생각된다. 하고 싶은 대로 되는 것이 아니다 보니 환경의 여건에 의해 좌우될 수밖에 없었다.

생각하기 싫어하는 습성도 계획을 세우는 데 방해요인이 된다. 계획한 대로 이루어진 일이 적었던 탓에 계획하기를 회피하기도 한다. 그러나 진정한 문제는 계획의 중요성을 간과한다는 데 있다. 어릴 적부터 매사 계획하는 습관을 지닌 사람은 그만큼 인생을 풍요롭게 살아갈 가능성이 크다.

✔ 계획의 원리

계획의 중요한 원리 세 가지는 아래와 같다.

1) 균형의 원리

균형의 원리란 사용 가능한 자원들을 추진해야 할 일에 적절히 배정하는 것이다. 우리에게는 여러 과제를 행하는 데 필요한 자원이 있다. 예를 들면 시간, 인력, 금전 등이다. 계획함으로써 필요한 자원들을 가장 중요한 일에 적절히 배정할 수 있다.

관리란 사람, 물건, 돈을 잘 배열하는 예술이다. 각각을 잘 배열하면 조화와 균형의 아름다움을 창조할 수 있다.

우리 삶뿐만 아니라 예술에서도 균형과 조화가 중요하다. 명화라

함은 원경과 근경 그리고 인물들을 가장 적절한 자리에 배치하여 전체적으로 짜임새 있는 구도를 정하는 그림을 말한다. 그리고 오케스트라 지휘자는 단원들을 가장 적절한 위치에 배열하여 가장 아름답고 조화를 이룬 음을 내도록 지휘한다.

하물며 김치를 담그거나 밥을 지을 때도 재료의 배열에 따라 맛이 크게 달라진다. 이처럼 인간생활의 모든 계획도 주어진 자원을 어떻게 배열하고 균형을 잡느냐에 따라 결과가 크게 달라진다.

2) 우선순위의 원리

인생과 시간에는 제한성이 있다. 모든 것을 동시에 처리할 수 없다. 모든 것이 똑같이 중요하다는 생각은 비논리적이다. 주요사항에 강조점을 두는 것이 현명하다. 그러니 가장 중요한 것을 찾아야 한다. 앞서 언급한 '파레토의 법칙'은 계획을 세우는 데도 적용된다.

3) 적극적 결과의 원리

이 원리는 '미래에 발생할 사건의 가능성은 그것을 달성하려는 노력과 집중도에 정비례한다'는 뜻이다. 계획은 미래에 영향을 주는 노력이다. 계획하는 사람은 '노력은 배반하지 않는다'는 사실을 믿고 행동한다.

계획자는 현재 좋은 것을 심으면 훗날 반드시 좋은 것을 거둔다는 신념을 지닌 사람이다. 현재 노력하지도, 투자하지도 않는 사람이 막연하게 '뭐 신나는 일이 안 생길까? 팔자 고칠 일이 없을까?'라고 생각한다면, 계획의 원리를 역행하는 것이다. 당신의 미래는 당신 자신의 창조물이다.

인도의 한 청년이 한국에 왔을 때 복원된 청계천을 보고 매우 부러워했다. 그러면서 인도의 갠지스 강도 청계천처럼 맑은 물이 흐르는 강으로 만들면 좋겠지만, 그것은 불가능하다고 했다. 인도 정치 지도자들은 그럴 만한 의지가 없다는 것이다. 아무리 좋은 계획안이 있어도 달성하려는 의지가 없으면 무용지물이다.

✔ 좋은 계획이란?

계획을 '좋은 계획'과 '나쁜 계획'으로 구분할 때 좋은 계획이 가지는 특성을 살펴보자. 좋은 계획은 다음과 같은 속성이 있다.

1) 내용이 참신하다.
   계획은 창조성이 있어야 한다. 그래야 신선함과 매력이 생긴다. 자기 스스로 참신하고, 해볼 만한 가치가 있는 것이라고 느껴야만 동기가 유발되어 열심히 추진할 의욕이 솟아난다.

2) 실현가능성이 있어야 한다.

실현이 어렵고 효과가 적은 계획일수록 나쁜 계획이다. 계획안을 마련할 때나 완성된 계획안을 평가할 때 질문해야 할 사항은 '이것이 현실적인가?'하는 것이다.

알렌 맥킨지는 "계획하는 데 실패하는 것은 실패를 계획한 것과 같다. 계획을 정확하게 세우는 것이 가장 중요한 열쇠다"라고 하였다. 우리 주변에는 계획을 세우되 비현실적으로 세우는 사람이 종종 있다. 예를 들면 보통 반년이나 1년 쯤 걸리는 일을 한 달 내에 하겠다고 마음먹는 것, 그리고 저축한 돈이 거의 없음에도 은행에서 대출을 받아 아파트를 사겠다고 하는 것이다. 계획을 달성하고자 한다면 충분한 시간이 있어야 하며, 아파트를 구입하고 싶다면 먼저 자금을 확보하기 위한 계획을 세워야 한다.

목표를 크게 갖는 것은 좋다. 그러나 자신의 역량 이상의 계획을 세우고 한꺼번에 해치우려는 태도는 현명하지 못하다. 계획이란 한 단계 한 단계씩 이루어가는 것이다. 따라서 실행할 수 있는 계획을 세우고, 이를 착실히 달성해나가야 한다. 자기 역량에 맞는 계획을 세우는 것이 슬기롭다. 그것만이 의지력과 실행력을 배양하는 방법이며, 신뢰받는 사람이 되는 비결이다.

3) 융통성이 있어야 한다.

사람의 일은 꼭 계획한 대로만 되지 않는다. 예기치 않은 사건과 변화가 일어날 수 있으므로 그때그때 상황을 잘 판단하여 계획을 수정해나가야 한다. 잘못된 계획을 세우고 주위만 빙빙 돌기보다는 계획을 변경하는 편이 좋다.

맑은 날, 흐린 날, 비오는 날 등에 각각 대처하는 방법이 다르듯이 계획을 세우는 사람은 계획대로 잘 되어갈 때, 약간 잘못되어갈 때, 최악으로 치달을 때 등을 고려해서 대안을 여럿 마련해야 한다. 계획을 너무 자주 바꾸는 것도 문제이지만, 좋지 않은 상황이 일어났을 때 원래의 계획을 그대로 밀고 나가는 것도 신뢰감과 사기를 떨어뜨린다.

✅ 매사에 미리 계획하는 습성을 길러라

'치밀한 계획'이 1분 1초를 충실하게 만든다. 하루의 계획은 전날 밤에 꼼꼼하게 짜두고 아침에 일어나 한 번 확인한 다음 바로 실행에 옮기는 것이 바람직하다. 미리 계획을 세워두면 그렇게 하지 않은 경우보다 놀랄 만큼 많은 일을 하루에 해낼 수 있으며, 이는 모든 일에서도 마찬가지다. 계획을 세워 일하면 일이라는 것은 소리 없이 조용히 진척된다. 많은 물을 바다로 흘려보내는 강일수록 그 흐름은 깊고 조용한 법이다.

충분한 시간적 여유를 두고 미리 계획한다면 계획의 효율성을 증진시킬 수 있다. 계획은 과학적이고 합리적으로 준비하는 것이다. 미리 계획하는 사람은 지혜로운 사람이다. 대부분의 경우 미리 계획하는 것이 효율적인 결과를 가져온다.

대학교수가 강의할 자료를 미리 계획하면 내용이 충실할 뿐 아니라 통일성이 있고, 방향감각도 뚜렷해진다.

주부에게도 미리 계획하는 습성이 필요하다. 어떤 주부는 매끼 다른 반찬을 만들기 위해 매번 시장에 간다. 그러나 효율적인 주부는 미리 만들어놓은 식단을 토대로 1주에 한두 번만 식료품을 구입한다. 최소한의 시간으로 최상의 물건을 최저 가격으로 고르는 것이다. 이렇게 매사 미리 계획하면 정력과 시간을 절약할 수 있다.

목사의 경우, 강단에서 설교하기 1주나 2주 전에 설교계획을 세우면 시간을 많이 벌 수 있고, 설교 내용도 충실해진다.

그 밖의 다른 활동을 할 때도 여유시간을 두고 계획하여 차근차근 준비한다면 돈과 시간, 노력의 낭비를 사전에 막을 수 있다. 여행을 떠날 때는 필요한 준비물을 미리 적어놓은 다음 하나씩 확인하면서 챙기는 것이 현명하다. 그래야만 빠뜨리는 물건이 생기지 않는다. 벼락치기식의 공부방식도 미리 공부하는 습관을 기른다면 근절할 수 있다. 미리 계획하는 습성을 기른다면 조급함과 태만을 없앨 수 있으며, 알찬 삶을 살 수 있을 것이다. 사격은 조준을 미리 잘해 놓아야 표적에 정확히 맞힐 수 있는 것이다.

✅ 성공하는 계획 짜기

계획은 어떤 일을 완성하기 위해서 짜는 것이다. 그런데 계획에 따른 결과가 없다면 그 계획은 세우나 마나이다. 따라서 언제나 성취도가 높은 계획을 짜는 것이 중요하다. 큰 계획이나 작은 계획, 복잡한 계획이나 단순한 계획 모두 다음과 같은 과정이 필요하다.

첫째, 상당한 시일을 두고 미리 계획을 세운다. 그렇게 하면 탄탄한 계획을 세울 수 있고, 변동 상황을 능동적으로 대처할 수 있으며, 예기치 않은 기회와 행운도 잡을 수 있다. 여유 있게 계획하면 일이 순조롭게 진행되어 마음도 편안해진다. 반면 조급하게 계획하면 일을 망치기 십상이다.

둘째, 목표를 분명히 정한다. 계획은 자신이 이루고자 하는 목표를 정립하는 것부터 시작된다. 우선 자신이 달성하고 싶은 목표를 알아야 한다.

셋째, 자신의 현재 상황을 분명히 파악한다. 의욕만 앞서서는 안 되고, 내부 상황과 외부상황을 잘 살펴야 한다. 즉 자신의 능력, 장점, 단점, 협조자, 장애요인, 새로운 현실 등을 총체적으로 파악해야 한다.

넷째, 동원할 수 있는 모든 자원을 조직적으로 배열한다. 이를 위해서는 먼저 시간을 기록해야 한다. 언제 시작해서 언제 마쳐야 할지, 그리고 각 활동마다 필요한 시간의 양은 얼마인지 꼼꼼히 계산한다. 일의 진행순서를 시간 순서에 따라 합리적으로 짜는 것이 중요하다. 그 후에 필요한 활동, 재정, 인력 및 활용 가능한 자원과 수단을 기록한다.

시간과 비용의 투자 대비 과연 얼마만큼 효과를 거둘지 냉정하게 판단하고, 신중하게 결정한다. 그다음 일정표와 마감일을 주의 깊게 작성한다. 그리고 몇 번의 시정을 거쳐 계획안을 완성한다.

다섯째, 계획안이 완성되면 계획을 추진하는 동안 매일 달성도를 체크한다. 계획을 세워도 달성도를 매일 체크하지 않으면 도중에 중단하기 쉽다.

여섯째, 어떤 일이 있어도 목표를 달성하겠다는 집념을 갖는다. 사람의 의욕이란 것은 열역학의 법칙과 같이 시일이 갈수록 떨어지기 마련이다. 그러나 목표에 대한 열정이 계속 불타고 있다면 과정이 다소 미숙하더라도 결국 목표를 달성할 수 있다.

✔ 계획을 잘 운영해야 한다

계획대로만 이루어진다면 무슨 문제가 있겠는가? 그러나 내 통제 밖의 영역도 크게 작용한다는 점을 잊어서는 안 된다. 미래는 항상 불투명한 것이다. 예기치 못한 일이 언제 발생할지 알 수 없다.

계획은 그 자체가 목표가 아니라 목표를 달성하기 위한 하나의 수단이다. 계획을 고정적인 것으로 생각하지 말고, 상황에 따라 언제든지 변경할 수 있다고 생각해야 한다. 계획은 삶을 옭아매는 족쇄가 아니라 매순간 최선을 다하기 위해 만든 편리한 도구인 것이다.

목표는 우리의 생각보다 빨리, 혹은 늦게 이루어지기도 한다. 목표를 이루기 위한 방법은 무수히 많고, 경로도 다양하기 그지없다. 그러므로 늘 효과적인 방법을 찾지 않으면 안 된다.

만약 계획 세운 것이 오랫동안 노력해도 잘 이루어지지 않는다면 그 것을 취소하든지, 과감히 수정해보기 바란다. 달성하기 불가능한 목표, 혹은 시의성에 맞지 않는 목표가 아닌지 검토해야 한다. 만약 시기나 나쁘다고 판단되면 일단 중지했다가 상당한 시일이 지난 후에 다시 시 도해보는 것이 바람직하다.

학습과 토의를 위한 질문

1. 올 여름 휴가에는 제주도 올레길을 걷고자 한다. 어떻게 효과적인 계획을 세울 것인가?

2. 지난 1년간 자신이 계획을 세워서 완성한 프로젝트 한 가지를 골라 어떻게 계획했는지 그 과정을 이야기해보자.

3. 10년 안에 10억을 모으기 위해서는 어떤 계획을 세워야 할까? '성공하는 계획 짜기'를 읽고 계획안을 한번 짜보자.

4. 65세에 은퇴하고 그 후 30년을 더 산다고 가정한다면 어떻게 노후계획을 세울 것인가? 구체적으로 계획안을 작성해보고 서로 의견을 나누어보자.

6장
삶과 시간을 조직하기

자기의 일을 다스려라. 일이 자신을 다스리지 않도록 하라.
Control your work, don't let it control you.

✅ 자신에게 가장 알맞은 시스템을 만들라

일을 잘하는 사람들을 눈여겨보면 그들은 올바른 시스템을 활용하고 있음을 알게 된다. 잘되는 음식점이나 기업체를 살펴보아도 올바른 시스템대로 운영하고 있음을 발견할 수 있다.

시스템이란 '어떤 목적을 이루기 위해 설정해 놓은 환경요소'라고 정의할 수 있다. 즉, 자연스럽게 따를 수밖에 없는 환경을 만드는 것이다. 시스템은 한국인에게 특히 필요한 수단이다. 많은 한국인이 우뇌형 인간으로, 감정적이며 무계획적이기 때문이다.

땅 속의 흙을 팔 때는 여러 도구를 이용할 수 있다. 그런데 호미, 삽, 트랙터 등 도구에 따라 능률은 다를 수밖에 없다. 물건을 자전거로 운반하는 경우와 트럭으로 운반하는 경우 역시 능률의 차이가 크게 생긴다. 왜 그럴까? 각각 사용하는 시스템이 다르기 때문이다.

우리의 삶은 개별적이고 독립적인 시스템들이 각각 나름의 구조에 따라 확실하고 정해진 순서대로 동작하는 조립품의 총화이다. 세상은 사람과 사물, 사건이 서로 무질서하게 어우러진 난장판이 아니라 질서와 논리의 공간이며 합리적 시스템의 집합체이다.

행동을 일일이 간섭하거나 통제하지 않고 스스로 움직이도록 하는 것이 바로 시스템이다. 통제와 간섭이 필요한 인간에게 시스템은 반드시 필요하다. 힘들고 어렵게 일하는 사람들 대부분은 시스템 없이 일하거나, 잘못된 시스템을 사용하고 있다. 그들은 시스템이 아닌 자기 기분과 의지에 의해서 움직인다.

지금부터는 사람이 일하는 것이 아니라 시스템이 일하게 해야 한다. 누구나 효율적인 시스템만 갖춘다면 지금보다 100% 이상 성과를 올릴 수 있다. 생활을 변화시키는 시스템을 만들어 나가라. 이것이 습관화되면 놀라운 변화가 일어난다.

✔ 시간관리 시스템

일을 할 때뿐만 아니라 시간관리에도 효과적인 시스템이 존재한다. 그 시스템만 갖춘다면 시간을 최대로 활용할 수 있다.

사람들은 대개 체계적이지 못하다. 하루, 일주일, 한 달, 일 년을 적절한 시스템 없이 살아간다. 합당한 시스템이 없는 탓에 바쁠 때는 너무 바쁘고, 한가할 때는 너무 한가하다. 급작스러운 일들이 너무 자주 발생하기도 한다.

자신만의 효과적인 시간관리 시스템을 갖추라. 그러면 시간관리가 훨씬 용이해지며, 계획도 무난히 달성할 수 있다. 그러기 위해서는 먼저 시스템 구조를 만드는 일부터 시작해야 한다. 시간을 관리하는 데 좋은 시스템을 만들기 위해서는 어떤 요령이 필요한가?

1) 장기계획과 단기계획을 동시에 세워라. 시간관리는 하루, 일주일,

한 달, 일 년의 문제일 뿐 아니라 일생의 문제이기도 하다.

2) 계획을 달성하기 위한 장단기 시간계획표를 만들라. 가장 세밀하게 만들어야 할 것은 주간계획표와 일일계획표이다.

3) 시스템 작동을 위해 목표 설정, 실행 원칙, 작업 절차를 설계하라. 자신의 목표를 시간계획표에 기록하거나, 스마트폰에 저장하고 이를 우선시한다. 구체적이고 단순하게 실행 원칙을 세우면, 작업 절차의 방법과 일의 순서를 문서로 만든다. 즉, 구체화해야 한다.

4) 사소한 일이라도 일하기 전에 반드시 목록에 기록하라. 문서화하면 일의 효율성이 높아진다.

5) 매일 일정 시간을 할애해 계획을 세워라. 공들여 매일 계획해야 한다. 5분에서 15분 정도 투자하면 좋다. 15분이라면 하루의 100분의 1에 해당하는 시간이다. 이 짧은 시간이 남은 모든 시간에 영향을 미칠 수 있다. 계획을 세우면 엄청나게 긴 시간을 절약하게 된다. 또한 정확하고 바람직한 순서로 일을 처리하는 것이 가능해진다.

6) 스케줄에 빈 공간을 남겨라. 스케줄을 짜는 것 못지않게 비워두는 것도 중요하다. 그래야 예기치 않은 일이 발생했을 때 신속히 대처할 수 있다.

7) 스케줄을 잘 진행하기 위해 그때그때 적합한 도구를 사용하라.

8) 자신에게 적합하고 고유한 시스템을 창안하라. 남의 것이 좋아 보여도 실제로는 그렇지 못한 경우가 많다. 더욱이 비합리적인 시스템은 시간낭비이니, 오늘부터 과감히 바꿔라. 지난날을 돌이켜보

면 규제와 통제를 통해서 잘못된 행동이나 습관을 변화시켜 왔을 것이다.

✅ 시간표만큼 유용한 시스템도 없다

시간표는 물건들을 정리해둔 진열장처럼 우리의 모든 활동을 골고루 수용해서 체계를 잡아놓은 공간이다. 잘 정돈된 진열장은 물건이 제 위치에 자리하고 있을 뿐만 아니라 보기 좋게 놓여 있다. 물건을 구입하면 그것을 놓을 새로운 자리가 마련되어야 한다. 이와 같이 새로운 일이 정해지면 그것이 들어갈 공간을 시간표에 만들어야 한다. 제한된 공간에 적당한 여유를 두고 물건을 진열할 때 가장 보기 좋듯이, 시간표도 자신이 컨트롤할 수 있는 정도의 활동들을 적당히 배열하는 것이 가장 좋다.

시간표는 우리가 평소에 생각하는 것보다 훨씬 큰 효과를 불러일으킨다. 시간표를 잘 짜면 어떤 유익이 있는지 구체적으로 알아보자.

첫째, 미래에 할 일을 전체적으로 보여주며, 제한된 시간 속에서 목표를 현실적으로 바라보도록 해준다. 예측 가능한 하루를 통해 휴식시간도 마련해준다. 시간표는 우리의 삶을 균형 있게 만들어주는 훌륭한 도구다.

둘째, 중요한 일을 우선적으로 실행하게 만든다. 뿐만 아니라 중요한 일을 방해하는 요인들을 막아주는 강력한 방패 역할도 한다. 시간표는 기분과 감정에 휩쓸리지 않도록 보호해주는 지침이며, 나침반이라 할 수 있다.

셋째, 월간, 주간, 하루 동안 해야 할 과제를 일목요연하게 정리해준다. 머릿속에 뭉뚱그려져 있는 필수적인 일도 시각화하여 한눈에 파악하도록 도와준다.

넷째, 서로 다른 것들을 상호 보완적으로 연결시키며, 여러 가지 일을 동시에 처리할 수 있는 지혜를 심어준다.

다섯째, 해야 할 일이 많은 경우 일의 목록을 전부 기억해야 하는 부담감을 덜어준다. 스케줄이 너무 빡빡하지는 않은지 사전에 파악해서 대책을 세우게 한다.

여섯째, 예기치 못한 사태를 대비하여 예비 시간을 책정해준다. 예정에 없던 일이 생겼을 경우 시간표를 보면서 일정을 추가하거나 생략할 수 있다.

일곱째, 일이 없으면 적당한 과제를 시간표에 담아 일하도록 만든다.

여덟째, 시간표에 기록해 놓았던 월간, 주간, 하루 동안 해야 할 일의 목록을 완수했을 경우 성취감과 기쁨을 느끼게 한다.

아홉째, 시간표를 잘 짜면 실제 행동이 그만큼 단축되어 시간을 절약할 수 있다.

열째, 자신에게 가장 적합한 방식으로 살아가게 해준다.

현대인들은 모두 바쁜 삶을 살고 있다. 도대체 우리는 왜 바쁜 것일까? 허둥대는 사람에게 왜 바쁘냐고 물어보면, 할 일은 많은데 시간은 부족하기 때문이라고 대답한다.

일이 많다고 무조건 바쁠까? 그렇지는 않다. 바쁨의 진정한 원인은 시간을 제대로 조직하지 못하기 때문이다.

시간이 많이 드는 일에 상대적으로 적은 시간을 배당하면 삶은 바빠지고 조급해질 수밖에 없다. 또한, 여유시간을 배정하지 않고 시간표를 빡빡하게 짰을 때 돌발사고가 일어나면 바빠질 수밖에 없다. 매사 미리미리 계획하고 준비해야 하는데, 그렇지 못하면 바쁘게 된다. 즉, 바빠 허둥지둥 거리는 것은 외부의 환경 탓이라기보다는 자기 자신 탓이다. 따라서 시간표를 짜되 자신에게 가장 적합하게 짜야 한다. 그러면 서두르지 않고도 마음먹었던 일들을 모두 할 수 있다.

스케줄을 잘 짜는 사람은 많은 일이 몰려와도 그 속에서 여유를 만들어낸다. 어떻게 시간표를 짜야 할지는 개인적 성향에 달려 있다. 시간표에는 개인의 가치관과 성격이 반영되기 때문이다. 한번 짠 시간표를 지키는 것 역시 개인의 의지에 달려 있다.

✅ 시간표는 위력이 있다

J씨는 대형출판사 사장이었는데, IMF를 겪으며 직원의 3분의 1을 감

원해야 하는 곤궁에 처했다. 하도 신경을 쓰다 보니 급기야 전립선암에 걸렸다. 의사는 암의 부작용 때문에 요도와 방광을 수술해야 한다고 했다. 그러나 그는 수술은 일단 보류하고 암을 극복하기 위한 노력을 기울였다. 우선 암에 대해 공부하기 시작했다. 각종 의학서를 탐독하고, 운동과 명상도 배웠다. 이를 통해서 한 가지 깨달은 사실은 암이 생활습관과 마음가짐에 민감하게 반응한다는 것이었다. 그래서 그는 자신의 건강향상을 위한 시간표를 짜고, 이것을 철저하게 지켰다.

우선 오전 5시에 기상해서 물 한 잔을 마신다. 그 후 1시간 동안 스트레칭을 한다. 8시에 조식을 하는데 사과 반쪽, 잡곡밥, 채소 위주의 반찬, 마늘과 부추가 들어간 청국장, 식물성 고급단백질이 포함된 음식을 먹는다. 10시부터는 1만 보에서 1만 5천 보를 걷는다. 그리고 토마토 주스를 마신다. 12시 30분에 점심식사를 하는데, 식사의 양은 조식의 2분의 1로 하고, 견과류를 섭취한다. 그 후 20분의 낮잠을 잔다. 1시 30분에는 행복한 웃음시간을 갖는다. 배창자가 끊어지도록 웃는다. 그렇게 하면 면역력이 증가한다. 4시 30분에는 탁구와 산책을 하루씩 번갈아가며 한다. 오후 5시 30분에는 채소 위주의 저녁식사를 가볍게 한다. 10시에는 무조건 잔다. 이렇게 계속하다 보니 5개월 후에 그의 전립선암이 완전히 치유되었다고 한다. 그의 시간표가 그를 건강하게 만든 것이다. 이렇게 시간표는 위력이 있다.

✅ 5년, 연간, 월간, 주간계획 세우기

5년 계획

시간계획에서는 장기계획을 단기계획보다 항상 우선시 해야 한다. 장기계획을 세운 후, 그것에 근거해서 단기계획을 세워야 하는 것이다.

장기계획은 다음과 같은 방식으로 구상한다. 먼저 현재 상태를 기록하고, 5년 후에 달성할 수 있는 목표를 기록한다. 개인적인 목표와 업무적인 목표가 시간계획의 기반이 된다.

현재 상태	5년 후 상태
월수입 300만 원 영어만 할 줄 안다 아마추어이다 아파트 전세(32평)	월수입 1,000만 원 영어, 중국어, 일본어를 자유자재로 구사한다 프로페셔널이다 아파트 소유(50평)

연간계획

먼저 올해의 성과를 검토한다. 성취한 일과 뜻대로 되지 않은 일을 구분하고, 그 이유를 분석한다. 그리고 유지해야 할 일과 청산해야 할 일을 분류한다.

내년 한 해 동안 달성할 중요한 목표를 설정한다. 삶의 여러 차원을 골고루 생각해서 연간목표를 약 10개 정도 세운다. 개인생활에 관한 것, 가정에 관한 것, 직장에 관한 것, 금전에 관한 것, 자기계발에 관한 것, 사회활동에 관한 것, 해결해야 할 문제에 관한 것 중 핵심사항 10개만 고른다.

각 목표에 대해서 실천계획과 시간표를 짠다. 3월 말, 6월 말, 9월 말에 각각 분기평가를 한 다음, 계획을 수정·보완해 12월에는 연말평가를 실시한다. 결과는 내년 계획의 자료로 사용한다.

월간계획

월간계획은 목표, 책임, 우선사항에 대한 큰 그림을 그려주고, 그에 맞는 일정을 짜도록 해준다.

연간계획과 분기계획의 과제와 목표를 살펴본 후, 월간계획의 해야할 일 목록을 작성한다. 과제와 목표에는 지금 계속하고 있는 일과 지난 달에 이룬 일, 그리고 지난달에 하지 못한 일 등이 포함된다.

계획을 달성하는 기간이 짧기 때문에 상세한 계획을 세워야 한다. 또한, 계획을 지키기 위해서 항상 시간적 여유를 가져야 한다. 그래야 예기치 않은 일과 추가적인 일이 발생할 때 감당할 수 있다. 개인시간도 확보해야 한다. 꾸준히 성과를 내기 위해서 개인시간 확보는 필수적이다.

각 과제와 목표를 수행할 때 가장 좋은 주간은 언제인지 파악한다. 월 말에는 마무리 지어야 할 일들이 생기므로 가급적 중요한 일을 계획하지 않는 것이 좋다.

주간계획

주간계획은 프로젝트를 검토하고, 일주일 동안 쌓인 잡동사니들을 모아 정리하는 기회를 만드는 것이다. 주간계획은 두뇌가 명료한 상태에서 한 주를 준비하게 해준다. 주간계획대로 실행해나가면 한 주를 순조롭게 살아갈 수 있다.

주간계획을 짜기 위해서는 먼저 시간표 양식을 만든다. 자세한 양식 중의 하나는 활용 가능한 시간을 월요일부터 일요일에 이르기까지, 30분 단위로 나눈 주간시간표이다.

그 다음에 월간계획을 살펴보고 그 주간에 해야 할 과제와 목표를 나열한다. 정기행사나 정형화된 목표를 기록한 다음, 그 주간에 해야 할 중요한 목표를 기록한다.

주간계획을 세울 때는 다음과 같은 질문을 던져보는 것이 효과적이다. 이번 주의 중심과제는 무엇인가? 이번 주에 가장 시간이 많이 걸리는 일은 무엇인가? 이번 주에 꼭 완료해야 하는 일은 무엇인가? 정형화된 일로서 내가 꼭 해야 할 일은 무엇인가(이메일 보내기, 회의 참석, 정기출장 등)? 이번 주에 꼭 만나야 할 사람은 누구인가?

지난주의 일정을 자세히 검토하고, 남은 과제와 참고할 정보가 있는지 확인하는 것도 필요하다.

주간계획표 양식에 과제와 목표도 작성해야 한다. 어느 한 요일에 일이 몰려 있으면 크게 지장을 주지 않는 범위 내에서 몇 가지 활동을 다른 요일로 옮긴다. 활용 가능한 시간의 60%만 계획하고, 40%는 남겨둔다(부록의 주간계획표 참고).

매주 같은 날에 주간계획 짜는 시간을 따로 마련하는 습관을 길러라.

금요일 마지막 업무를 끝냈을 때나, 월요일 첫 업무를 시작하기 전에 주간계획을 짜면 좋다.

인터넷에서 '주간계획표'를 검색하면 여러 종류의 주간계획표 양식이 나온다. 복잡한 것부터 단순한 것에 이르기까지 매우 다양하다. 자신에게 가장 적합한 주간계획표 양식을 고른 후, 부족한 점을 보완해서 자기 것으로 사용하면 된다.

✔ 일일계획 세우기

일과표는 주간계획표를 원활하게 진행하기 위해서 필요한 도구다. 따라서 주간계획표를 먼저 구비한 다음, 하루 단위로 일과표를 작성한다. 이때 주간계획표에 포함된 내용 60%, 새로 발생한 일 40% 정도로 구성하면 좋다.

일일계획을 세우면 우선사항에 집중하면서 일할 수 있을 뿐 아니라 방해요소를 최소로 줄일 수 있다.

자신에게 가장 알맞은 일과표 양식을 준비하고, 거기에 오늘 해야 할 일들을 기록한다. 매일 해야 할 일의 목록을 기본업무(이메일, 전화통화, 서류정리, 회의, 고객관리), 새로운 업무 등 열 가지로 요약한다.

매일 15분 정도 시간을 내서 내일의 계획을 세운다. 주간계획표를 토대로 오늘 완성해야 할 일은 무엇인지 정하고, 그 목록을 기록한다. 요일이 진행되는 동안 예상하지 못했던 일이 발생하거나 새로운 과제가 생겼으면 주간계획표에 추가한다.

각 활동마다 필요한 시간을 산출해서 스케줄을 작성하고, 완충시간을 점검한다. 활동과 활동 사이에 여유시간이 5분밖에 없다면 활동이 제한될 수밖에 없다.

너무 빡빡하게 짜지 말고 공백을 여유 있게 남겨둔다. 오전에는 중요한 일이나 창조적인 일을 배열하고, 오후에는 일상적인 일이나 반복적인 일, 몸을 움직이는 일을 배열한다.

프라임타임에 가장 중요한 일이나 기본업무를 처리하기 위한 시간을 2시간 확보한다. 그리고 작성한 일과표를 가까이 두고 시시때때로 확인한다. 완료한 과제는 가로로 줄을 그어 지운다.

미완료된 과제가 무엇인지를 확인하고, 그것을 내일 일일계획표에 포함시킬 것인지 혹은 다른 적당한 기간에 할 것인지 결정한다(부록의 일일계획표 참고).

가장 간단한 일일계획표 양식은 문구점에 가서 노트 하나를 사는 것이다. 스프링으로 엮은 노트가 좋다. 페이지마다 날짜를 적고, 그날 해야 할 과제나 목표를 작성한다. 소위 '해야 할 일 목록(Things to do list)'을 만드는 일이다. 하루 일과가 종료되면 완료한 것을 지운다. 밑에 약간의 공백을 남겨두어 계획표에 없던 일이 발생했을 때 참고로 적어둔다. 아날로그방식이지만 효과가 매우 크다.

인터넷을 검색해서 여러 가지 일과표 양식을 살펴보고, 그것을 참고로 자신이 좋아하는 일과표 양식을 만들어보는 것도 좋은 방법이다.

✔ 스케줄을 작성하는 두 가지 방법

스케줄은 일의 성격에 따라서 시간 단위 중심으로 짜는 경우와 일(과제, 목표) 중심으로 짜는 경우로 구분할 수 있다.

시간 단위 중심으로 짜는 경우는 주어진 시간 틀 속에 자기 일을 담는 형식이다. 즉, 다양한 일을 하나의 시간 틀 속에 배열하는 것이다. 여기에는 일일계획표, 주간계획표, 월간계획표가 있다. 시간에는 융통성이 없지만, 배열하는 일에서는 융통성을 발휘할 수 있는 것이 특징이다. 학습 시간표나 음악회 프로그램, 기념식 프로그램 같은 것이 이 범주에 속한다.

일(과제, 목표) 중심으로 짜는 경우는 달성해야 할 특정한 일이 우선이다. 따라서 달성해야 할 일을 먼저 정하고, 그 후에 시간을 배열한다. 일에 초점을 맞추므로 시간을 배열할 때 융통성을 발휘할 수 있다. 하지만 자신이 그만한 분량의 시간을 내야 한다. 학자가 논문을 쓰거나 화가가 작품을 그리려고 할 때, 다른 일은 다 제쳐두고 그 일에만 몰두해야 결과물을 얻을 수 있는 것처럼 시간도 그런 방식으로 배열해야 한다.

어떤 경우에도 시간은 무한정 주어지지 않기 때문에 마감시간은 대략이라도 정해두는 편이 좋다. 두 가지 방법을 잘 살펴서 스케줄을 짠다면 유연하게 시간을 관리할 수 있다.

✔ 스케줄 관리 도구

스케줄 관리 도구의 종류는 매우 다양하다. 컴퓨터, 카메라, 전자수첩, 휴대폰, 팩스, 녹음기, 화상회의 시스템, 복사기, 전자칠판과 같은 것이 스케줄 관리를 촉진하는 도구들이다. 그 밖에 벽걸이, 탁상용 달력, 다이어리, 수첩, 체크리스트, 인터넷 등이 있다.

스케줄 관리 도구를 자신의 분신처럼 편리하게 사용하기 위해서는 처음부터 선택을 잘해야 한다. 도구를 선택하기에 앞서 자신이 필기형인지, 디지털형인지를 파악한다.

필기형은 달력이나 다이어리를 편안하게 느낀다. 아무리 기술이 발달한 시대라고 해도 많은 사람이 아직까지 전통적인 다이어리나 수첩을 소중하게 사용하고 있다. 문제는 한번 잃어버리면 복원할 수 없고, 다른 사람들과 일정을 공유할 수 없다. 또한, 기록할 정보가 많을 경우 부피가 커져서 가지고 다니기 불편하다. 따라서 필기형만 고집할 필요는 없다. 다이어리나 수첩을 사용한다고 해도 다른 사람과 일정을 공유하려면 디지털 장치가 필요하다.

전자식 스케줄 관리가 체질에 맞는 디지털형인 사람도 있다. 요즘 젊은이들은 대부분 이 범주에 속한다. 디지털형은 스케줄 관리 소프트웨어나 스마트폰 어플을 선택하면 된다. 컴퓨터 프로그램에는 달력, 해야 할 일의 목록, 그리고 주소록이 들어 있다. 인터넷을 통해 여러 가지 일정관리 소프트웨어들을 무상으로 이용할 수도 있다.

다양한 스케줄 관리 도구를 사용하더라도 자신의 일정만은 한곳에 정리해서 일목요연하게 볼 수 있도록 해야 한다. 일정을 이곳저곳에 기록해서 혼란을 일으키는 일이 있어서는 안 된다.

학습과 토의를 위한 질문

1. 현재 사용하는 일과 시스템이 효율적인지 살펴보고, 개선할 여지가 없는지 생각해보자.

2. 시간표의 유용성에 대해 토의해보자.

3. 주간계획표를 짜고 서로 의견을 나누어보자.

4. 자신의 일과표를 가장 효율적으로 짜보자.

7장
일의 생산성을 높이는 시간사용법

올바른 일을 하는 것이 올바른 방식으로 하는 것보다 더 중요하다.
It is more important to do the right thing than to do things right.

✔ 일의 가치

일은 우리 생활에서 엄청나게 중요한 부분이다. 성인이라면 대부분 일을 한다. 깨어 있는 시간 중 절반 이상이 일하는 시간이다. 그런데 같은 시간을 일해도 그 질은 천양지차(天壤之差)이다. 좋아하는 일을 하고, 일하는 동안 재미를 느끼며, 일에 대한 보수가 만족스러우면 양질의 일을 통해 행복지수도 자연히 높아진다.

일의 생산성을 높이기 위해서는 일에 대한 올바른 자세와 요령이 있어야 한다. 일에 대한 자신만의 철학 역시 뚜렷해야 한다. 일에 대한 태도가 올바르면 성공할 수 있다. 따라서 무엇보다도 먼저 일의 목적과 의미를 분명히 깨닫는 것이 필요하다.

왜 일을 하는가? 이 질문에 대한 가장 보편적인 대답은 생계를 유지하기 위해서일 것이다. 즉, 먹고사는 데 필요한 돈을 벌기 위해 일하는 것이다. 그러나 일에는 그 이상의 고귀한 가치와 이로움이 있다.

자아를 실현하는 데 일만큼 효과적인 수단은 없다. 아무리 재능과 능력이 뛰어나다고 하더라도 일이 주어지지 않으면 자신의 잠재력을 발전시킬 수 없다. 실현가능한 목표를 세우고 철저한 계획을 세워 실행하는 과정을 통해 즐거움을 누릴 수 있으며, 일을 완성한 후 성취의 기쁨을 누릴 수 있다.

인간에게 행복을 주는 가장 큰 요인은 일이다. 사람은 일의 성취를 통해 보람과 기쁨을 얻는다. 스트레스를 가장 많이 받는 직업 중 하나는 신문기자이다. 하지만 그들도 자신이 취재한 내용이 신문에 실리면 그 성취감 때문에 그동안 쌓였던 모든 스트레스가 풀린다고 한다.

세 사람의 장인이 나란히 앉아 같은 도구를 사용하여 똑같은 물건을 만들고 있었다. 첫 번째 사람은 햇볕이 너무 뜨겁고 도구가 낡아서 팔이 몹시 아프다며 못마땅해 했다. 그는 눈살을 찌푸리고 툴툴거리며 일했다. 두 번째 사람은 월급날에 받을 급여와 자신의 솜씨에 대한 타인의 칭찬과 언젠가는 승진할 것을 생각하며 열심히 일했다. 세 번째 사람은 신선하고 깨끗한 공기와 도구를 사용할 때마다 느껴지는 팔의 힘과 세기, 그리고 자신의 손으로 만들고 있는 정교한 그 모양새에 감탄하며 매우 즐겁게 일했다. 그는 일종의 게임을 하듯 일하고 있었기 때문에 얼굴에 웃음이 가득했다. 이처럼 열심히만 하는 사람은 자신의 일을 즐기는 사람을 따라가지 못한다.

일을 할 때 하루의 중점 목표 5~8개를 설정하고 시작해보라. 목표를 달성해나가는 과정에서 즐거움을 얻을 수 있을 것이다.

스스로 일의 가치를 찾아내어 내적 동기에 의해 움직일 수 있게 하면 즐거움이 증가한다. 무슨 일을 하든, 어떤 목표를 갖든 의미가 가치를 일깨워 주는 것이다. 흔히 의미 없이 반복한다고 여기는 청소, 세탁, 설거지도 매우 즐거운 일이 될 수 있다.

의미와 가치가 있고 행복한 일이라고 생각하면 일할 때 즐거운 감정이 생긴다. 실제로 그러한 사례가 있다. 상하이의 발 마사지 가게들이 몰려 있는 골목에서 유독 손님이 많은 가게가 있었다. 그 가게에만 손님이 몰리는 이유가 궁금한 한 경영학자가 직접 방문하여 답을 찾아냈다. 일하는 종업원들의 생각이 다른 가게와는 달랐던 것이다. 그들은 자신들을 '에너지 전도사'라고 했다. 피곤에 지쳐서 오는 손님들에게 에너지를 주는 게 자기 일이라는 것이다. 같은 일이라도 남의 발이나 주무르는 일이라고 생각하는 사람과 에너지를 주는 일이라고 생각하는 사람은 그 태도부터 확연히 다르다. 그것이 손님들에게 전달되는 것은 물론, 고객 만족과 매출 증대라는 성과로 연결된다. 일에 대한 개념을 바꿔라. 일에 대한 고정관념만 바꿔도 많은 변화가 일어난다.

✔ 바람직한 업무 습관

신입사원이나 많은 경험을 가진 직원이거나 일반인이거나 상관없이 올바른 업무 습관을 갖는 것이 중요하다. 그렇지만 바람직한 자세는 거저 생기는 것이 아니다. 의도적으로 부단히 노력해야 얻을 수 있다. 그렇다면 바람직한 업무 습관은 어떤 것일까?

1) 늘 목표를 생각하며 일하라.

기본 중의 기본이다. 이렇게 하면 시간과 물질, 에너지를 한곳으로 모을 수 있을뿐더러 집중해서 일을 처리할 수 있다. 더 나은 방법을 발견할 수도 있다. 항상 마감시간을 생각하면서 일하라. 이것이 목표지향적인 방식이다.

마감효과라는 것이 있다. 마감이라는 한계가 있어야 집중력이 높아진다. 대기업에 다니고 있는 한 직장인은 "입사했을 때부터 무엇을 해야 좋을지 몰랐고, 지금도 여전히 내가 이 회사에서 무엇을 하면 좋을지 모르겠다"고 어려움을 토로한다. 이 사례처럼 목표가 뚜렷하지 못하면 시간과 에너지 낭비가 따른다.

2) 일을 시작할 때는 반드시 우선순위를 정해 놓고 추진해야 한다.

일의 중요도를 파악하는 것은 필수사항이다. 시간은 정해져 있고, 그 시간 내에 중요한 일을 완성해야 하기 때문이다. 중요하지도 않은 일에 온갖 정성을 기울인다면 무슨 의미가 있겠는가? 일의 중요도를 분별하지 않으면 아무리 시간이 많아도 다 처리할 수 없다. 중요도가 낮은 일은 나중에 하든지, 하지 말아야 한다. 그 대신 중요한 일에는 온 힘을 쏟아라.

많은 직장인이 중요한 업무보다는 그럴싸하게 보이는 활동에만 집착하는 경향이 있다. 시시한 일 때문에 가장 꼼꼼히 해야 할 중요한 일을 간과하면 실패와 손해로 이어진다. 각자에게 주어진 시간과 에너지와 집중력은 한계가 있음을 알라. 시간을 최소한 투자하여 최대한의 성과를 얻는다면, 그 방식이 가장 훌륭한 것이다. 업무의 중요도를 아는 것은 뛰어난 분별력을 갖췄다는 뜻이다.

3) 주인의식을 가져라.

주인과 종업원의 마인드는 다르다. 비록 말단직에 있다 할지라도 주인의 마음으로 일한다면 스스로 많은 발전을 하게 된다. 당신이 사장이라면 직원이 프로젝트를 철저히 책임감 있게 완수하는 모습을 보는 것보다 기분 좋은 일은 없을 것이다. 마찬가지로 그 어떤 사장도 변명하거나 책임을 전가하는 직원을 좋아하지 않는다. 따라서 하찮은 일이라도 자신의 소관이라면 철저하게 해내는 사람으로 인정받아야 한다.

4) 자신에게 가장 편안한 업무 시스템을 만들어야 한다.

자신에게 적합한 시간표를 짜는 것이 필요하다. 해야 할 일을 일목요연하게 작성하여 자신의 임무를 정확히 인식하라. 또한, 일하는 공간도 잘 살펴보라. 내가 일하고 있는 공간은 곧 나와 다름없다. 공간이 즐거움을 준다면 내 마음도 즐거워지지만, 공간이 마음에 들지 않으면 하는 일도 제대로 풀리지 않는다. 작업의 효율을 높일수 있는 환경을 찾아 만들라.

5) 어려운 일일수록 즉시 결단해서 추진하라.

효율적으로 일을 처리하는 사람은 어려운 일을 미루면 문제가 더 악화된다는 사실을 알고 있다. 일을 미루면 시간낭비에, 심적인 부담도 증가한다. 자꾸 미루려고 하는 성향을 즉시 결단하고 난제에 도전하는 습관으로 바꿔라.

6) 좋아하지 않는 일은 세밀하게 계획하라.

일을 잘하는 사람은 일하기에 앞서 해야 할 일의 목록을 적고, 실행방안을 구체적으로 마련한다. 하기 싫은 일이라도 한 가지씩 차근차근 하다 보면 목표한 바를 이루기가 훨씬 수월하다.

7) 자기 자신을 되돌아보라.

성공한 사람들은 대부분 업무와 자신이 갖춘 능력을 정기적으로 평가해보는 습관을 지니고 있다. 업무가 어떻게 수행되고 있으며, 그 과정에서 자신에게 부족한 점은 무엇인지 분석하라. 자기 자신을 되돌아보거나 때때로 자신의 능력을 평가하다 보면 많은 발전을 이룰 수 있다.

일의 진행 사항을 점검하기 위해 체크리스트를 활용하라. 이것은 일을 완성해가는 데 중요한 도구이다. 일을 시작하기 전, 일하는 중간, 그리고 일이 완성되었을 때로 나눠 수시로 점검하라. 그러면 시간과 노력이 많이 절약된다. 노트에 기록한 계획표 및 일과표를 다시 읽는 습관은 업무 태도를 반성할 기회를 제공한다.

8) 동료와 신뢰관계를 유지해야 한다.

신뢰를 쌓으려면 우선 자신의 업무를 성실하게 수행해야 하며, 상대방을 존중해야 한다. 꾸준히 대화를 나누는 것도 신뢰를 쌓는 좋은 방법이다. 마음에 맞지 않는 사람과도 관계를 잘 유지한다면 좋은 평판을 얻을 수 있다. 신뢰는 최대의 경쟁력이다.

9) 직장에서 힘껏 남을 도와라.

이것은 좋은 투자이다. 상대방을 볼 때 늘 긍정적인 면을 보는 습관을 길러라. 다른 사람의 약점을 보는 것보다 장점을 보는 것이 훨씬 행복하다. 누군가를 칭찬하면 그도 당신을 칭찬하기 마련이다. 아무리 불합리한 처우를 받아도 평안한 마음을 유지하도록 노력해야 한다. 정말 하기 힘든 일이지만, 이것이야말로 최고의 행복을 얻는 길이다. 평안과 기쁨을 유지할 수 있도록 명상, 심호흡, 산책, 음악 등을 적절히 이용하라.

10) 일에만 몰두해서는 안 된다.

자칫 잘못하면 블랙홀에 빨려든 것과 같이 일이 삶을 통째로 삼켜버릴 수도 있다. 일중독은 관성에 젖어 생각 없이 일하기 때문에 발생한다. 젊을 때 한번 길들인 일 습관은 좀처럼 바꾸기 어렵다. 일을 중요시하되 일 외의 다른 분야, 즉 가정, 취미, 자기계발에도 관심을 쏟아야 한다. 일과 사생활이 균형을 이루도록 시간표를 짜기 바란다.

✅ 복잡한 업무를 진행하는 요령

1) 무슨 일을 해야 하는지 분명하게 기록한다.

2) 마감일을 정한다.

3) 일을 단계별로 구분하고, 단계마다 필요한 시간을 예측한다. 특히 핵심 업무에 시간을 많이 투자한다.

4) 예상치 못한 일이 발생할 것을 대비하여 충분한 시간을 확보한다. 처음 하는 일이나 어려운 일이라면 마감일을 20~40% 늘려 잡는다.

5) 평가하는 시점을 정해서 주기적으로 진행 상황을 점검하고, 수정·보완해나간다.

6) 마감일을 충실히 지키도록 수시로 주의를 환기한다. 계획을 잘 짜야 어려움 없이 마감일을 지킬 수 있다.

✅ 에너지 흐름을 잘 살펴라

에너지 흐름을 파악하여 잘 관리하면 보다 효율적으로 일할 수 있을 뿐 아니라, 시간관리도 철저히 할 수 있다. 그러므로 항상 내 몸의 상태를 살펴보고, 에너지 상태를 최상으로 유지하는 것이 좋다.

필자가 처음 미국 여행을 떠났을 때는 시차 적응을 하지 못해 힘들어 했다. 그런데 재차, 삼차 미국여행을 떠났을 때는 시차 적응이 한결 수

월해졌다. 내 에너지 흐름을 파악했기 때문이다. 아침에 기상하자마자 더운 물로 샤워하면 몸에 온도가 높아지고 활력이 생긴다는 것을 알고 그대로 실행해 보았더니 효과가 있었다.

잘 살펴보면 하루 24시간 동안 에너지 리듬과 감정의 변화가 여러 차례 생기는 것을 알 수 있다. 육체와 정신은 서로 영향을 미치기 때문에 정신이 피로하면 신체의 기능도 저하되기 마련이다.

일을 할 때도 하루 동안 얼마나 많은 일을 해내는가에만 관심을 두어서는 안 된다. 가장 적절한 때에 적합한 과제를 수행하면 최고의 효과를 거둔다. 소위 '프라임타임'이라는 업무 효율이 가장 높은 시간대를 잘 적용하기만 해도 훨씬 많은 일을 해낼 수 있다.

수시로 자신의 에너지 리듬을 살펴보는 것이 중요하다. 언제 가장 주의력이 높아지고, 몸에 활력이 넘치는가? 나의 경우 새벽 4~6시 사이에 가장 에너지가 충만하다. 오후에 같은 시간 일했을 때보다 3배 더 일할 수 있다. 그런데 초저녁에 피곤이 몰려와서 일찍 잠자리에 든다. 그래서 저녁에 할 일이 생기면 30분간 낮잠을 취한다. 그러면 에너지 흐름을 변경할 수 있다. 낮에 피곤할 때는 40분간 활발하게 걸으면 에너지가 금세 회복된다.

규칙적으로 살면 에너지 흐름을 잘 파악할 수 있다. 반면에 생활이 불규칙하면 에너지 흐름이 깨질 위험이 크다. 기상시간과 취침시간은 언제인가? 하루 세 끼 식사시간은 언제인가? 언제 일을 시작하는가? 에너지와 정신 상태가 최상인 때는 하루 중 언제인가? 에너지와 정신상태가 최저인 때는 하루 중 언제인가?

에너지 상태가 최상일 때는 집중해서 해야 할 일, 계획 세우는 일, 아이디어를 내는 일, 싫어도 꼭 해야 하는 일, 난제를 푸는 일을 해야 효과적이다. 에너지 상태가 최저일 때는 머리를 쓰지 않아도 되는 단순 작업, 반복된 행동, 대화, 휴식, 잠이 효과적이다.

나쁜 습관이 있으면 신체에너지가 줄줄 샌다. 사소한 것일지라도 나쁜 습관이 계속 축적되면 만성피로, 스트레스, 탈진을 경험한다. 때문에 최대의 효과를 낼 수 있도록 내 몸의 에너지 리듬을 알아야 한다. 특정한 시간에, 특정한 조건 하에서 일할 때 최상의 결과를 내기도 한다. 주초에 하면 더 능률적인 일이 있고, 주말에 하면 더 나은 일이 있다. 연구는 이른 아침에 하는 것이 좋고, 사람은 오후에 만나는 것이 좋다.

주간에도 알맞은 리듬이 존재한다. 주말에 과로하면 그다음 주간은 힘들어진다. 따라서 주말에 과로해서는 안 된다. 주초에는 열심히 일하라. 수요일에는 일을 일찍 끝내라. 금요일 오후에는 에너지 상태가 저조하니 조심해야 한다.

에너지 상태에 따라 일의 종류와 일의 속도를 조절해야 한다. 일반적으로 사람은 기분이 좋으면 어려운 문제도 잘 해결하지만, 기분이 나쁘면 사소한 일에도 부담을 느낀다.

활력이 넘쳐야 기분도 좋아진다. 기분이 좋아야 새로운 일에 도전할 마음이 생기고, 참신한 아이디어도 잘 떠오른다. 에너지가 저조하면 그에 따라 기분도 저하된다. 좋은 기분은 선순환을, 나쁜 기분은 악순환을 가져온다. 에너지가 떨어졌을 때는 무조건 휴식하는 것이 상책이다.

1년 중에도 리듬이 존재한다. 봄이 되면 활기를 띠어 삶을 즐길 수 있다. 하지만 여름, 가을, 겨울에 해야 효과를 거둘 수 있는 일들도 분명히 존재한다.

✅ 늘 좋은 신체에너지 상태를 유지하는 방법

잘 쉬면 에너지를 재충전할 수 있다. 온 신경을 쏟아 일했다면, 휴식을 통해 적당히 긴장을 풀어야 한다.

보통 피로감을 풀기 위해 어깨를 늘어뜨리거나 고개를 숙이는데, 그보다는 마음을 평온하게 만드는 명상이 효과적이다. 마음이 평온해지고 5분이 지나면 머리가 맑아진다. 10분이 지나면 활력이 생긴다. 15분이 지나면 다시 시작할 준비가 되어 있다. 시간이 조금만 더 지나면 에너지가 원래대로 회복된다. 그러면 다시 기운을 차려 힘차게 일할 수 있다.

늘 좋은 신체에너지 상태를 유지하기 위해서는 아래와 같은 방법이 도움이 될 것이다.

1) 하루 2시간 프라임타임을 확보하고, 그 시간대를 최대한 활용하라.
2) 과로하지 말라. 건강만은 자신해서는 안 된다.

3) 어려운 일을 할 때는 규칙적인 휴식을 철저하게 지켜라.

4) 생각할 시간을 충분히 가져라.

5) 중요한 일은 천천히 해야 한다.

6) 주말에도 가급적 평일의 생활리듬을 유지한다.

7) 다양한 휴식의 기술을 터득한다. 그중의 하나는 스마트폰으로부터 자유로워지는 법을 배우는 것이다.

✔ 권태를 예방하자

우리의 두뇌는 새로운 자극이 없으면 따분하다고 느낀다. 이럴 때 돌파구는 새로운 과제에 도전하는 것이다. 낯선 곳으로의 여행, 한 번도 해본 적 없는 운동 배우기, 도전정신을 불러일으키는 책 읽기 등 반복되는 일상에서 탈피하기 위한 다양한 계획을 짜본다.

일상에서 재미있는 일을 찾으면 기분이 고조된다. 손쉽게 찾을 수 있는 방법으로는 조깅, 음악, 영화, 카페에서 차 마시기, 게임, 자전거 타기 등이 있다.

적당한 운동은 양질의 휴식이다. 산책, 춤, 노래, 수영, 집안일, 텃밭 가꾸기, 계단 오르기, 자전거로 출근하기 등 자신에게 맞는 운동을 찾아 꾸준히 한다.

그 밖에도 인간관계를 잘 맺고 살면 기분 좋은 삶이 지속된다.

✔ 경력을 관리하라

입사하는 것과 동시에 경력을 관리해야 한다. 출근 첫날부터 경력을 관리하는 가장 좋은 방법은 '회사 발전에 어떻게 이바지할 것인가?'에 초점을 맞추는 것이다. 이런 생각을 가지면 회사의 장기적인 비전에 더욱 집중하게 된다. 진정한 성공은 당신이 회사 발전에 중요한 부분을 담당하고 있다는 자부심에서 이루어진다.

《개인과 회사를 살리는 변화와 혁신의 원칙》이란 책에는 '이루어질 수 없는 꿈'이라는 글이 나온다. 준비된 사람이 되지 않고서는 직장 생활에 희망이 없다는 것이다. 저자는 다음과 같이 질문하고 있다. 1) 지속적으로 자기계발을 하고 있는가? 2) 남들에게 자랑할 수 있는 전문성이 있는가? 3) 남들보다 잠자는 시간이 적은가? 4) 남들보다 더욱 열심히 일하는 편인가? 5) 지금의 회사가 아니더라도 불러줄 곳이 있는가? 6) 인생의 목표를 달성하기 위해 노력하고 있는가? 7) 남들에 비해 뛰어난 지적 능력을 갖추고 있는가? 8) 사내에 나를 후원해줄 튼튼한 인맥이 있는가? 9) 회사는 나를 반드시 필요한 인재라 생각하고 있는가? 10) 남들보다 더 많은 연봉을 받고 싶은가?

이상의 조건이 갖추어지지 않고서는 직장에서 성공할 수 없다고 한다.

사람들은 편하고 좋은 직장에 머물기를 바란다. 그러나 자신의 경력을 향상시키고자 하는 사람은 많지 않다.

경력관리는 개인의 장래에 영향을 미치는 중요한 문제이다. 경력을 어떻게 관리해나갈 것인가를 심각하게 고민하며 살아가야 한다.

경력관리는 대개 5년 단위로 끊어서 '언제까지 무엇을 하고, 그다음에 어떤 일을 하며, 그 결과 원하는 바를 성취한다'는 계획을 구체적으로 작성하는 것이다.

자신이 하는 일에 자부심이 없는 사람은 외부의 유혹에 쉽게 넘어간다. 누군가 이직을 권하거나 월급을 많이 주는 곳을 찾으면 큰 고민이 없이 선뜻 옮겨버리는 사람이 많다. 이런 경우 대부분은 자신의 결정을 후회한다. 인간은 자기 자신의 이익을 우선시하는 탓에 타인의 경력관리에는 별로 책임이 없다. 잘못에 대한 책임은 전적으로 자신에게 있다. 경력을 관리하는 데 자기 나름대로 주관이 있어야 외부 유혹에 흔들리지 않는다.

경력관리에서는 기회비용이 크게 작용한다. 즉, 어떤 특정한 분야에서 특정 시간을 보내는 것은 다른 모든 분야에서 일할 수 있는 기회, 성장할 수 있는 가능성을 스스로 포기하는 것과 같다. 만약 당신이 옮긴 특정 분야가 적성에 맞지 않으면 큰 손해를 입을 수 있다. 따라서 옮기고 싶은 분야에 주의 깊은 관심을 기울이며, 신중히 경력관리를 해야 한다.

오래전에 한 렌터카 업체 사장과 대화를 나눈 적이 있다. 그는 대학 졸업 후 서울시청에 들어갔다고 한다. 수년 후, 공무원은 장래가 밝지 못하다는 말을 듣고 무역업에 발을 들여놓게 되었다. 하지만 무역업이 적성에 맞지 않아 건축업으로 전직하였다. 몇 년 후에는 운수사업으로 업종을 바꾸었다. 그렇게 직업을 몇 번 바꾸니 어느새 환갑이 되었다고 안타까움을 토로했다. 그러면서 입사 동기생 중 한 명은 지금 서울시장이 되었다고 했다.

경력을 현명하게 관리하기 위해서는 자신에게 주어진 한정된 시간과 에너지를 좀 더 계획적이고 전략적으로 배분해야 한다.

경력관리에 대한 명확한 지침과 계획을 갖고 젊음을 불살라야 할 것이다.

자신의 모든 경력 계획서를 꼼꼼하게 기록하고, 이를 통해 자신의 인생을 명품으로 만들어보는 일에 도전하기 바란다.

✔ 사업에 관계된 인맥을 쌓아라

개인 생활과 직장 생활에서 적절한 인맥을 활용하면 시야가 넓어지고, 인생 전반에 새롭고 흥미로운 장이 펼쳐질 것이다. 따라서 인맥 쌓기는 꼭 해야 하는 필수적인 사업 기술이다.

인맥을 쌓기 위해서는 다음과 같은 자세가 필요하다.

1) 만나는 모든 사람을 보물처럼 귀중하게 여긴다.
2) 의사소통을 활발히 한다.
3) 지속적으로 교제한다.

4) 상대방의 성격을 잘 이해한다.

5) 주동적인 인물이 되어 모임에 적극적으로 참여한다.

6) 일단 동료와 상사에게 관심을 집중한다.

7) 자신만의 인맥리스트를 만들어서 꾸준히 인맥관리를 한다.

좋은 인간관계는 당신의 인생에 천군만마가 되어 줄 것이다.

학습과 토의를 위한 질문

1. 일이 우리에게 주는 유익한 점을 아는 대로 열거해보고, 서로 의견을 나누어보자.

2. 자신의 업무습관 중 개선해야 할 점을 찾고 개선방안을 모색해보자.

3. 늘 기분 좋고 활력이 넘치는 상태로 일하려면 어떤 노력을 기울여야 하는지 생각해보자.

8장
의사소통의 원리와 기술

친절한 말을 하라. 그러면 친절의 메아리를 얻을 것이다.
Speak kind words and you will get kind echoes.

✔ 내 의사소통 기술은 어느 정도의 수준일까

　자신의 뜻과 감정을 상대방에게 전달하는 것을 의사소통이라고 한다. 의사소통은 학교, 가정, 직장에서 가장 중요한 역할을 하고 있다.

　인간은 사회적인 동물이므로 잠시도 의사소통을 하지 않으면 살아갈 수 없다.

　'통즉불통(通則不痛) 불통즉통(不通則痛)'이라는 재미있는 말이 있다. 의사소통이 되면 고통이 없고, 의사소통이 안 되면 고통이 생긴다는 뜻이다.

　당신의 의사소통의 수준은 어떤가? 만약 낮은 편이라 생각된다면 그 원인은 어려서부터 말과 글에 대한 훈련을 제대로 받지 못해서이다. 의사소통 능력의 부족은 일차적으로는 가정환경 때문이다. 모든 것은 유아 시절로부터 시작된다. 부모의 태도, 가치관 그리고 언어습관이 자녀의 의사소통 능력에 지대한 영향을 끼친다. 부모가 말을 잘하면 그들의 자녀도 대개 말을 잘한다.

　의사소통 능력이 부족하면 일상생활에 곤란을 겪는다. 의사소통을 영어로 '커뮤니케이션(communication)'이라고 하는데, 여기에는 방대한 뜻이 담겨 있다. 우리는 커뮤니케이션의 바다에 살고 있다고 해도 과언이 아니다.

　우선 다음 질문에 '예' 혹은 '아니오'로 답하며, 의사소통 능력을 테스트해보기 바란다.

1. 당신은 당신의 태도와 감정을 상대방에게 적절하게
   표현하는가?   (   )
2. 당신은 당신과 상대방의 공통점과 차이점을 잘 이해하는가? (   )
3. 당신은 상대방의 의사소통 능력을 잘 파악하고 있는가?   (   )
4. 당신은 대화 외에 다양한 의사소통 수단을 활용하는가?   (   )
5. 당신은 상대방의 이해를 돕기 위한 반복이나 강조의 필요성을
   인식하고 있는가?   (   )
6. 당신은 특별한 용어나 제스처, 상징을 상대방이 받아들일 때만
   사용하는가?   (   )
7. 당신은 대화의 속도를 상대방 수준에 맞추어 진행하고
   있는가?   (   )
8. 당신은 의사소통 장애를 줄일 수 있는 방법을 알고 있는가?   (   )
9. 당신은 대화할 때 자신의 목소리의 크기가
   적당하다고 생각하는가?   (   )
10. 당신은 때와 장소를 가려서 말을 하는가?
    감사와 칭찬의 말을 적절한 때에 하는가?   (   )
11. 당신은 경청의 기술을 알고 있는가?   (   )
12. 당신은 말하는 것만큼 자연스럽게 글도 쓸 수 있는가?   (   )
13. 당신은 갑자기 발표나 연설하라는 부탁을 받았을 때
    당황하지 않고 잘 표현하는가?   (   )
14. 당신은 대답을 엉뚱하게 해서 오해를 받은 적이

거의 없는가?   (   )

15. 당신은 다른 사람으로부터 말을 잘한다는 소리를
    자주 듣는가?   (   )

　위의 질문에 긍정적으로 답한 사항이 10개 이상이면 의사소통 수준은 상당히 높다고 할 수 있다. 하지만 질문에 대한 답이 신통치 않더라도 걱정할 필요는 없다. 지금부터라도 의사소통 능력을 발전시키려고 노력하면 된다. 사실 이 능력을 개발하는 것은 일생을 두고 해야 할 과제이다. 어느 누구도 완벽한 의사소통 능력을 지니고 있지 못하다.

✔ 의사소통의 중요성

　의사소통은 모든 인간관계에 있어서, 그리고 사회활동을 하는 데 필수적인 도구다. 정치와 종교에서도 의사소통의 중요성은 이루 말할 수 없다. 개인의 성공과 행복 또한 의사소통 능력에 따라 좌우된다고 볼 수 있다. 자신의 생각과 느낌을 표현하는 것이야말로 사회생활의 가장 기본적인 원리이기 때문이다. 현대인은 하루 종일 읽고 쓰고 말한다. 읽기, 쓰기, 말하기는 모든 경쟁력의 핵심이라 할 수 있다.
　시간관리 면에서 생각해본 의사소통의 중요성은 다음과 같다.

첫째, 절제된 언어는 시간을 절약한다. 짧은 시간에 상대를 설득하지 못하면 될 일도 안 되는 경우가 많다.

둘째, 올바로 의사를 전달하면 상대방이 긍정적으로 반응한다. 전달자가 정보를 확실히 전달하면 수신자의 시간과 노력이 그만큼 절약된다. 모호한 정보를 전달하거나, 전달 방식이 분명하지 못하면 상대방은 혼란스러울 수밖에 없다.

셋째, 정보를 올바로 이해하면 올바른 행동을 취할 수 있다. 따라서 시간을 절약할 수 있다.

넷째, 오해와 갈등을 미연에 방지함으로써 시간과 노력의 낭비를 없앤다. 의사소통을 잘하지 못하면 우정에 금이 가고 사랑이 파괴되며, 공동체가 파멸할 수도 있다. 1945년 제2차 세계대전 당시 연합군은 일본 정부에 원자폭탄을 사용하겠으니 항복하라는 최후통첩을 보냈다. 일본 정부는 "모쿠사츠"라는 말로 답변했다. 이 단어는 '무시하다'와 '고려하다'라는 두 가지 뜻이 있다. 일본 정부는 고려하겠다는 뜻으로 답변했으나, 연합군 측에서는 무시한다는 뜻으로 해석하여 수십만 명이 원자폭탄에 희생되었다. 이처럼 의사소통의 잘못으로 국가 간의 회담이 결렬되고, 심지어는 전쟁으로 치닫는 경우도 있다.

다섯째, 원활한 의사소통은 마음과 생각을 하나로 만들어 목표를 향해 서로 협동하게 한다. 의사소통이 조직의 혈관과 같은 작용을 하는 것이다.

그리고 의사소통의 원리는 곧 지름길이다. 의사소통의 명수가 되기 위해서는 원리를 잘 익혀야 한다. 그러면 의사소통의 원리에는 어떤 것들이 있는지 알아보자.

✔ 의사소통의 원리

1) 수신자 중심의 원리

의사소통에는 네 가지 기본 요소가 있다. 바로 전달자, 수신자, 메시지, 수단이다. 이 중에서 가장 중요한 요소는 수신자이다. 메시지가 무슨 내용이든 수신자에게 올바로 전해져야 한다. 그렇지 않으면 허공에다 대고 소리를 지르는 격이 될 수 있다. 전달자는 수신자의 생각과 감정을 파악해 수신자가 이해하고 받아들일 만한 적당한 말을 골라서 사용해야 한다.

메시지는 상황에 맞도록 각색해야 한다. 글을 쓸 때도 마찬가지이다. 독자가 누구냐 하는 것이 글쓰기 법칙의 제1조이다.

2) 단순화의 원리

전달하고자 하는 생각을 가급적 가장 간단한 말로 표현해야 한다. 말이나 문장이 단순해질수록 상대방이 훨씬 쉽게 이해할 수 있다. 말이나 문장이 길어지면 원하는 바를 전달하기 어렵다.

3) 적량, 적시, 적소의 원리

메시지를 주고받는 양이 적절해야 한다. 한꺼번에 너무 많은 양을 전달하거나 지나치게 적은 양을 전달해서는 안 된다. 너무 많은 양이 일시에 전달되면 소화를 제대로 못해 머릿속에서 혼란을 일으킨다. 반대로 지나치게 적은 양이 전달되면 흥미를 잃어버리고, 통일된 지식을 가질 수 없다. 또한 메시지는 적절한 시기에 적절한 장소에서 전달해야 한다. 알맞은 시기와 장소를 선택할 때 그 효과는 배가된다. 특히 칭찬이나 애경의 인사는 즉시 하는 것이 신뢰성을 높여준다.

4) 반복의 원리

반복의 힘은 메시지를 전달할 때 매우 크게 작용한다. 방송광고, 신문광고는 이 원리를 잘 활용한 것이다. 일반적인 글이나 말의 경우 중요 개념은 반복해서 설명해야 한다.

5) 통찰의 원리

말이나 글의 배후에 숨겨져 있는 감정을 읽어내야 한다. 단편적 사실이 아닌 전체를 이해하는 힘이 필요하다. 무의식적으로 하는 말, 비언어적인 모든 요소를 해석할 수 있어야 한다.

6) 일관성의 원리

말이나 글이 주제와 관계없이 흘러갈 때가 있다. 회의 때도 마찬 가지다. 주제에서 벗어나지 않도록 일관성 있게 진행해야 한다.

7) 효율성의 원리

메시지를 분명하게 수신자에게 전달함으로써 기대했던 결과를 거 두어야 한다. 그렇지 않으면 시간과 에너지 낭비에 불과하다.

✔ 말하는 기술의 핵심

의사소통에 필요한 말하기, 듣기, 쓰기 중 먼저 말하는 기술에 대해 알아보자.

첫째, 한 사람에게 전하든 백 사람에게 전하든 사실을 전달해야 한다. 말할 때 가장 중요한 요소는 정확성이다. 발음도 정확해야 한다.

둘째, 사전 준비를 완벽하게 해 놓아야 한다. 생각을 분명히 정리하 고, 필요하다면 요점을 메모해서 말할 때 참고한다. 사고력이 뛰어나면 요점을 정확하게 전달할 수 있다.

셋째, 될 수 있는 한 간결하게 말해야 한다. 핵심을 잘 전달해야 하며, 군더더기가 없어야 한다.

넷째, 대화의 내용에 가치와 깊이가 있어야 한다. 자기 자랑이나 남을 비평하는 내용은 가치가 없다.

다섯째, 각 대상에 맞는 주제와 말씨를 사용해야 한다. 사람마다 관심사가 다르고, 의사소통 수준이 다르기 때문이다.

여섯째, 흥미 있는 태도를 보여야 한다. 기쁘고 유쾌한 표정을 지어라. 그래야 대화가 활발하게 진행된다. 대화는 사실뿐만 아니라 감정도 교환하는 것이다.

일곱째, 상대방이 자연스럽고 편한 분위기를 느끼도록 해야 한다. 특히 처음 보는 사람이라도 십년지기처럼 친근하게 대한다.

여덟째, 의견을 말하기에 앞서 상대방의 의견을 먼저 들어라. 잘 듣는 것이 곧 잘 말하는 지름길이다.

아홉째, 답변하는 것도 기술을 발휘해야 한다. 생각 없이 답변하면 손해를 보거나 후회할 일이 생긴다. 답변하기 전에는 충분히 심사숙고해야 한다. 잘 모르거나 위험부담이 따르는 질문은 적당한 핑계를 대서라도 답변을 미루는 것이 현명하다. 예를 들어 국가 간 회담에서 답변은 매우 중요한 역할을 한다. 이 자리에서도 가끔은 'Yes'도 아니고 'No'도 아닌 답변이 호의적인 반응을 얻는 경우도 있다.

열째, 때를 잘 살펴서 말해야 한다. 시도 때도 없이 지껄이는 것은 말이 아니라 횡설수설이다. 때에 맞는 말을 해야 하고, 단어와 표현을 올바로 선택해야 한다. 성경에는 "사람은 그 입의 대답으로 말미암아 기쁨을 얻나니 때에 맞는 말이 얼마나 아름다운고(잠언 15:23)"라는 말이 있다. 사람에게는 말해야 할 때가 있고, 침묵을 지켜야 할 때가 있다. 침묵을 지켜야 할 때 말한다면 돌아오는 것은 손해뿐이다. 반대로 말해야 할 때 하지 않으면 기회를 잃어버리고 만다. 말하는 시기를 신중히 생각하고, 어떤 표현을 사용할지 유의하면서 언어생활을 이어나가야 한다.

열한째, 비언어적 의사소통 방식을 적절하게 사용해야 한다. 몸짓, 표정, 목소리로도 의사소통이 가능하다. 말로만 하는 한 가지 의사소통을 피하고 몸동작까지 사용하여 소통해보라. 때로는 비언어적 의사소통이 강력한 힘을 발휘한다.

열두째, 대화하는 대상이 누구든지 간에 최대한 존중해야 한다. 다른 사람의 가치를 존중하고 있다는 것을 보여주어야 한다. 이런 태도를 갖추지 못하면 원활한 의사소통은 불가능하다. 사람은 모욕감을 느끼면 즉각 마음을 닫고 무슨 말을 하든 귀담아듣지 않는다. 눈동자를 이리저리 굴리거나, 머리를 흔들거나, 손을 만지작거리거나, 잘난 척하거나, 지루함이나 조바심 같은 감정을 드러내는 행동은 상대방을 존중하지 않는다는 표시다. "당신은 언제나 그래"나 "당신은 절대 그런 일 못해"와 같이 부정적인 반응이나 빈정대는 말투도 마찬가지다. 다른 것은 기억하지 못하더라도 이것만큼은 기억하라. 배우자든, 아이든, 상사든, 동료든, 친구든 상대를 존중하지 않으면 의사소통의 목표는 무너진다. 대화할 땐 최대한 상대를 존중해야 한다.

열셋째, 상대의 가치 체계를 이해해야 한다. 말에는 자신의 가치 체계가 드러나기 마련이다. 상대의 가치 체계를 이해하지 못하면 대화를 시작하자마자 곧 장애에 부닥칠 것이다. 상대의 가치 체계를 알 수 있는 가장 좋은 법은 직접 물어보는 것이다. 그 문제에 대해 어떻게 생각하는가? 그렇게 생각하는 이유는 무엇인가? 대화를 시작하기 전에 직접 물어볼 수 없다면 상대와 친한 사람에게라도 물어봐야 한다.

✔ 듣는 기술의 핵심

뛰어난 사람은 듣는 데 전념하고, 소인은 말하는 데 전념한다는 말이 있다. 훌륭한 인격자는 충고하는 것보다 상대방의 의견을 구하는 데 보다 많은 시간을 사용한다.

그렇다면 돈 들이지 않고 다른 사람들에게 사랑과 존경을 받는 비결은 무엇일까? 첫째는 남의 말을 경청하는 것이고, 둘째는 자주 남을 칭찬하는 것이다. 주변에서 대화하는 사람들을 유심히 살펴보면 대충대충 듣는 사람, 자기 말만 하는 사람, 칭찬에 인색한 사람이 얼마나 많은지 발견하게 될 것이다. 사람은 말하기를 좋아하지만, 듣기는 별로 좋아하지 않는다. 들어야 할 때 계속 말함으로써 얼마나 많은 시간을 낭비하는지 모른다. 또 자기가 좋아하는 것, 자기에게 유리한 것만 들으려는 경향이 있다. 이것을 '선택적 지각'이라고 한다. 당신은 좋은 청취자인가? 다음의 네 가지 사항에 해당되는지 확인해보자.

1) 상대방이 말을 시작하자마자 즉시 반응을 나타내는가?

2) 대화를 일관성 없게 이끌어가는 경우가 많은가?

3) 다른 사람이 무엇을 이야기하면 그것과 연상된 사건이 바로 떠오르는가?

4) 상대방의 말을 잘 이해하지 못해도 질문하는 경우가 거의 없는가?

위의 질문에 모두 해당된다면 듣는 기술을 향상해야 한다. 그럼 어떻게 듣는 기술을 향상할 수 있을까?

첫째, 온몸으로 들어야 한다. 경청은 피동적인 행위가 아니라 능동적인 행위다. 시선을 집중한 채 머리를 끄덕이고 미소를 띠며 관심이 있다는 것을 보여줘라.

둘째, 언어 속에 숨겨진 의미와 감정을 파악하라. 말하는 사람이 무엇을 바라고 필요로 하는지 그 사람의 관점에서 듣고 이해하라.

셋째, 이야기를 듣는 중간에 판단하지 말라. 다 듣고 난 후 객관적으로 판단하라.

넷째, 이야기의 핵심 사항을 잘 파악하라. 그렇지 않으면 동문서답(東問西答)을 할 수도 있다. 말을 빠르게 해도 핵심 단어만은 놓치지 말라.

다섯째, 중간중간 호응을 하며 상대방이 계속 신나게 말할 수 있도록 하라. "그래?", "암, 그렇지", "정말?" 등의 표현을 사용하라.

여섯째, 잘 모르는 내용이나 불확실한 내용은 질문하여 확실히 이해하라. 대개 용기가 없어서 질문하기를 꺼리는데, 짚고 넘어갈 부분은 꼼꼼히 확인한다.

일곱째, 허심탄회한 심정으로 들어라. 그래야 편견 없이 들을 수 있다. 선입견은 경청을 방해한다.

여덟째, 인내를 가지고 끝까지 들어라. 유치하거나 불합리한 내용을 이야기할지라도 지성인답게 끝까지 들어야 한다. 반박할 수 있는 기회는 얼마든지 있다.

✔ 쓰는 기술의 핵심

글을 잘 쓴다는 것은 하나의 예술이다. 글은 말과는 다른 효과가 있다. 필요하면 내용을 다시 볼 수 있고, 기록을 남길 수 있다.

그런데 요즘 학생들은 제대로 말을 할 줄 모르는 것 같다. 말을 제대로 못하는데, 어떻게 글을 제대로 쓸 수 있겠는가? 독일과 프랑스 등 유럽 국가에서는 초등학교 시절부터 국어 수업을 가장 중요하게 여긴다. 독일에서는 초등학교 1학년부터 4학년까지 읽는 것과 쓰는 것만 가르칠 정도로 어문교육을 중시한다. 프랑스에서는 초등학교 수업시간이 1주에 약 27시간인데, 그중 국어 수업이 10시간이다. 교과서가 있는 것은 오직 국어뿐이다. 국어 수업은 읽기, 쓰기, 암송, 문법 등 7개 항목에 걸쳐 집중적으로 가르치고 평가한다. 프랑스는 자국 언어에 큰 자부심을 느끼도록 어려서부터 교육하고 있다.

인류가 지금까지 발명한 것 중 가장 위대한 발명품은 말과 문자이다. 말과 문자는 문명의 원천이기도 하다. 오늘날의 글쓰기는 모든 경쟁력과 직결되고 있다.

기술자는 글을 잘 써야 대접받으며, 노벨 수상자가 되려면 에세이를 잘 써야 한다. 미국 하버드대학의 정치 · 행정대학원은 첫 시간을 의사소통에 관한 수업으로 시작할 만큼 글쓰기를 중요시하고 있다.

글을 쓰기 위해서는 많은 노력이 필요하지만, 기본적으로 갖춰야 할 것은 '나도 글을 쓸 수 있다'는 용기다. 글을 작가나 글솜씨가 있는 사람들만의 전유물이라고 생각하는 한, 결코 글쓰기와는 가까워질 수 없다. 요즘은 과거 펜으로 쓰던 시대와는 달리 컴퓨터의 워드프로세서를 이용해서 훨씬 편리하게 글을 쓸 수 있다. 힘들이지 않고 컴퓨터 앞에 앉아서 키보드를 치면 된다.

글을 쓰는 요령은 말하는 요령과 공통된 점이 많다. 그렇다면 글쓰기의 핵심 기술은 무엇일까?

첫째, 독자를 분명히 알아야 한다. 신약성서 마태복음 1장에는 사람의 명단과 '낳고'라는 말이 여러 번 기록되어 지루한 느낌이 든다. 그런데 저자는 왜 그런 식으로 썼을까? 족보를 매우 중요시하는 유대인을 대상으로 썼기 때문이다. 마태복음의 예처럼 글을 쓸 때는 먼저 독자에 관해 연구해야 한다. 독자의 성향을 파악하여 강조할 것과 피해야 할 것을 꼼꼼히 살피려는 노력이 필요하다.

둘째, 내용이 충실해야 한다. 과일이나 곡식의 알맹이가 훌륭해야 하듯 글에도 알맹이, 즉 내용이 충실해야 한다. 내용은 건설적이고 가치가 있는 것이 좋다. 읽은 후 여운이 남을 뿐 아니라 실용적으로 쓸모가 있어야 한다.

셋째, 흥미가 있어야 한다. 내용이 아무리 훌륭하다 할지라도 흥미가 없으면 독자들이 읽으려고 하지 않는다. 문체가 화려하지 않더라도 진실이 담겨 있는 글은 잔잔한 감동을 준다. 또 사실 자체가 흥미로운 글도 좋고, 사물을 다른 각도에서 바라보거나 다른 방식으로 해석하는 글도 좋다. 같은 내용이라도 어떻게 표현하느냐에 따라 흥미를 더해줄 수도 있고, 떨어뜨릴 수도 있으므로 한 가지 방식만을 고집하지 않는다.

넷째, 문장이 간결해야 한다. 문장이 간결할수록 생각과 사상, 감정, 사실을 더욱 정확하게 전달할 수 있다.

다섯째, 표현이 명료해야 한다. 간결한 것이 좋다고 해서 중요한 요소를 생략하면 모호한 글이 되고 만다. 설명할 필요가 있는 것은 이해하기 수월하도록 충분히 설명한다. 독자는 저자가 쓰는 내용에 대해 저자만큼 알지 못한다. 말하는 것처럼 글을 쓰는 연습을 해보라. 그러면 쉬운 내용으로 쓸 수 있다.

여섯째, 줄거리에 일관성이 있어야 한다. 비약이 심하다든지, 앞뒤가 서로 맞지 않는다면 좋은 글이라 할 수 없다. 읽을 때 자연스럽게 읽히는 글이 좋다.

일곱째, 자료가 훌륭해야 한다. 음식의 맛은 재료의 질이 70%를 차지하고, 요리 솜씨가 30%를 차지한다고 한다. 요리 솜씨가 제아무리 뛰어나도 재료가 시원치 않으면 맛있는 요리를 만들어낼 수 없다. 마찬가지로 소재가 풍성해야 좋은 글을 쓸 수 있다. 좋은 작가는 항상 눈과 귀를 열어놓음으로써 다양한 소재를 수집한다. 좋은 글을 쓰기 위해서는 이런 습관을 본받아야 한다.

글쓰기의 핵심 기술을 아는 것만으로는 충분하지 않다. 마치 수영의 원리를 알았다고 해서 수영 기술이 느는 것이 아니듯, 글을 써나가는 노력을 꾸준히 해야 한다. 좋은 글을 쓰는 제일 좋은 방법은 글 쓰는 훈련을 꾸준히 해나가는 것이다.

✅ 마음만 있다면

50년 전, 나는 왜관에서 카투사로 근무했다. 병장이었을 당시 인사계에 있었는데, 하루는 서른세 살 신병, 김 일병이 들어왔다. 그는 호적이 잘못돼 10년 이상 늦게 입대했단다. 키는 작고 통통하고 머리의 반이 벗겨진 데다 피부가 까매서 꼭 영감처럼 보였다. 그는 주말마다 내게 외박증을 신청했다. 이미 결혼해서 자녀들이 있어 집에 꼭 가야 한다는 것이었다.

그러던 어느 날, 김 일병이 근심 어린 표정으로 집에 위급한 일이 생겼다며 빨리 외출증을 만들어달라고 했다. 그의 아내가 셋째 아이를 낳다가 피를 너무 많이 흘려 생명이 위독하단다. 부모님이 돌보면 되지 않느냐고 하니 두 분 모두 융통성이 없어 안절부절못한다는 것이었다.

외출증을 만들어주는 건 간단했지만 김 일병이 당장 집에 간다 해도 딱히 해결책이 없을 것 같았다. 나는 평소 친분이 있는 미군 군목에게 도움을 청했다.

톰슨이라는 흑인 대위에게 달려가 김 일병의 사정을 이야기하니 그는 즉시 백인 군종 사병에게 김 일병을 태우고 그의 집으로 가라고 했다. 그들은 왜관에서 네 시간이나 걸려 밤늦게 김 일병의 집에 도착했다. 그 길로 산모와 아이를 데리고 와서 미군 의무실에 입원시켰다.

결국 4일 만에 산모는 완쾌되었고, 우리는 그의 가족을 고령 집까지 편안하게 데려다주었다. 그 후 김 일병은 나를 만날 때마다 "유 병장님 덕분에 아내가 살았심더!" 하며 고마워했다.

이때 깨달은 교훈이 있다. 마음만 있으면 어떻게든 상대를 도와줄 방법을 찾을 수 있다는 것이다. 50년이 지났지만 이 일은 여전히 생생한 추억으로 남았다.

이 글은 월간 《좋은생각》 2015년 8월 호에 실린 필자의 글로, 사실을 담담하게 써내려갔다. 누구에게나 크든 작든 이야깃거리가 있다. 위의 사례와 같이 자신의 이야기를 잘 조직하여 독자를 이해시키며, 나만의 관점으로 결론을 지어간다면 비교적 쉽게 글을 쓸 수 있다.

✅ 의사소통 수준을 높이자

인간의 의사소통 수준은 저마다 다르다. 예를 들어 차를 험하게 모는 총알택시 기사에게 한 남자는 "기사 양반, 좀 천천히 가십시다"라고 했다. 한 여자는 "아저씨, 저는 어린 자녀들이 있는데요!"라고 했다. 같은 뜻을 전달하지만, 두 사람의 의사소통 수준은 분명히 다르다. 때때로 70세가 넘은 노인의 언어수준이 6세의 유치원생보다 못한 경우도 있다. 왜 이런 차이가 날까? 근본적인 원인은 언어훈련을 받았는가 안 받았는가에서 찾을 수 있다.

우리는 누구나 의사소통을 하며 살아가지만 올바로 의사소통하기는 참으로 어렵다. '말이 많으면 실언이 많다', '말 많은 집은 장맛도 쓰다', '오는 말이 고와야 가는 말이 곱다'라는 우리나라 속담은 말하기의 어려움을 나타내고 있다. 말하기뿐 아니라 듣기, 읽기, 쓰기 모두 어렵다. 이런 것들이 어렵게 느껴지는 이유는 어릴 적부터 제대로 된 언어훈련을 받지 못했기 때문이다. 또한 의사소통을 잘하는 재주는 타고나야 한다는 생각이 의사소통이 더 어렵게 만든다. 그러나 의사소통은 타고나는 게 아니라 배우지 않으면 습득할 수 없는 기술이다.

동양 문화권에서는 모호하고 함축적인 언어를 많이 쓰는 탓에 뜻이 잘 전달되지 않는다. 동양인들의 의사소통은 우회적이고 모호하며, 상대방과의 관계를 고려하느라 할 말을 제대로 하지 못할 때가 많다. 반면 서양인들은 자기 의사를 말과 문자로 분명히 밝힌다. 동양 문화권에 속한 우리는 올바른 의사소통을 위해 많은 노력을 기울여야 한다. 메시지를 전달할 때 분명하게 표현하고, 추상적인 표현은 알아듣기 쉬운 용어로 고쳐야 한다.

의사소통 훈련을 받지 않으면 어느 누구도 의사소통을 잘할 수 없다. 따라서 의사소통을 조금 더 잘하기 위한 훈련 목표를 세우고 도전하기 바란다.

훈련을 위해서는 일단 자신의 의사소통 능력을 깨달아야 한다. 그리고 문제점을 파악해야 한다. 사람은 대부분 문제의식이 없으면 개선하려고 들지 않는다. 말하기나 글쓰기 모두 매일 조금씩, 꾸준히 연습해야 한다. 이 능력은 어느 순간 확 늘어나는 것이 아니다. 의사소통에 관한 책을 읽고 원리와 기술을 익히는 것이 중요하다.

✅ 말하고 쓰는 기회를 자주 만들어 실습하라

고 이규태 〈조선일보〉 논설위원을 한 강연장서 만나 대화를 나눈 적이 있다. 내가 "선생님, 어떻게 그렇게 주옥같은 글을 매일 쓰실 수 있습니까?"라고 묻자 그가 답하기를 "먹고 하는 일이 그것뿐이기 때문이죠"라고 했다. 그렇다. 글을 잘 쓰기 위해서는 일단 많이 쓰면 된다. 그런데 글 쓰는 것을 전문으로 하지 않는다면 어떻게 글을 쓸 기회를 만들 수 있는가? 지금부터 조금씩 연습하면 된다. 연습하기에 가장 좋은 방법은 블로그나 일기, 수첩, 다이어리에 지속적으로 기록하는 습관을 길들이는 것이다. 매일 메모지 한 장 분량의 글을 써보라. 단문을 많이 쓰는 것이 글쓰기 훈련에 도움이 된다.

말하기와 글쓰기는 매우 밀접한 관계가 있다. 말하거나 글을 쓰는 기회가 많을수록 실력은 향상된다. 사람들 앞에서 말할 기회가 좀처럼 주어지지 않는 직장인이라면 먼저 글쓰기 연습을 충실히 해보라. 그리고 동료들에게도 보여주고 읽게 하라. 신문이나 잡지에 투고하는 것도 글쓰기에 좋은 연습이 된다. 정성을 다해 썼는데 게재되지 않았다면, 그것 또한 자신의 실력이 평가하는 일이므로 더욱 매진할 수 있는 동기를 유발한다.

말하기 훈련을 하기 위해서는 간단한 주제를 가지고 수시로 연습해보는 방법이 있다. 예를 들면 1분 메시지, 5분 메시지, 10분 메시지, 15분 메시지 등 시간을 정해, 그 시간 동안 자신이 하고 싶은 말을 해보는 것이다. 목적만 뚜렷하면 시간은 얼마든지 낼 수 있다. 산책하거나, 목욕하면서 소리 내어 말해보라.

요컨대 말하기와 글쓰기는 모두 얼마나 꾸준히 연습을 했느냐가 실력 향상을 보장한다.

학습과 토의를 위한 질문

1. 의사소통의 중요성에 대해 토의해보자.

2. 어떻게 하면 말하는 기술이 향상될 수 있을까?

3. 어떻게 하면 쓰는 기술이 향상될 수 있을까?

9장
디테일 다루기와
자투리 시간활용법

티끌 모아 태산
Even dust can become a mountain.

✔ 깨진 유리창 이론

평소 다니는 길에 자동차가 세워져 있다. 그런데 뒷문 유리창이 깨져 있는 상태다. 다음 날에도 자동차는 방치되어 있다. 이럴 때 보통 어떤 생각이 들까? 주인이 방치한 차이니 바지 주머니 속에 쑤셔 넣었던 휴지를 차 안에 버려도 괜찮을 것이라는 마음이 들 것이다. 그리고 며칠 안에 그 자동차 주변은 온통 쓰레기로 뒤덮여질 것이다. 심지어 자동차 유리가 모두 깨져버릴지도 모른다. 이처럼 사소해 보이는 무질서라도 방치하면 방대한 범죄로 확산될 수 있다는 이론을 '깨진 유리창 이론(Brocken Windows Theory)'이라고 부른다. 미국 경영학자 H. 하울리가 창안한 이론이다.

깨진 유리창 이론은 개인이나 기업은 물론 공공기관에도 적용된다. 이 이론이 주는 시사점은 커다란 성공이나 실패 모두 대수롭지 않은 사소한 것들이 쌓여 이룩되는 것이지, 어느 날 갑자기 생겨나지 않는다는 것이다. 전체를 이루는 부분들은 별개인 것처럼 보이지만, 사실은 부분들끼리 서로 밀접하게 연결되어 있으며 전체에 막대한 영향을 미친다. 따라서 개인이나 기업은 사소한 일도 방치해서는 안 된다. 개인이나 단체의 흥망을 가르는 엄청난 결과도 결국은 사소한 실수 하나에서 비롯되기 때문이다.

1904년에 첫 개통된 뉴욕의 지하철은 북아메리카에서 가장 긴 교통시설로 발전되었다. 매일 아침 5백만 뉴욕 시민의 발이 되어 주었고, '뉴욕의 상징'이라고 할 만큼 명물이 되었다. 그러나 1980년대 들어서 여행자들 사이에서 공공연하게 "뉴욕에 가면 절대로 지하철을 타지 마라"는 말이 떠돌았다. 당시 뉴욕은 연 60만 건의 중범죄 사건에 시달렸는데, 그중 90% 이상이 지하철 범죄였기 때문이다. 이에 1994년 뉴욕시장으로 당선된 루돌프 줄리아나와 신임경찰국장이 된 윌리엄 브래턴은 흉악범죄를 줄이기 위한 전략을 세웠다. 제일 먼저 시행한 것이 지하철 낙서 지우기였다. 이 작업을 5년간 지속했다. 처음에는 언론과 시민의 반응이 썩 좋지 않았다. 그런데 생각과는 달리 매년 범죄율이 감소하기 시작했다. 연간 2,200건에 달하던 살인 범죄가 천 건 이상 감소하게 되었고, 뉴욕 지하철 범죄도 75%가 급감하는 결과를 보였다. 이에 힘을 얻은 줄리아나 시장은 이 전략을 범죄 억제대책으로 확대하였다. '낙서', '무단 횡단', '쓰레기 버리기', '경범죄' 등을 엄격하게 단속하였다. 깨진 유리창 이론을 응용한 것이다.

깨진 유리창 이론의 계산법은 100−1=99가 아닌 100−1=0이다. 핵심은 '1%의 실수가 100%의 실수를 낳을 수 있다'는 것이다. 커다란 문제들 속에는 언제나 작은 문제들이 있음을 기억해야 한다.

✅ 나비효과

'나비효과(Butterfly Effect)'라는 말을 들어보았을 것이다. 나비의 단순한 날갯짓이 날씨를 변화시킨다는 이론으로, 미국의 기상학자 에드워드 N. 로렌츠가 1961년에 처음 발표했다. 컴퓨터로 기상을 모의 실험하던 중에 초기 조건 값의 미세한 차이가 엄청나게 증폭되어 전혀 다른 결과가 나타난 것을 발견하면서 알려졌으며, 훗날 물리학에서 말하는 카오스 이론의 토대가 되었다. 일반적으로는 사소한 사건 하나가 나중에 커다란 효과를 불러일으킨다는 의미로 쓰인다.

오늘날 같은 세계화 시대에서 이 이론은 더욱 강력한 힘을 갖는다. 디지털 혁명으로 정보의 흐름이 매우 빨라지면서 지구촌 한 구석의 작은 변화가 전 세계적으로 확산되는 것을 볼 수 있다. 한 사람으로 시작한 서명 운동이 강력한 결과를 가져오기도 한다.

나비효과가 '브라질에 있는 나비의 날갯짓이 미국 텍사스에 토네이도를 일으키더라'라는 것처럼 안 좋은 영향을 의미하는 듯해도 긍정적으로 생각하면 작은 행동들이 모여 주변에 영향을 주고, 그것이 결국 큰 결과로 나타난다는 뜻이다. 호수에 돌 하나를 던지면 처음에는 작은 물결을 그리지만, 가면 갈수록 점점 물결이 커지는 것과 같다. 부정적이든 긍정적이든 한 번의 행동이 계속해서 연쇄 반응을 일으키는 것이다. 따라서 작은 일이라고 무시하지 말고 정성을 다해서 진심으로 행동하면, 주변을 감응시켜 큰 결과를 얻어낼 수 있다.

✅ 디테일을 잘 다루는 습관

인간의 삶은 사소한 일들로 구성되어 있다. 사소한 생각이나 말, 행동은 때로 엄청나게 큰 사건의 근원이 된다.

'티끌 모아 태산'인 법이다. 이것은 물질, 노력, 선행, 시간 등 인간의 삶 전체에 적용되는 평범한 진리다. 특히 시간에서 초가 모이면 분, 분이 모이면 시, 시가 모이면 날이 된다. 즉, 사소한 일에 더욱 세심한 주의를 기울임으로써 삶을 효율적으로 통제할 수 있다.

한국인을 포함한 동양인은 서양인보다 디테일, 즉 세심함을 잘 다루는 습관이 형성되어 있지 않다. 같은 동양인이라도 일본인은 디테일을 잘 다루는 민족이다. 그들은 매우 치밀하고 철저하다. 일본인은 집, 거리, 택시 등을 매우 청결하게 사용한다. 유럽인 중에서도 독일인은 지나치게 각박하다 싶을 정도로 진지하고 세심하다고 한다. 그런 진지함과 세밀함이 있기에 제2차 세계대전에 패하고도 단기간에 세계 강대국으로 발돋움할 수 있었다.

우리는 너무 대충주의, 적당주의에 물들어 있다. 세심함을 무시하는 사고방식은 개인적으로나 사회적으로 많은 손해를 가져온다. 사소한 부분을 무시하다 보면 만회할 수 없는 타격을 받는다. 드러나지 않은 작은 문제가 전체를 파멸로 이끌 수 있다.

사물의 본질은 사소한 것이다. 그러므로 사소함을 잘 다루면 성공할 수 있고, 사전에 실패를 예방할 수 있다. 우리는 사회적으로 어떤 큰 문제가 터져도 잠시 동안만 법석을 떤다. 문제의 원인을 세밀하게 밝혀내지 않고, 유야무야로 덮어버린다. 이런 습성은 언제나 부메랑이 되어 더 큰 문제로 되돌아온다.

위인이나 부자를 살펴보면 사소한 것을 잘 다루는 습성이 몸에 배었음을 알 수 있다. 그들은 찰나의 시간, 적은 금액의 돈, 말 한마디, 짧게 스쳐 지나가는 표정, 사소한 제스처 들을 적당 적당히 넘기는 법이 없다. 완벽할 정도로 세심함에 신경을 쓴다.

원대한 목표만 추구하고 사소한 것에 주의를 기울이지 않는다면, 일이 제대로 추진되지 않는다. 보통은 사소한 것에 많은 시간과 물질을 쓰면서도 세심하게 다루지 않는다. 그 결과 실수와 손해가 많다.

신은 맡겨지지 않을 일에 더없이 열성을 보이는 것보다 맡겨진 가장 사소한 일을 충실하게 해낼 것을 요구한다. 마태복음 25장에 나오는 '달란트 비유'의 이야기에서 주인은 신실한 종에게 이렇게 칭찬하였다.

"잘했다, 착하고 신실한 종아! 네가 적은 일에 신실하였으니, 이제 내가 많은 일을 네게 맡기겠다. 와서, 주인과 함께 기쁨을 누려라."

사소한 일을 잘 다루는 습성을 길러라. 1분 1초도 잘 통제하라. 적은 돈도 우습게 여기지 마라. 숫자를 세밀하게 다루라. 일 마무리를 잘해라. 말 한마디도 신중하게 하라. 작은 친절을 베풀라. 매일 작은 개선을 하라. 회의도 세심하게 준비하라. 안전관리도 철저하게 하라.

1993년부터 1997년까지 주한 미국대사였던 제임스 레이니가 미국 에모리대학 교수로 재임할 때의 이야기다. 그는 건강을 위해 날마다 걸어서 출퇴근을 하였다. 그러던 어느 날 출근길에 벤치에 쓸쓸히 혼자 앉아 있는 노인을 보았다. 그는 노인에게 다가가 인사를 나누고 말벗이 되어주었다. 그 후 시간이 날 때마다 노인의 집을 찾아가 마당의 잔디를 깎아주거나, 커피를 마시면서 2년여 동안 친분을 나누었다. 그런데 어느 날부터 출근길에 노인을 만나지 못했다. 안부가 궁금하고 걱정도 돼서 노인의 집 문을 두드렸다. 집 안에 있는 낯선 이로부터 어제 노인이 돌아가셨다는 말을 들었다. 레이니는 곧바로 장례식장을 찾아가 조문했다. 그곳에서 그는 노인이 전임 코카콜라 회장이었다는 사실을 알게 되었다. 얼마 뒤 작은 친절과 선행을 베푼 레이니는 노인의 엄청난 유산 가운데 코카콜라 주식 5%(당시 한화로 2조 7,500억 원)을 기증받았고, 전액을 에모리대학 발전 기금으로 내놓았다. 이를 계기로 에모리대학은 세계적인 명문대학으로 거듭나게 되었다.

한 사람의 세심한 습관이 얼마나 엄청난 행운을 가져왔는지를 잘 말해주는 이야기다. 세심한 습관을 기르면 이와 비슷한 행운을 잡을지도 모른다.

✅ 자투리 시간활용법

자투리 시간은 일반적으로 적은 양의 시간이다. 하지만 이 시간을 잘 활용하면 엄청난 이익을 얻는다.

시간활용법은 매우 다양하다. 그 가운데서도 바쁜 직장인에게 가장 중요한 것은 '자투리 시간활용법'이다. 자투리 시간을 최대로 활용하는 사람과 그렇지 못한 사람은 업무에서나 일상생활에서 얻는 결과가 크게 다르다. 부와 시간을 거머쥔 사람들은 예외 없이 자투리 시간활용의 명수다.

H회사의 김부장은 헬스클럽에 간다거나 운동 시간을 따로 마련하지 않는데도 매우 건강하다. 그는 일상생활 중에 발생하는 자투리 시간을 이용하여 생활습관과 밀착된 운동을 한다. 우선 일어나서 10분 정도 명상과 맨손체조를 한 다음, 제자리 뛰기를 1,000회 한다. 팔굽혀펴기도 100회 실시한다. 회사에 출근해서도 7층에 있는 사무실까지 엘리베이터를 타지 않고 걸어서 올라간다. 볼일이 있어 승용차를 몰고 나가면 목적지에서 좀 떨어진 곳에 주차해 놓고 걸어간다. 그는 조금만 시간이 나도 사무실 주위를 걷는다. 집에는 벨트 안마기를 비치해 놓고 아침저녁 3분씩 몸을 푼다.

목적의식만 뚜렷하면 시간은 얼마든지 만들 수 있고, 자투리 시간을 발견할 수 있다. 시간을 만들려고 노력하는 사람은 자투리 시간도 활용하려고 애쓴다. 아무리 바빠도 어떻게 하면 시간을 효율적으로 사용할 수 있을지 연구하라. 그러면 주어진 시간을 두세 배 늘려 쓸 수 있을 뿐 아니라 많은 일을 거뜬히 해낼 수 있다.

✅ 자투리 시간은 왜 생기며 그 특성은 무엇인가

자투리 시간은 '짬, 틈, 조각 시간, 토막 시간, 보너스 시간, 뜻밖의 기회, 적은 시간, 대기 시간'이라고도 부른다. 진행하는 일이 의외로 일찍 끝났을 때, 계획한 일이 취소되었을 때, 상대방이 약속 장소에 늦게 나타날 때 등 활동과 활동 사이에 자투리 시간은 반드시 생겨나기 마련이다. 특히 이동 시간은 자투리 시간이 가장 생기기 쉬운 시간대이다. 대중교통을 기다리는 시간, 대중교통을 타고 있는 시간은 빈 시간이나 다름없다.

자투리 시간은 대개 짧다. 하지만 엄청나게 긴 자투리 시간이 생길 수도 있다. 예를 들면 항공기가 지연되어 대기해야 한다거나, 해외출장 시 예정보다 일을 빨리 마쳐서 2~3일을 현지에 머물러야 할 경우 등이다. 필자는 수년 전 해외여행 중 카타르공항에서 무려 7시간을 대기한 적도 있다.

의도적으로 자투리 시간을 만들 수도 있다. 약속 시간에 늦지 않기 위해 30분 일찍 출발하면, 약속 장소에 도착해서 시간이 남는다. 그러나 자투리 시간은 대부분 예기치 않게 생긴다. 시간의 크기도, 질도 각각 다르다. 따라서 자투리 시간을 활용하는 방법도 다양하게 생각하지 않으면 안 된다.

✅ 자투리 시간활용의 원칙

첫째, 모든 시간을 생산적으로 활용해야 한다. 시간은 돈이다. 시간을 무용하게 흘려버리는 것은 돈을 버리는 것과 같다. 아무리 짧은 시간이라도 가치 있게 활용해야 한다. 가능한 한 모든 수단을 써서 시간을 살려라.

둘째, '티끌 모아 태산'이라는 속담을 명심하라. 단편적으로 보면 그다지 긴 시간이 아니지만 1개월, 1년 단위로 계산해보면 어마어마한 시간임을 깨닫게 된다. 오랫동안 지속하면 큰 이익을 볼 수 있다.

셋째, 자투리 시간을 대비해서 그 시간대에 해야 할 일을 미리 마련해야 한다. 자투리 시간은 대부분 예기치 않게 발생하기 때문에 뚜렷한 목표의식이 없이는 그냥 무의미하게 흘려버리기 쉽다.

넷째, 자투리 시간의 효율성이 각각 다르다는 것을 알아야 한다. 자투리 시간에도 고급, 중급, 하급이 존재한다. 고급 시간에는 업무나 공부를 하고, 중급 시간에는 책이나 신문을 읽는다. 하급 시간에는 긴장 해소를 위해 휴식을 취한다.

✅ 자투리 시간활용 Tip

자투리 시간의 성격이 다양하고, 개인의 특성도 다양하므로 자신에게 맞는 시간활용법을 찾을 필요가 있다. 아래와 같은 방법을 참고하면 크게 도움이 될 것이다.

1) 5분 내외: 이메일 확인, 간단한 통화, 팩스 한 통 보내기, 줄넘기, 명언이나 단어 외우기, 간단한 스트레칭이나 맨손체조 등

2) 15분 내외: 프레젠테이션 연습, 외국어 회화 공부, 악기 연습, 신문 읽기, 책 읽기, 음악 감상 등

3) 30분 내외: 식사 준비, 책상 정리, 서재 청소, 산책, 간단한 회의, 저널 읽기 등

4) 60분 내외: 인터넷 검색, 세탁, 사업계획 수립, 연설문 작성, 칼럼 쓰기, 상담 등

5) 출퇴근 시간: 오늘 해야 할 일 구체적으로 생각하기, 새로운 아이디어 찾기, 토론이나 강연 연습, 잠깐 눈 붙이기 등

6) 업무 중: 일과표 훑기, 체크리스트를 만들어 일의 진행 상황 틈틈이 점검하기 등

7) 택시 이용시간: 주변 거리를 유심히 관찰하기, 택시 운전사와 세상사에 관해 이야기하기

8) 비행기 이용시간: 시간을 활용하기 매우 좋은 장소이다. 다량의 책을 읽거나, 다른 사람과 대화를 나눌 수 있다.

9) 외출할 때: 책이나 노트북을 휴대하여 자투리 시간을 활용한다. 노트에 아이디어를 메모한다.

10) 점심시간: 공부하는 것보다 휴식을 취하여 오후 업무의 능률을 올리는 것이 효율적이다.

11) 휴가기간: 책과 약간의 일거리를 가지고 간다. 휴가 시에는 대부분 쉬는 일에 할애해야 하지만, 지루하다고 느껴질 때는 다른 일을 하는 것이 기분전환에 도움이 된다.

✅ 이동 중 효율적으로 시간관리 하기

이동 중에는 자투리 시간이 많이 생기는데, 그때 다음과 같은 일을 할 수 있다.

1) 아이디어를 구상하거나 휴식을 취한다.
2) 책이나 신문, 업무와 관련한 문서를 읽는다.
3) 노트북이나 스마트폰으로 업무를 처리한다.
4) 부서 직원들과 함께 이동하는 자리라면 토의 및 회의를 진행한다.
5) 업무와 관련된 사람이나 인맥 관리가 필요한 사람에게 전화한다.
6) 사색한다.

교통수단에 따라 적합한 업무를 선택할 수 있다. 열차를 타고 있을 때는 독서가 적합하다. 버스나 지하철을 타고 있을 때는 스마트폰을 활용하는 것이 좋다. 비행기 안에서는 글을 쓰는 것이 수월하다. 걸을 때는 사색하는 것이 알맞다.

목적의식만 뚜렷하다면 어떤 환경 속에서도 많은 일을 할 수 있다. 특히 책을 한두 권 가지고 다닌다면 자투리 시간을 유용하게 쓸 수 있을 것이다. 예기치 않게 발생하는 시간을 낭비하는 일 없이 알차게 활용하기 바란다.

학습과 토의를 위한 질문

1. '깨진 유리창 이론'의 핵심을 요약하고, 이것을 어떻게 활용할지 연구해보자.

2. '나비효과'의 핵심을 요약하고, 이것이 적용된 사례를 찾아보자.

3. 자투리 시간을 생산적으로 사용하기 위한 아이디어를 아는 대로 기록해보자.

4. 이동 중에 시간을 어떻게 활용하는지 서로 의견을 나누어보자.

10장
뺄셈의 시간관리 기술

증상을 다루기보다 원인을 없애라.

Focus less on treating the symptom than eliminating the cause.

✅ 좀 적은 것이 더욱 많은 것

'좀 적은 것이 더욱 많은 것'이란 말이 있다. 덧셈의 환상에서 벗어나서 뺄셈의 기술을 익힌다면 시간과 물질, 그리고 에너지를 엄청나게 절약할 수 있다는 뜻이다.

방이 잡동사니로 가득 차 있다면 물건을 줄여서 깔끔하게 정돈해보자. 공간이 넓어질뿐더러 보기 좋은 상태가 될 것이다. 많은 직책을 수행해야 한다면 몇 가지는 줄여보자. 시간을 얻게 될 것이다.

일주일 내내 일하는 것보다 5일 일하면 더 많은 일을 처리할 수 있다. 야근하는 것보다 오후 근무시간에 충실히 일하면 훨씬 좋은 성과를 거둔다.

한국인은 일은 많이 하는데 생산성은 바닥이다. 근로자의 1인당 평균 노동시간은 2014년 기준 2,124시간으로, OECD 34개 국가 중 두 번째로 일을 많이 한다. 그러나 노동생산성은 최하위권이다. 오래 일하면 많이 생산한다는 단순한 생각에서 벗어나자. 효율을 저해하는 요소들을 찾아내어 과감히 제거해야 생산성이 올라간다.

뺄셈의 중요성을 깊이 인식하기 바란다. 일을 좀 더 잘하고, 여유를 좀 더 얻으려면 빼야 할 것은 과감히 빼야 한다. 사람의 욕망은 끝이 없어 "더, 좀 더!"라고 외치며, 빼는 것을 두려워한다. 하지만 적게 갖고 사는 것이 건강을 위해서도, 자연환경을 위해서도 좋다.

뺄셈은 물질적인 것에만 국한되지 않는다. 부정적인 생각도 날마다 버려야 한다.

삶의 가치를 높이는 방법 중 하나는 제거 대상 목록을 작성하고, 그 것을 토대로 과감히 없애는 것이다. 더 많이 하려고 하지 말고 어떻게 하면 쓸데없이 에너지가 분산되는 것을 막을 수 있는지 고심해야 한다.

정치학자 더글러스 러미스는 '뺄셈의 진보'를 주장한다. 진정한 진보 는 덧셈보다 뺄셈 쪽에 있다는 것이다. 우리는 '문명의 도구'가 명령하 는 대로 따르고 있다. 그 결과 자율성과 여유를 잃어버렸다. 문명의 도 구 없이도 살 수 있으면 그렇게 해보라. 도구로부터 자유로워지고 인간 성도 되살아날 것이다. 자신의 고유한 문화를 창조하라.

현대인이라면 누구든 뺄셈을 연습해보면 좋을 것이다. 특히 저성장 불경기 시대에 뺄셈의 기술은 함양해야 할 필수 생존기술이다.

독일의 한 기자는 '휴대전화와 인터넷 없이 지내면 어떤 일이 벌어질 까'라는 생각을 하고, 40일 동안 스마트폰과 인터넷 선을 서랍 깊숙이 집어넣고 생활해보았다. 처음 얼마 동안은 불편하기 그지없었다. 연락 처를 기억하지 못해 애를 먹었다. 단어 철자나 뜻이 궁금하면 일일이 사전을 찾아 확인했다. 그런데 긍정적으로 바뀐 부분도 있었다. 더 이 상 약속 장소에 늦지 않았다. 스마트폰만 들여다보던 전과 달리 길에서 만난 낯선 이와 이야기를 나누는 데 익숙해졌다. 턴테이블에 레코드판 을 걸어 느긋이 음악도 들었다. 조급증이 사라져 여유를 얻게 되었으며, 하루 중 절반은 도서관에서 보내게 되었다. 몇 초안에 수많은 정보를 접 하는 온라인에서 벗어나 고요함 속에서 휴식을 즐기게 된 것이다. 실험을 끝낸 후에도 '온라인 안식일'을 정해 일주일 중 하루는 인터넷과 스마트폰이 없이 지내고 있다. 그는 "기술문명과 거리를 두는 실험은 좋은 경험이었으며, 의지만 있으면 기술문명을 통제할 수 있다"고 했다.

실험 삼아 한번 휴일에 하루만 스마트폰과 인터넷 전원을 꺼보자. 견딜 수 있다면 다행이다. 그런데 몇 시간 못 참고 전원을 켠다면 이미 중독에 빠져 있는 것이다. 그런데 중독자는 절대 자기가 중독되지 않았다고 주장한다. 우리는 자신도 모르게 중독자가 될 수 있음을 인정하고, 중독으로부터 탈피해야 한다.

단순한 삶을 살기 위해서 무엇을 빼야 할지 치열하게 고민해야 된다. 그러나 우리는 양면으로 행동해야 한다. 즉, 경험하지 않은 새로운 것을 시도하면서 기존에 해왔던 것을 과감히 중단해야 한다. 두 가지 모두 용기를 필요로 하지만, 과감히 실행해보기 바란다.

✅ 시간낭비를 제거하는 기술

1) 시간낭비를 파악하는 안목을 기르자.

시간낭비를 줄이기 위한 가장 기초적인 전략은 시간낭비를 파악하는 안목을 기르는 것이다.

누전, 누수와 같이 시간은 우리가 의식하지 못하는 사이 새어 나간다. 시간낭비를 의식하지 못하는 사람은 시간관리의 중요성을 제대로 알지 못하는 사람이다.

시간낭비를 보는 눈을 예민하게 기르지 않으면 안 된다. 경제학자의 눈으로 자신의 행동을 관찰하기 바란다. 연극 공연을 보러 갔다가 예상과는 달리 재미없고 지루할 경우 끝까지 보는 사람이 있고, 중간에 나오는 사람이 있다. 어떻게 하는 것이 현명할까? 경제학자들은 공연장을 나오는 것이 합리적이라고 한다. 투자한 돈이 아까워서 공연을 끝까지 보면 결국은 시간 즉, 기회를 잃어버리는 것이다. 항상 시간의 가치인 '기회비용'을 생각해야 한다.

근무시간 중 발생하는 시간낭비를 발견하는 간단한 방법이 있다. 다음과 같은 '시간사용 조사표'에 기록하는 것이다.

시간사용 조사표

시간	계획한 일	실제 행동한 일	낭비된 일
8 : 30			
8 : 45			
9 : 00			
9 : 15			
9 : 30			
9 : 45			
10 : 00			
⋮			
4 : 45			
5 : 00			
5 : 15			
5 : 30			
5 : 45			
6 : 00			

시간낭비란 '목표와 관계없는 일체의 행동'이라고 정의한다. 그러므로 목표가 없거나 잘못된 목표는 최대의 시간낭비이다. 원인이 무엇인지 알기만 해도 시간낭비를 줄일 수 있다. 자주 일어나는 시간낭비를 아래와 같이 분류한다.

① 무엇을 해야 할지 모름(목표와 우선순위, 계획이 잘못된 것, 직무서술서 부재).

② 과도한 사용(스마트폰, 전화, TV시청, 컴퓨터 등)

③ 가치 없는 일에 많은 시간을 투자함(불필요한 잡담과 회의, 여행, 방문, 쇼핑 등).

④ 중독에 빠짐(어떤 중독이든 한 번 빠지면 시간을 빨아들이는 블랙홀이 된다).

⑤ 모든 비효율적인 의사소통

⑥ 시간표가 없거나 잘못된 시간표

⑦ 육체적 및 정신적으로 건강치 못함, 부주의와 착각, 기분이 나쁨, 성급함, 불안 등

⑧ 변화에 대처하지 못함.

⑨ 우유부단함, 거절하지 못함.

⑩ 악습과 미숙함으로 발생하는 크고 작은 실수들

2) 시간낭비를 최소화하는 전략

어떻게 해야 시간낭비를 줄일 수 있을까? 이것은 일생 계속되는 투쟁이요, 훈련이라고 할 수 있다. 마치 악습을 줄여가는 것과 같다. 시간낭비를 줄이기 위해서는 우선 자신이 하는 행동을 총망라해서 재분류하는 작업이 필요하다.

시간낭비를 최소화하는 전략으로 다음과 같은 두 가지를 생각해 볼 수 있다.

① **적극적인 전략** : 좋은 작업 습관을 길러라.
   - 자신이 무엇을 해야 할지 분명히 안다.
   - 현실적인 업무 시간표를 작성하고 실행한다.
   - 업무를 우선순위대로 분류하여 중요한 일부터 한다.
   - 정신을 집중해서 일한다.
   - 능률을 높일 수 있는 방법과 수단을 활용하여 일한다.
   - 가치 있는 정보는 계속 얻고, 무가치한 정보는 정기적으로 폐기 처분한다.
   - 한 번에 한 가지 일에만 몰두한다.
   - 해야 할 일이 생기면 즉시 처리한다.
   - 휴식과 재충전 시간을 충분히 마련한다.
   - 체크리스트를 유용하게 활용한다.

② **소극적인 전략** : 없앨 것은 없애고, 줄일 것은 줄이며, 단순화할 것
  은 단순화하라.

  • 없앨 것: 도박, 음주, 야간작업, 미루는 습성, 자기 능력에 미치
    지 않는 외부 청탁, 불필요한 외출
  • 줄일 것: TV 시청시간, 쇼핑시간, 유효기간이 지난 서류, 잡동
    사니, 긴 목욕시간
  • 단순화할 것: 반복되는 일은 목록과 절차를 생략하여 과정을 단
    순화한다. 기계적인 일은 신속하게 처리한다. 예를 들면 외출할
    때 가지고 나가야 할 물건들의 목록을 현관문에 붙여놓고 집을
    나서기 전에 확인한다. 또 2, 3주 정도의 식단을 미리 짜두거나
    매일 시간을 정해서 청소한다.

✅ 실수를 줄이는 기술

  실수하지 않는 사람은 이 세상에 한 사람도 없다. 그런데 어떤 사람
은 거의 실수하지 않는 데 반해, 어떤 사람은 실수가 다반사이다. 실수
하지 않는 사람이라고 해서 프로 혹은 천재라고 할 수는 없다. 달리 생
각하면 실수하지 않는 사람이란 전적으로 무능한 인간일 수도 있다. 아
무것도 시도하지 않아서 실수할 일이 없는 것인지도 모르기 때문이다.
  실수에 대처하는 방법은 크게 두 가지이다. 첫째는 더욱 과감하게 실

수하는 것이다. 그래야 인격적으로 성숙해지고 완전한 경지에 이른다. 발명품을 개발할 때나 스포츠, 예능을 배울 때와 같다.

둘째는 실수를 줄이는 것이다. 인간은 본래 불완전한 존재이다. 아무리 노력한다고 해도 실수하지 않을 수는 없다. 다만 불필요한 실수를 줄이도록 노력해야 한다.

그렇다면 왜 실수를 줄여야 하는가? 실수는 많은 시간과 에너지를 소비한다. 때로는 실수가 큰 재앙을 가져오기도 하고, 사람의 생명을 빼앗기도 한다. 사소한 실수일지라도 쌓이고 쌓이면 개인은 몰락하게 되며, 심지어 국가가 무너지는 참혹한 상황이 벌어질 수도 있다.

그렇다고 해서 모든 돌다리를 두드리면서 건너듯 지나치게 소심하게 구는 것은 보기 좋지 않다. 어쩔 수 없이 발생한 실수는 고스란히 감내해야 한다. 단, 불필요한 실수는 줄여야 한다. 현대인이 품어야 할 표어 한 가지가 있다면 '항상 조심하라'이다.

가장 보편적인 실수는 생각의 실수, 말의 실수, 행동의 실수이다. 이런 실수가 생기는 원인은 선천적으로는 인간이 불완전하기 때문이며, 후천적으로는 훈련 부족, 주의 부족 때문이다.

여기서는 업무상 실수의 종류와 줄이는 방법에 대해 알아보겠다.

1) 일상적인 업무에서 흔히 발생하는 실수: 계산 착오, 맞춤법 틀리기, 잘못 인쇄하기, 중요한 서류 빠트리기 등. 조금만 주의를 기울이면 대부분 피할 수 있는 실수들이다. 사소한 실수라도 자주 일으

키면 신뢰성에 금이 갈 수 있으니 꼼꼼히 확인한다.

2) 규칙이나 법을 몰라서 발생하는 실수나 잘못 해석해서 발생하는 실수: 규칙이나 법은 정확히 알고, 정확히 해석해야 한다. 모르는 것을 어물어물 넘어가서는 안 된다.

3) 정보 부족이나 잘못된 정보로 발생하는 실수: 올바른 정보를 근거로 판단해야 한다. 소문이나 불확실한 자료는 과감히 제거할 필요가 있다.

4) 잘못된 의사소통으로 발생하는 실수: 의사소통은 시의적절하고 분명하며 신뢰감을 주어야 한다. 그리고 적당한 양의 메시지를 적절한 수단으로 전해야 한다. 의사소통을 잘못하면 오해를 불러일으켜 일을 그르치고, 심한 경우 적대감을 드러내면서 싸우게 된다.

5) 상황을 잘못 판단해서 생기는 실수: 상황은 수시로 변한다. 어제의 좋던 분위기가 오늘 갑자기 악화될 수도 있다. 상황은 가변적이라는 사실을 늘 명심해야 한다.

6) 새로운 아이디어를 잘못 평가해서 생기는 실수: 새로운 아이디어의 유용성을 평가하기는 쉽지 않다. 참신해 보이는 아이디어도 곧 무가치한 것으로 판명되는 경우가 많다. 반대로 비현실적인 것같이 보이던 아이디어가 유용한 것으로 밝혀지기도 한다.

7) 사람을 잘못 평가해서 생기는 실수: '인사(人事)가 만사(萬事)다'라는 말이 있듯이 사람을 평가하기란 매우 어렵다. 개인의 장점과 약점은 쉽게 나타나지 않을뿐더러 겉으로 보이는 것이 다가 아니다.

8) 원칙을 따르지 않아서 생기는 실수: 사람은 원칙보다는 편의를 택하려는 경향이 있다. 주관적인 잣대로 판단하고 행동하려고 한다. 그러나 위기 상황에서 원칙을 따르지 않으면 파멸을 초래할 가능성이 매우 크다.

9) 잘못을 고치지 않아서 생기는 실수: '소 잃고 외양간 고친다'는 속담이 있다. 일이 잘못된 뒤에는 대책을 세워도 소용이 없음을 뜻하는데, 달리 생각하면 긍정적인 의미도 내포하고 있다. 소를 잃은 후에라도 외양간을 고쳐야 다음번에 같은 실수를 저지르지 않는다. 가장 어리석은 일 중의 하나는 실수를 자꾸 반복하는 것이다.

10) 부정적인 사고로 생기는 실수: 색안경을 끼면 사물의 색깔이 다르게 보이듯, 부정적인 사고로 세상을 보면 사물의 본모습을 파악하기 힘들다.

11) 기억력이 감퇴해서 생기는 실수: 생리적 변화에 따른 것으로, 나이가 들면 자연히 건망증이 생긴다. 심하면 음식점에서 나올 때 자기 신발을 손에 들고 신발이 어디 있느냐고 찾기도 한다. 늘 확인하는 습성과 기록하는 습성을 가지고 기억력 감퇴를 예방해야 한다.

12) 서둘러서 생기는 실수: 우리가 가장 많이 저지르는 실수 중의 하나가 '서두름'이 아닐까? 시간관리를 잘 익히면 서두르지 않아도 많은 일을 할 수 있다. 바쁠수록 여유 있게 행동하라.

실수에는 허용되는 것이 있고, 허용되지 않는 것이 있다. 미숙해서 생긴 실수, 혹은 새로운 것을 배우는 과정에서 생긴 실수는 받아들일 수밖에 없다. 단, 치명적인 실수는 어떤 경우든 삼가야 한다.

일생 한 번도 하지 말아야 할 실수도 있다. 이런 일은 최대한의 경각심을 가져야 한다. '실패할 가능성이 있는 것은 반드시 실패한다'는 법칙이 있다. 한국인은 술을 지나치게 마시거나, 욱하는 기분을 다스리지 못해서 실수하는 경우가 많다. 음주운전은 아예 꿈도 꾸지 말고, 기분이 나쁠 때는 언행을 각별히 조심한다. 자신의 취약점을 늘 살피고 실수하지 않도록 해야 한다.

✅ 약점을 줄이는 기술

성공적으로 살아가려면 강점을 기르고 약점을 줄여야 한다. 그렇다면 흔히 말하는 약점은 무엇인가?

학벌, 경력, 외모, 나이, 외국어 실력, 건강 상태, 말솜씨, 흡연, 낮은 지식수준, 가정불화, 많은 부채, 도산, 실직, 주벽, 느슨한 성격, 괴팍한 성격, 낭비벽, 거절하지 못하는 것, 신체적 장애 등을 말한다.

약점은 어떻게 규정하는가? 자신이 기대하는 바나 꿈의 크기와 관련해서 규정된다. 꿈이 없다면 약점은 아무런 문제가 되지 않는다.

우리가 원하지 않아도 약점은 우리의 성품 속에 늘 존재해 있다. 그리고 자꾸만 생겨난다.

그런데 약점에는 긍정적인 의미도 있다. 겸손을 배울 기회를 준다. 도전이 없으면 사람은 무기력해진다. 적당한 고생은 보약인 것과 같이 적당한 약점은 영혼의 보약이다. 위대함으로 가는 첫 발자국은 자신이 무력하다는 점을 깨닫는 것이다. 그러니 약점을 부채가 아니라 자산이라고 생각하자.

살면서 자신의 강점을 너무 내세우지 않는 것이 좋다. 강점이 있다고 교만하게 굴면 주위 사람들이 힘들어할 뿐만 아니라, 결국 그 강점 때문에 망하고 만다. 겸손해야 강점이 축복의 도구로 작용한다.

약점은 종류도 많고, 그 성격도 각기 다르다. 나쁜 습관이나 방관으로 생긴 결과일 수도 있고, 선천적으로 가지고 태어난 것일 수도 있다. 강점이 아무리 많아도 한 가지 약점이 모든 강점을 무효로 만들 수 있다. 어떤 약점은 파괴적인 영향력을 행사하기도 한다.

생산회사는 제품을 많이 생산하는 것과 제품의 불량률을 줄이는 것 모두 신경 써야 한다. 그게 자연스러운 것이다. 만약 불량률을 줄이는 것에 신경 쓰지 않는다면 불량품을 계속 생산하게 될 것이다. 그러면 회사의 장래가 어떻게 되겠는가?

우리는 가지고 있는 약점을 지혜롭게 관리해야 한다. 그렇지 않으면 악순환을 되풀이할 가능성이 크다. 약점을 의식하고 개선하려는 노력을 기울여야 약점을 고칠 수 있다. 흔히 강점을 보강하면 약점이 사라진다고 하는데, 이것은 반쪽 진리이다. 어떤 약점은 개별적으로 다루어야 한다.

그럼 약점을 줄이려면 어떻게 해야 하는가?

첫째, 자신의 약점을 잘 알아야 한다. 우리의 결정적인 약점은 자기를 제대로 파악하지 못하는 데 있다. "내 약점은 무엇인가?" 스스로 질문하고, 답을 구체적으로 기록해보자.

끊임없이 자신을 객관적으로 성찰해서 약점을 파악해야 한다. 다른 사람이 나에게 하는 충고나 비난도 눈여겨보자. 약점에 대해 열등감과 죄책감을 느낄 필요는 없지만, 방관해서는 안 된다. 흔히 '아킬레스건' 이라는 부르는 치명적인 약점이 무엇인지 알아야 한다.

둘째, 자신의 약점을 고치기 위해 여러 가지 방법을 강구해야 한다. 약점을 단칼에 베어버리는 용기가 있으면 좋지만, 그럴 수 없는 경우가 대부분이다. 약점의 뿌리가 너무 깊기 때문이다. 따라서 계획을 세워서 서서히 줄여나가야 무리가 따르지 않는다.

반성하는 차원에서 실패노트를 만들어서 기록하는 것도 효과적이다. 실패라는 말을 싫어하는 사람도 있지만, 실패노트가 쌓인 만큼 약점이 줄어든다는 점을 명심하라. 마치 학생들이 오답노트를 작성하여 틀린 문제를 줄여나가는 것과 같다.

다른 사람에게 도움을 요청하는 것도 약점을 줄이는 좋은 대안이 될 수 있다. 마이크로소프트사의 창업자 빌 게이츠는 일반인이 사용하기 쉬운 소프트웨어를 개발하는 일에는 천부적 재능이 있다. 반면 법적,

상업적 공격에 대응하는 능력은 뛰어나지 않았다. 그래서 빌 게이츠는 자신의 약점을 보완할 수 있는 스티브 발머를 경영 파트너로 선택했다. 하버드대학 경제학을 전공한 스티브 발머는 빌 게이츠가 취약한 경영 및 상업적 법률 업무를 보완해주었다. 그 결과 빌 게이츠는 자신이 잘하는 개발 분야에 더 많이 투자하게 되었고, 마이크로소프트사는 세계 최고의 기업으로 성장할 수 있었다.

악습을 제거하는 가장 좋은 방법은 애초부터 악습에 빠져들지 않는 것이다. 호기심을 주의해야 한다. 모든 중독자가 처음부터 중독자로 태어난 것은 아니다. 한 가지 행동에 매력을 느껴서 자꾸 하다 보니 중독의 수렁에 빠져들게 된 것이다. 무엇이든지 신중하게 생각하고 결정하라. 후회할 일은 사전에 방지해야 한다.

✔ 지출을 줄이는 기술

예산을 짜려면 지출사항을 점검하는 과정이 반드시 필요하다. 가장 효과적인 방법은 가계부를 쓰는 것이다. 지출내역을 꼼꼼히 기록하다 보면 자동차 유지비, 세금, 외식비, 경조비 등에 의외로 많은 돈이 지출된다는 점을 알 수 있다.

지출 항목마다 실제로 얼마를 지출하고자 하는지 예산을 기록하라. 너무 과도하거나 부족하다고 생각하지 말고 일단 기록하는 것이 중요하다.

예산을 삭감하기 위해 어떤 항목을 줄일지 생각하라. "이 항목에서 얼마를 줄이면 어떤 영향이 미칠까?"라는 질문을 스스로 해보는 것이 좋다. 별다른 영향이 없다는 답이 나오면 마음 놓고 줄여도 된다. 예산안을 보면 대부분은 약점을 발견할 수 있다. 예산안의 취약점이 보이면 해결책을 모색하라. 예를 들면 절주, 금연, 외식 줄이기 등이다.

처음에는 귀찮더라도 가계부를 쓰다 보면 지출이 줄어드는 것을 확연히 알게 된다. 소비계획을 철저하게 세워라. 충동소비와 과소비의 빈도를 줄일 수 있다.

✔ 욕망을 줄이는 기술

먹고 싶은 마음, 가지고 싶은 마음, 되고 싶은 마음, 잘 보이고 싶은 마음, 사랑하고 싶은 마음은 모두 건전한 욕망이다. 문제는 욕망이 지나쳐 나쁜 결과를 낳는 데 있다. 욕망의 노예로 전락한 사람은 정말 불쌍한 인간이다. 욕망을 다스리는 만큼 행복할 수 있다는 사실을 모르기 때문이다. 욕망을 바로 다스리면 행복을 누릴 수 있다.

각자에게 주어진 시간이나 물질, 재능, 지식, 능력, 건강에는 한계가 있다. 따라서 내가 이미 가진 것을 소중히 여겨야 한다. 현실에 만족할 때 자유와 평안을 누린다. 아무리 좋은 것도 지나치면 악덕이다. '오르지 못할 나무는 쳐다보지도 마라'라는 우리나라 속담은 부정적인 의미 같으나, 실상은 지혜를 담은 교훈이다. 특히 현대인에게 매우 유용한 교훈이다. 한계를 벗어난 욕망에는 무리가 따른다.

한창 '내 나이가 어때서'라는 노래가 인기를 끌었던 적이 있었다. 그런데 나이를 잊고 행동하다가는 큰코다치기 마련이다. 늙은 것은 늙은 것이고, 없는 것은 없는 것이다. 있는 그대로를 받아들이는 관대함이 필요하다. 자신의 처지에서 최선을 다했으면 그것으로 만족해야 한다. 현실을 직시해야 한다.

우리나라 국민의 행복도가 최저 수준이라고 한다. 누구든 나의 처지를 알고, 나를 소중히 여기며, 내 가정과 내 직업을 소중히 여기면 행복하게 살아갈 수 있다. 불행이란 가지고 싶은 것을 못 가졌다는 데 있는 것이 아니고, 가진 것을 모른다는 데 있다. 이런 말이 있다.

"원하는 것을 가질 수 있다면 그보다 큰 행복은 없을 것이다. 하지만 그보다 큰 행복은 내가 갖고 있지 않은 것을 원하지 않는 것이다."

인도네시아 원주민들은 원숭이를 손쉽게 잡는데, 방법은 아주 간단하다. 큰 나무나 단단한 흙더미에 작은 구멍을 내고, 그 안에 원숭이가 좋아하는 음식을 넣는다. 그리고 조금 떨어진 곳에 숨어서 지켜보면 재미있는 현상이 일어난다. 원숭이가 살금살금 다가와서 구멍 속에 손을 집어넣는다. 음식을 움켜잡고 꺼내려고 하는 것이다. 하지만 음식을 움켜쥐고 있기 때문에 손이 구멍에서 빠져나오지 않는다. 심지어 사람이 다가가도 음식을 움켜쥐고 있느라 도망가지 못한다. 그저 소리만 질러

댈 뿐이다. 불쌍하게도 그 원숭이는 잡혀서 식용되거나 팔려나간다. 욕망을 포기하지 못한 결과, 생명을 잃는 것이다.

아무리 하고 싶어도 버려야 할 때는 과감히 버리자. 손에 쥔 것을 놓아야 신선한 것을 잡을 수 있는 법이다. 성서는 "욕심이 잉태한 즉 죄를 낳고 죄가 장성한 즉 사망을 낳느니라"라고 경고하고 있다.

✔ 개선해야 할 한국의 시간문화

사람은 누구나 관습의 지배를 받으며 살아간다. 바람직하지 못한 관습이 무엇인지 잘 깨닫고 의도적으로 개선해나간다면 개인과 국가의 격조를 높일 수 있다. 우리의 바람직하지 못한 시간문화가 무엇인지 살펴보자.

1) 조급증
우리나라의 속도 지향적 문화는 경제성장의 원동력이라고 평가할 수 있다. 하지만 그 이면에는 심각한 후유증을 얻었음을 잊어서는 안 된다. 이제부터라도 속도를 대폭 줄이고, 느리게 사는 연습을 해야 한다.

2) 느슨한 시간관념

시간을 지키지 않음, 시도 때도 없이 울리는 휴대전화, 긴 통화, 예기치 않은 방문, 예약 취소, 불규칙한 생활습관, 밤 문화의 발달, 과도한 TV 시청, 불필요한 경조사 등에 시간과 물질을 소비하는 경향은 시간관념이 느슨하다는 증거이다. 특히 예약 취소로 발생하는 피해는 천문학적 액수에 달한다. 철저한 시간관념을 가져야 한다. 내 시간도 귀중하고, 남의 시간도 귀중하다.

3) 과소비

신제품이라면 무조건 사기, 쇼핑 중독, 수입보다 큰 지출 등 분수에 맞지 않는 소비 행태는 삶에 악영향을 끼친다. 욕심을 줄여야 자유를 얻는다.

4) 과거사를 청산하지 못함.

조선이 멸망한 원인 중의 하나는 당파를 만들어 서로 원수처럼 싸웠기 때문이다. 오늘날까지 과거사 청산은 큰 과제로 남아 있다. 과거에 집착할수록 미래의 비전은 보이지 않는다. 과거사를 빨리, 그리고 잘 청산해야 한다.

5) 계획성 부족

차일피일 미루다가 마감시간에 임박해서 졸속으로 해치우는 경향이 크다. 사소한 일도 계획하는 습관을 길러야 한다.

6) 책임감 결여

남의 잘못은 잘 지적하면서 자신의 잘못은 반성하지 않는다면 책임감이 결여된 상태다. 마땅히 져야 할 책임을 회피하는 태도는 지양해야 한다. 사람은 무릇 적은 일에도 책임감을 느껴야 한다.

7) 대충대충 하는 자세

얼렁뚱땅, 대충대충 일을 처리하여 손해를 입는 경우가 많다. 무슨 일이든 정성껏 하는 습관을 길러야 한다. 사소한 일도 세심한 주의를 기울여야 한다.

8) 자투리 시간활용의 부족

대중교통을 이용하여 출퇴근하는 사람들 대부분은 잠을 자거나 스마트폰을 만지작거린다. 이는 시간을 길가에 버리는 행위이다. 버릴 시간은 조금도 없다는 사실을 명심해야 한다.

9) 장기적 안목 부족

눈앞의 이익이나 빠른 결과만을 추구하는 탓에 멀리 내다보지 못한다. 그 결과 끝까지 제대로 완성하지 못한 일이 허다하다. 장기계획이 단기계획보다 우선임을 명심해야 한다.

10) 중독

중독은 시간의 블랙홀이다. 어떤 것이든 한번 중독되면 여간해
서는 탈출하지 못한다. 술, 담배, 도박, TV, 스마트폰, 인터넷 게
임 등 호기심에 이끌려 무심코 시작한 일이 중독으로 이어지면
삶은 피폐해질 수밖에 없다. 도구에 지배당하지 않도록 자제심
을 길러라.

11) 밤 문화의 발달

도시거리마다 밤에는 불야성이다. 밤 문화의 발달로 인해 부작용
이 적지 않다. 즉 수면 부족, 피로누적, 가정문제, 범죄와 사고 등
이 많이 발생한다.

학습과 토의를 위한 질문

1. 일상생활에서 줄이거나 제거해야 할 일의 목록을 열거해보자.

2. 내가 자주 경험하는 시간낭비 세 가지는 무엇인가? 그리고 그 개선책은 무엇인가?

3. 내가 자주 하는 실수 세 가지는 무엇인가? 그리고 그 개선책은 무엇인가?

4. 불요불급(不要不急)의 지출 항목은 무엇인가? 가계부를 살펴보고, 줄일 수 있는 항목이 무엇인지 생각해보자.

5. '개선해야 할 한국의 시간문화' 중 세 가지를 골라 토의해보자.

11장
위인들의 시간표에는
특별한 게 있다

누구나 최악의 상황을 최상의 기회로 바꿀 수 있는
잠재력을 가지고 있다.
You have the potential to transform even the worst situation
into a great opportunity.

✔ 이순신의 시간사용법

우리나라 국민이면 누구나 존경하는 사람으로 이순신을 첫째로 꼽는 것을 주저하지 않는다. 가장 큰 이유는 임진왜란 때 두 번씩이나 나라를 구했기 때문이다. 그가 없었더라면 우리나라는 어떤 운명에 처했을지 모른다. 그는 23전 23승이라는 놀라운 승전 기록을 세웠으며, 일본에서도 '해상 전투의 신'으로 일컬어 존경받고 있다.

이순신은 최악의 상황에서 최선의 리더십을 발휘한 영웅으로, 어느 위치에서 바라봐도 배울 점이 많은 위대하고 자랑스러운 우리 조상이다. 장수요, 경영자요, 발명가요, 시인이었던 그는 자기관리와 시간관리를 철저히 했다. 시간관리 측면에서 이순신을 바라보는 것은 매우 흥미로운 일이다.

이순신의 시간사용법의 특징은 다음과 같다.

1) 훌륭한 목표를 세우고, 그 목표를 일관되게 추구하였다.

목표설정은 시간관리의 첫째 원리이다. 목표를 세우지 않고는 시간을 관리할 수도 없고, 측정할 수도 없다.

이순신에 관한 증언들은 그가 어릴 때부터 분명한 목표가 있었음을 알려준다. 그는 문신 가문의 아들이었지만, 어렸을 때부터 대장이라는 목표를 세웠다. 수많은 시련을 겪으면서도 자신의 꿈을 포기하지 않고 도전해, 무과를 공부한 지 무려 10년 만에 무과시험에 합격했다.

그는 대장이라는 직위에 만족하지 않고 더 큰 목표, 즉 나라와 백성을 지키는 것을 목표로 삼아 끊임없이 도전했다. 도전 자체가 그에게는 가장 중요한 학습 도구였고, 도전을 통해 거듭 성장했다. 도전하는 과정에서 숱한 시행착오를 겪었지만, 목표만은 결코 포기하지 않았다. 위대한 목표를 향해 끊임없이 한 걸음 한 걸음 나아갔다.

2) 늘 중요도에 따라 우선순위를 정해서 일을 해결했다.

그는 무질서는 곧 실패를 자초한다는 생각에 우선순위에 따라 사전 준비를 철저히 하고, 대책을 만들어 하나하나 처리해나갔다. 전투에 임했을 때도 우선순위에 따른 공격 전략을 펼침으로써 일본 수군을 무력하게 만들었다.

3) 매사를 치밀하게 계획했다.

그의 전략과 전술을 보면 그가 얼마나 치밀한 전략가요, 계획자인지 알 수 있다. 전략을 수립할 때는 여러 참모와 오랜 시간 동안 열띤 토론을 벌이며 승리할 수 있는 전략을 짰다.

그에게 준비는 곧 계획이었다. 유비무환(有備無患)이라는 신념 아래, 전쟁을 대비했다. 47세에 전라좌수사가 된 그는 바다 건너 일본에서 흘러나오는 소문에 귀를 기울였다. 일본이 수많은 병선과 무기들을 만든다는 얘기를 듣고, 곧 일본이 쳐들어오리라 예측했다. 그는 곧바로 전쟁 준비에 착수했다. 수군이 주둔할 진지를 튼튼히 쌓았고, 새로운 화포와 무기를 열심히 만들었다. 군사 훈련을 철저히 하고, 왜적에 맞서 싸울 만한 새로운 전투함도 제작했다. 그의 예측대로 거북선이 완성된 지 15일 만에 일본군이 수백 척의 배를 거느리고 부산 앞바다로 침략해왔다.

4) 차분히 일을 진행했으며, 서두르는 것을 몹시 경계했다.

이순신은 "아무리 급해도 하지 말아야 할 것은 하지 않는 것이 더 좋고, 때로는 기다려야 한다"고 말했다. 또 수치심과 분노가 치밀어도 당장의 치욕을 씻기 위해 무모하게 전투해서는 안 되며, 신중하게 기회를 포착해 싸워야 한다고 주장했다. 병법에서는 '요행이나 만일'이라는 것은 계책이 아니기 때문이다. 그는 무릇 통솔자라면 감정에 치우쳐 급하게 판단하고 행동해서는 안 된다고 했다.

5) 매우 부지런했다.

《난중일기(亂中日記)》에 따르면 그는 찾아오는 막하 장병들과 공사를 논의하며 새벽닭이 우는 소리를 들었다. 출전하지 않는 날에는 동헌에 나가 집무를 보았고, 틈이 나면 막료들과 활을 쏠 때가 많았다. 잠시의 시간도 헛되이 보내지 않으려고 노력했다.

이순신은 새벽형 인간이었다. 항상 일찍 일어나, 새벽시간을 활용했다. 다음은 《행록(行錄)》에 기록된 내용이다.

"계사년(1593, 49세) 공은 매일 밤 잠잘 때도 띠를 풀지 않았다. 그리고 겨우 한두 잠을 자고 나서는 사람들을 불러들여 날이 샐 때까지 의논했다."

6) 몸과 마음의 긴장을 해소하는 방법을 잘 알고 있었다.

전쟁을 많이 치르는 장수가 받는 스트레스는 상상할 수 없을 정도로 강력하다. 따라서 장수는 스트레스 해소법을 알아야 한다. 이순신은 산책을 즐겨 했다. 산책은 몸과 마음의 긴장을 푸는 데 대단히 효과적인 방법이다. 걷는다는 것은 육체 및 두뇌에 좋은 영향을 미치며, 기분 전환에도 탁월하다. 그는 여유 있게 천천히 걷기보다는 짧은 시간 동안 한 장소를 빙빙 돌며 긴장을 풀고 걱정을 털어내는 배회를 자주 했다.

7) 완벽을 추구했다.

이순신이 활쏘기 연습에 매진했던 한산도 활터에 가보면 완벽성을 추구하는 그의 대비 태세를 엿볼 수 있다. 화살로 적을 명중시키려면 적과의 거리를 정확히 측정해야 한다. 그러나 바다에서는 거리 감각이 무뎌져 다른 배에 타고 있는 적을 정확히 겨냥하기 어렵다. 이 문제를 해결하기 위해 이순신은 바닷물을 사이에 두고 활 쏘는 곳과 과녁을 배치할 수 있는 곳을 활터로 개발했다. 이런 활터는 국내에서 한산도가 유일하다.

그가 완벽성을 추구했다는 다른 증거는 숫자에 언제나 철저했다는 것이다. 이순신은 숫자를 철저하게 파악해 일기에 기록했다. 그의 일기를 살펴보면 마치 회계장부인 듯 착각할 정도다. 이런 노력 덕분에 이순신은 자신이 경영하는 5관 5포의 재무 및 조직 상태를 정확하게 진단할 수 있었고, 화근을 예방할 수 있었다.

8) 매사 기록을 잘했다.

이순신은 임진왜란 7년의 와중에도 쉬지 않고 일기를 써《난중일기》를 남겼다. 또 조정에 전쟁 상황을 생생하게 보고했는데, 이 기록은 오늘날 귀중한 역사 자료로 평가받고 있다. 만일 그가 기록을 남겨두지 않았더라면 후세에 큰 문화유산을 물려주지 못했음은 물론, 전투하는 데 혼란과 시행착오를 거듭했을 것이다. 이순신을 명장으로 추대하는 이유 중 하나는 철저한 기록 정신 때문이다.

9) 포기해야 할 것을 알았다.

그는 "참으로 어찌하겠는가?"라는 말을 종종 했는데, 자신이 어떻게 해볼 수 없는 일이라고 생각하면 깨끗이 단념했다. 심지어 왕명도 복종하지 않았다. 이순신은 누가 뭐라고 하던 최선을 다해 맡은 바 임무를 충실히 이행하면 된다고 믿었다. 극복할 수 없으면 무시하는 것이 시간을 지키는 좋은 방법이다. 때로는 자기 한계를 인정하는 자세가 필요하다.

10) 자기계발에 힘썼다.

　　그는 '아는 것이 힘'이라는 사실을 일찍이 깨닫고, 독서를 통해 해
박한 지식과 지혜를 쌓았다. 당시 무인들은 전쟁의 시대에 살고
있음에도 병법을 공부하지 않아 늘 패전했다. 이에 이순신은 무
술을 익히는 것은 물론, 지식과 지혜를 얻기 위해 늘 책을 곁에
두었다. 전쟁이 한창 진행되는 중에도 병법 책을 손에서 놓지 않
았다. 《난중일기》와 《임진장초(壬辰狀草)》를 살펴보면 얼마나 열
심히 독서했는지 그 흔적을 찾아볼 수 있다. 그는 마치 마음을 집
중해 활을 쏘는 것과 같은 자세로 책을 읽었다. 궁금하거나 모르
는 것은 어떻게 해서든 알아냈다. 필요하다면 원서도 찾아보았
다. 그는 책을 수없이 반복해서 읽어 마음에 저장했으며, 사색을
통해 완전히 자기 것으로 만들었다.

✔ 벤저민 프랭클린의 시간사용법

　벤저민 프랭클린은 미국 건국 초기 정치가, 외교관, 과학자, 저술가,
신문사 경영자였던 세계적 위인이다. 그는 미국 역사상 가장 다재다능
한 지도자로 손꼽힌다.

프랭클린은 너무 가난해서 초등학교도 제대로 졸업하지 못했다. 고작 초등학교에서 1년, 그리고 개인 선생에게 얼마간 지도받은 것이 전부다. 나머지는 모두 독학으로 깨우쳤다. 그럼에도 미국에서는 그의 장례를 국장(國葬)으로 치뤘을 만큼 모든 사람이 우러러본다. 그의 일생은 기적으로 가득 차 있기 때문이다.

그는 어려서부터 시간의 귀중함을 깨닫고 평생 시간을 철저히 관리했다. 그 결과 수많은 업적을 남기고 성공을 거두었다.

프랭클린이 얼마나 시간을 철두철미하게 사용했는지 다음 사례들을 통해 살펴보자.

1) 독서하는 데 시간을 많이 투자했다.

프랭클린이 다양한 역할을 성공적으로 수행해낼 수 있었던 이유는 책을 읽었기 때문이다. 그에게 스승은 바로 책이었다. 그는 책을 살 돈을 모으기 위해 육식을 포기하고 채식주의자가 되는가 하면, 목욕탕 욕조에 누워서도 책을 읽었다. 대충 읽는 것이 아니라 열심히 읽고 또 읽었다. 당시에는 책을 읽고 싶어도 읽을 책이 없었다. 그래서 그는 책과 종이와 가까이 살기 위해 인쇄공이 되었고, 신문을 만들었으며, 도서관 조합을 설립했다. 책에 목말라했던 자신의 모습을 떠올리며, 일반 시민들이 쉽게 책을 빌려 읽을 수 있는 공공 도서관을 지은 것이다.

2) 시간의 가치를 잘 알았다.

어느 날, 한 청년이 프랭클린에게 인생 상담을 요청했다. 청년은 열심히 일하는 데도 결과가 좋지 않아 조언을 얻으려던 참이었다. 약속 시간에 맞춰 청년이 프랭클린의 집을 찾았다. 그때 방문이 활짝 열려 있어 안을 들여다보게 되었다. 청년은 놀라지 않을 수 없었다. 방 안은 온갖 물건이 뒤죽박죽 섞여서 엉망이었다. 프랭클린은 청년에게 "1분만 주게!" 하면서 방문을 닫았다.

1분이 지나고 다시 방문이 열리자 조금 전과는 아주 다른 광경이 펼쳐졌다. 청년은 자신의 눈을 의심했다. 말끔하게 정리된 모습이었다. 탁자 위에 놓인 레드 와인 두 잔에서는 달콤한 향기가 퍼졌다. 프랭클린은 청년에게 와인 한 잔을 건네며 이렇게 말했다. "이제 가도 좋네!" 청년은 아직 조언을 얻지 못했다고 말하고 싶었지만, 가만히 생각해보니 프랭클린은 이미 무언의 답을 주었다. 청년은 프랭클린에게 감사의 인사를 한 다음 방을 나갔다. 청년은 나중에 위대한 발명가가 되었다고 한다. 프랭클린이 청년에게 준 답은 1분 동안에도 많은 일을 할 수 있다는 것이다.

3) 시간은 물론 자신을 철저하게 관리했다.

프랭클린은 저녁이면 계획표를 적어놓은 수첩을 보면서 그날 하루의 행동을 뒤돌아보았다. 그러다 계획에 어긋나는 점을 발견하면 검은 점을 찍고, 잘못을 반성하는 시간을 가졌다. 그는 하루 24시간 계획을 세우고 빈틈없이 점검했다.

4) 소통할 때는 겸양의 미덕을 발휘했다.

프랭클린은 자신이 제안한 새로운 제도나 구제도 개혁이 번번이
실현될 수 있었던 것은 모두 언어 습관 덕분이라고 고백했다. 말
주변이 없는 데도 자신의 의견이 늘 관철되었던 까닭은 말할 때 겸
양의 미덕을 발휘했기 때문이라는 것이다. 논쟁을 좋아하는 사람
치고 자신의 의견을 제대로 관철하는 법이 없다는 것이 그의 지론
이었다.

그도 젊었을 적엔 다혈질의 성격 탓에 다른 사람과 대립을 빚곤 했
다. 하지만 이후 대화법을 바꿔 '반드시', '의심할 여지없이', '꼭' 등
단정적인 단어는 쓰지 않게 되었다. 대신 "나는 이러이러하다고 생
각한다. 만일 내가 잘못이 없다면 이러할 것이다"라는 말투를 썼다.

5) 스스로 학습하고 스스로 이론을 깨우쳤다.

그는 정규 학교에 들어가서 공부했더라면 오히려 많은 업적을 남
기지 못했을 것이라고 말했다. 획일화된 교육을 받지 않은 덕분에
독특한 발명품을 많이 개발할 수 있었다.

6) 끝까지 포기하지 않고, 목표한 바를 성취했다.

어느 기자가 프랭클린에게 "수많은 어려움을 겪으면서도 어떻게

포기하지 않고 목표를 달성할 수 있었나요?"라고 물었다. 그에 프랭클린이 답했다.

"혹시 일하는 석공을 자세히 살펴본 적이 있나요? 석공은 똑같은 자리를 아마 족히 백 번은 두드릴 것입니다. 갈라질 기미가 보이지 않는데도 말이죠. 하지만 백한 번째 내리치는 순간 돌은 두 조각으로 갈라지고 맙니다. 한 번의 망치질 때문이 아니라, 바로 그 마지막 한 번이 있기 전까지 내리쳤던 백 번의 망치질 때문이죠."

어려움을 극복하고 값진 결과를 얻기 위해서는 인내가 필요함을 말한 것이다.

7) 훌륭한 가치관을 세우고, 일생을 그 가치관에 따라 행동했다.

그를 움직인 원동력은 바로 가치관이었다. 그는 신이 가장 좋아하는 봉사는 남에게 선을 베푸는 일이며, 모든 죄는 벌을 받고, 덕행은 보답을 받는다는 것을 절대 의심하지 않았다. 행복하게 살아가기 위해서는 진실, 성실, 청렴을 바탕으로 인간관계를 맺어야 한다고 생각했다.

8) 많은 명언을 남겼다.

그중에는 시간에 관한 명언도 적지 않다. 명언을 통해 그가 얼마나 철두철미하게 시간을 관리했는지 알 수 있다.

- 그대는 인생을 사랑하는가? 그렇다면 시간을 낭비하지 말라. 왜냐하면 시간은 인생을 구성하는 재료이기 때문이다. 똑같이 출발했는데 세월이 지난 뒤에 보면 어떤 사람은 앞서가고, 어떤 사람은 낙오자가 되어 있다. 두 사람의 거리는 좀처럼 접근할 수 없게 되어버렸다. 이것은 하루하루 주어진 시간을 잘 이용했느냐, 이용하지 않고 허송세월을 보냈느냐에 달려 있다.
- 당신은 때로 지체하지만, 시간은 한 번도 지체하지 않는다.
- 게으름은 발걸음이 느려 가난에게 금세 덜미를 잡힌다.
- 이 세상에서 가장 훌륭한 질문은 바로 이것이다. "내가 이 세상에 살면서 잘할 수 있는 것은 무엇인가?"
- 건강을 유지하는 것은 자신에 대한 의무이며, 또한 사회에 대한 의무이다.
- 오늘 하루는 미래의 이틀을 합친 것보다 더 가치가 있다. 지금의 내가 미래의 나를 만든다.
- 준비를 실패하는 것은 실패를 준비하는 것이다.
- 여가시간을 가지려면 시간을 잘 써라.
- 지식에 투자하는 것이 여전히 최고의 수익을 낳는다.
- 인내할 수 있는 사람은 바라는 것은 무엇이든 손에 넣을 수 있다.

✔ 드와이트 아이젠하워의 시간사용법

드와이트 아이젠하워는 미국의 정치가이자, 제34대 대통령이다.

그는 가난한 집안 형편 탓에 학비가 무료인 웨스트포인트 육군사관학교에 입학했다. 사관학교를 졸업한 후에는 장교로서 육군성에서 근무했고, 맥아더 장군의 참모가 되어 각종 전쟁에 참전하여 탁월한 기량을 발휘했다. 특히 제2차 세계대전 때는 유럽 연합군 총사령관이 되어 프랑스 노르망디 상륙작전에서 대승을 거둔 것으로 유명하다. 1945년 미국 육군참모총장, 1948년 컬럼비아대학 총장, 1950년 나토(NATO)군 사령관을 지냈으며, 1952년 대통령에 당선되어 8년간 재임했다.

장교 임관식을 치른 날, 아이젠하워는 최우수 졸업생 생도가 아니었음에도 교장 선생(육군 중장)으로부터 "아이젠하워, 비록 꼴찌를 했지만 다른 우수한 생도 못지않게 큰 영광을 누릴 것이다"라는 극찬을 받았다. 교장은 아이젠하워가 장차 위인이 되리라 감지했던 것 같다.

교장의 예감은 적중했다. 아이젠하워의 동기생으로 사관학교를 수석 졸업한 맥아더는 군인으로 출세했지만, 대통령은 되지 못했다. 반면 아이젠하워는 군인, 교육자로 성공을 거두었음은 물론, 대통령을 연임하며 미국인의 사랑을 듬뿍 받았다.

아이젠하워는 미국 대통령에 당선되자 그의 선거 공약대로 1953년 7월 27일에 한국전쟁의 휴전을 성립시켰다. 그래서 그는 한국국민과 숙명적인 인연을 가지고 있다. 게다가 아이젠하워는 누구나 본받아야 할 시간관리 자아실현의 모범이라고 할 수 있다. 그의 시간사용법을 자세히 살펴보자.

1) 어릴 적 부모로부터 정신적 유산을 물려받았다.

그의 집은 오두막에서 살며 끼니를 걱정해야 할 정도로 가난했지만, 부모님은 정성을 다해 자식을 돌보고 가르쳤다. 두 분 모두 진실한 기독교 신자로, 그의 아버지는 어려서부터 봉사정신을 일깨워주었다. 또 그의 어머니는 그날 목표로 세운 일은 반드시 달성하도록 했다. 목표량을 달성하지 못하면 밤늦은 시각까지 일을 시켰다. 반대로 목표를 달성하면 놀 시간을 충분히 주었다. 덕분에 형제들은 자연스럽게 일하는 시간에는 오직 일에만 몰두하는 습관이 생겼다. 이런 어머니의 교육에 영향을 받아 아이젠하워는 평생 자기가 맡은 일에 최선을 다하면서 살았다.

2) 일찍이 자신의 약점을 깨닫고, 개선하고자 노력했다.

너무 어리다는 이유로 부모님이 핼러윈 축제 때 이웃집을 방문하지 못하게 하자, 아이젠하워는 분을 참지 못하고 뛰어나가 피범벅이 될 때까지 앞마당 사과나무 둥치를 주먹으로 두들겼다. 소년 시절 그는 분노조절장애가 있었다. 하지만 중학교 2학년 때 교회 학교 선생님으로부터 "노하기를 더디 하는 사람은 용사보다 낫고, 자기의 마음을 다스리는 사람은 성을 점령한 사람보다 낫다"라는 성경 말씀을 듣고 크게 깨달았다. 그는 이 말씀을 가슴에 새기고 지키기로 했다. 자신의 성격이 다소 난폭하다는 점을 깨닫고, 약점을 보완하고자 노력한 것이다.

3) 인내하며 때를 기다릴 줄 알았다.

그는 소령에서 중령으로 한 계급 진급하는 데 무려 16년이 걸렸다. 집안은 점점 어려워져 가족들은 군 생활을 포기하라고 했지만, 그는 자신이 맡은 바 임무를 성실히 하다 보면 언젠가 기회가 올 것이라고 믿었다. 1936년에 비로소 중령으로 진급한 그는 제2차 세계대전이 발발했을 때도 그 계급을 유지했다. 육사 동기생인 맥아더가 역사상 가장 젊은 나이인 50세에 대장이 되었을 때, 아이젠하워는 중령이었다. 그런데 그 후 5년 동안 5계급을 특진하여 대장이 되었고, 그 이듬해에 맥아더와 더불어 원수로 승진했다. 당시 미 육군 참모총장이었던 마셜이 그의 탁월한 통솔력 및 관리 능력을 높이 사서 특진시켰던 것이다.

그는 제2차 세계대전을 치르며 육군 체계 안에서 야심을 키우고, 직업 군인의 정치판 안에서 인내하는 법을 배웠다. 진급에 대해 마음을 비우고 오직 맡은 일에만 최선을 다했다. 그는 이렇게 말했다. "맥아더 장군 밑에서 7년 동안 극적 연출을 배웠다."

육사 동기생인 맥아더의 부관 노릇을 하면서 얼마나 마음을 잘 다스렸는지 알 수 있는 대목이다.

4) 결단해야 할 때 결단할 줄 알았다.

제2차 세계대전을 연합군의 승리로 이끈 결정적 계기는 1944년 6월 6일 개시된 노르망디 상륙작전이었다. 작전을 성공시킨 최고의 힘은 목숨을 바쳐 싸운 장병들이었지만, 이들을 총지휘한 연합군 사령관 아이젠하워의 결단력이 큰 역할을 했다.

원래 계획은 하루 전인 6월 5일에 감행할 예정이었으나, 거센 비바람이 연합군의 발길을 막고 있었다. 기상 상황을 면밀히 검토한 결과, 6일 오후에는 비가 개고 바람도 잠잠해질 것으로 예측됐다. "사령관님, 어떻게 할까요?" 부하 지휘관들 모두 아이젠하워를 바라보고 있었다. 아이젠하워는 심각해지지 않으려고 노력했다. 그는 아무리 복잡한 상황도 단순화하는 특별한 능력을 지니고 있었다. "좋다, 하자!" 무심한 듯 말했지만, 그 목소리에는 성공에 대한 확신으로 가득 차 있었다. 이 작전이 성공하면 대규모의 연합군이 프랑스를 지나 독일의 심장부까지 밀어붙일 수 있을 것이다. 그는 상륙작전을 개시하도록 명령을 내렸다. 성공 가능성이 극히 희박했지만, 결과적으로 올바른 결정이었다.

노르망디 상륙작전으로 연합군은 치열한 전투를 거듭한 끝에 독일군을 제압했으며, 히틀러가 자살한 후 1945년 5월 7일 독일 육군참모총장 알프레드 요들 원수의 항복을 받아냈다.

5) 특이한 시간관리 습관을 지니고 있었다.

'아이젠하워 시간 법칙'이라고 불리는 이 법칙은 오늘날까지 매우 유용하게 활용되고 있다. 그는 이 법칙을 사용함으로써 매사를 단순화하고, 일의 효율성을 높였다.

아이젠하워 시간 법칙은 모든 일을 크게 네 가지로 나누는 것으로 시작한다. 그리고 중요도와 긴급도에 따라 분류한 후, 네 상자에 각각 위치시킨다.

그의 분류는 다음과 같다.

A. 긴급하면서도 중요한 일
B. 중요하지만 긴급하지는 않은 일
C. 긴급하지만 중요하지는 않은 일
D. 중요하지도 않고 긴급하지도 않은 일

아이젠하워는 제일 먼저 긴급하면서도 중요한 일 A를 처리했다. 긴급하지만 중요하지는 않은 일 C는 직접 처리하지 않고 다른 사람에게 위임했다. 중요하지도 않고 긴급하지도 않은 일 D는 처리하지 않고 버렸다. 문제는 B, 중요하지만 긴급하지 않은 일이다. B는 시간이 지나면 결국 긴급한 일(A)이 되고 만다. 아이젠하워는 B를 처리하는 데 많은 시간을 쏟았다. B는 지금 당장 긴급하지 않기 때문에 비교적 여유롭게 처리할 수 있었다. 그러면 긴급하면서도 중요한 A는 발생하지 않는다.

이것이 바로 다른 사람들과 똑같이 일하면서도 여유를 얻는 아이젠하워 고유의 시간 관리법이다.

C는 위임하고, D는 버려라.

A를 제일 먼저 처리하고, B에 많은 시간을 쏟아라.

B를 처리하는 습관이 길러지면 좀처럼 A는 생기지 않는다.

6) 문제를 해결하는 데 능수능란했다.

그는 복잡한 이해관계를 단순화하는 능력이 뛰어났다. 고도의 균형감각으로 국가 간 견해차를 줄이는가 하면, 타고난 유머 감각과 사교성으로 자신의 의견을 관철했다.

그는 매우 섬세한 리더십을 발휘했다. 장교들의 개성과 심리를 잘 파악해, 섬세하고 교묘하게 다뤘다. 상대를 조심스럽게 간파한 다음, 결정적 순간에 가장 합리적이고 정확하게 선택했다. 그의 분명한 지시 덕분에 부하들은 일사불란하게 행동할 수 있었다.

7) 부하에게 위임을 잘했다.

그는 관리 전문가였다. 올바른 의사결정을 내리고, 부하에게 과감히 위임했으며, 자신이 꼭 처리해야 할 일만 수행했다. 또한, 군 지휘관으로서 각 분야의 전문가를 적재적소에 배치해 최고의 성과를 내도록 했다. 처칠은 그를 대단히 신뢰하여 매우 가깝게 지냈다. 그러면서 처칠은 아이젠하워를 이렇게 평했다.

"그는 기민하게 놓치지 않고 모든 것을 감독했고, 엄청난 일을 직접 해내면서도 다른 사람에게 위임된 권한을 침해하지 않았다."

아이젠하워는 대통령이 된 후에도 의원들에게 일을 맡기고 적극적으로 관여하지 않았다. 각 분야의 전문가에게 일을 맡긴다면 그만큼 효율적으로 일처리가 될 것이라고 믿었다.

8) 친화력이 뛰어났으며, 소통의 대가였다.

어느 날 한 여성 잡지 기자가 점심식사는 맥아더와 하고, 저녁식사는 아이젠하워와 하게 되었다. 후에 그녀는 이렇게 말했다.

"맥아더를 만났을 때 난 그가 얼마나 대단한 장군인지 알게 됐어요. 하지만 아이젠하워를 만난 후 내가 얼마나 매력 있고 사랑스러운 여자인지 알게 됐지요."

맥아더는 자기 자랑의 명수인 데 반해, 아이젠하워는 소통의 대가라는 것을 보여주는 일화이다.

그는 이해관계가 다른 여러 나라로 구성된 연합군을 하나의 팀으로 만들었다. 설득과 중재를 통해 사람들의 협력을 이끌어내는 탁월한 능력이 있었기 때문에 가능했다.

9) 자기계발을 꾸준히 했다.

그는 영관급 장교로 복무하는 중에 육군참모학교에 진학했고, 열심히 공부한 끝에 수석으로 학교를 졸업했다. 이어서 미래의 장군을 육성하는 곳인 육군대학까지 졸업했다. 군인의 신분으로 바쁜 일정 속에서도 공부를 게을리하지 않았다.

10) 자제력과 겸손함이 뛰어났다.

그가 독일 항복일에 워싱턴에 보낸 내용을 보면, 이를 잘 알 수 있다.

"연합군 임무는 1945년 5월 7일, 현지 시각 0300시에 완수!"

✔ 나카무라 슈지의 시간사용법

스웨덴 출신의 화학자이자 발명가인 알프레드 노벨의 유언으로 제정된 노벨상은 지금까지도 수많은 수상자를 배출하며 최고의 권위를 자랑하고 있다. 매년 각 부문의 수상자들이 결정되면 전 세계 언론이 이들의 업적과 성공을 대서특필하여 큰 관심을 보인다. 노벨상 수상자들 가운데는 명문대 출신이 많다. 하지만 2014년에 일본인조차 잘 모르는 한 지방 대학 출신의 연구원이 공동으로 물리학상을 받아 대중을 놀라게 했다. 나카무라 슈지가 바로 그 주인공이다.

나카무라 슈지는 일본에서 가장 낙후된 지역인 시코쿠 에히메 현에서 태어나, 지역 대학인 도쿠시마대학 대학원에서 석사과정을 마쳤다. 졸업 후에는 중소기업인 니치아화학공업 개발팀에 입사했다. 그곳에서 LED(발광다이오드) 연구에 매진한 그는 세계 최초로 청색 LED를 만드는 데 성공했다. LED는 횃불, 백열등, 형광등에 이어 제4의 빛으로 불리는 발명품이다. 기존 조명보다 열효율이 월등히 높고 수명이 수십 배에 달해, 전 세계적으로 천문학적인 비용을 절감하는 데 이바지했다.

현재는 미국 캘리포니아대학 산타바바라 캠퍼스 재료물성학 교수로 학생들을 가르치며, 노벨상 수상에 만족하지 않고 끊임없는 열정과 의지로 연구에 몰두하고 있다. 그는 '자신만의 방법으로 목표를 이루어낸 인물'이라고 평가할 수 있다.

그의 라이프스타일과 시간사용법을 살펴보자.

1) 목표를 향해 끝까지 나아갔다.

그는 엘리트 교육과는 동떨어진 환경에서 성장했다. 하지만 스스로 관심 있는 분야를 연구하고, 실패할 때마다 좌절하지 않고 도전을 거듭했다. 그의 저서 《끝까지 해내는 힘》에서 설명하듯 목표를 향해 포기하지 않고 나아갔다. 그는 "실패해도 좋으니 자기 방식으로 매진하라", "주위의 말보다는 자신의 내면과 집념을 믿으라"고 충고한다. 남들이 알아주지 않는 평범한 시간 속에서도 좌절하지 않고 끈질기게 목표를 향해 나아간 저력이 그를 세계 최고의 자리에 우뚝 서게 했다. 질긴 집념과 꺼지지 않는 열정은 모든 성공의 공통 요소이다.

느리지만 남들과 비교하지 않고 자신만의 시간을 살면서 창조를 이뤄낸 나카무라의 이야기는 누구에게나 희망을 안겨준다. 무수한 실패와 미완성 속에서도 한 번의 성공을 위해 절망하지 않고 나아가기란 정말 어려운 일이다. 중소기업인 니치아화학공업 개발팀의 연구원이었던 그는 3~4년에 한 번씩 신제품을 만들었으나, 10년간 매출 제로였다. 그런데도 좌절하지 않고 끈질기게 물건을 만들어, 결국 기존의 방식이 아닌 자신만의 방식으로 혼자서 청색 LED 개발에 성공했다. 세계적인 연구기관들이 20세기 안에는 불가능하다고 했던 청색 LED였다. 그런 제품을 일본의 지방 중소기업 연구실에서 혼자 4년 만에 이뤄낸 것이다. 이후 그는 녹색 LED와 백색 LED 개발하고, 자색 반도체 레이저를 제품화했다. 뛰어난 성과 덕분에 세계적인 기업과 대학에서 스카우트 제안도 받았다.

2) 생각하는 시간을 많이 가졌다.

그는 어렸을 때 우등생이 아니었다. 친구를 좋아하고, 노는 것을 좋아하고, 무엇보다 멍하니 먼 산을 바라보는 것을 좋아했다. 그의 독창적 아이디어는 이렇게 판단을 멈추는 시간에서 나왔다. 그가 먼 산을 바라보던 시간은 사물의 본질을 꿰뚫어볼 수 있는 시간이었고, 새로운 아이디어와 만나는 시간이었다. 상상하는 시간이 곧 창조의 자본이 되었다.

3) 혼자 연구하기를 좋아했다.

기업에서 신제품을 개발하기 위해 수많은 사람이 한 팀을 이뤄 아
이디어를 짜내고, 그것을 종합하는 것과는 전혀 다른 방식이었다.
그의 독창적인 아이디어는 비상식적이고 엉뚱한 발상에서 출발했
다. 모든 연구를 철저히 혼자 하면서 이뤄낸 결과였다. 남의 말에
휘둘리지 않았다. 타인의 충고보다 자신만의 방식을 고수하고, 비
록 느리지만 스스로 결점을 파악하면서 개선하고자 노력했다. 처
음부터 끝까지 모든 과정을 거치면서 자신만의 '감'이나 노하우를
터득하게 된 것이다. 그는 감을 통해 남다른 결과물을 얻을 수 있
었다고 한다.

4) 좋아하는 일을 했다.

그는 연구 개발을 너무나 즐기는 사람이었다. 언젠가는 큰 히트
를 한번 치겠다는 일념으로 밤이고 낮이고 개발에만 몰두했다. 무
슨 일이든 끝까지 해내고야 마는 지구력이 있었다. 끝까지 해내기
위해서는 나카무라처럼 자기가 정말 진심으로 좋아하는 일을 해
야 한다. 싫어하는 일을 끝까지 한다는 것은 고역이며, 성과도 좋
지 않다. 좋아하는 일을 하는 사람이 제일 행복한 사람이다. 성공
하고 싶다면 우선 목표와 더불어 자신이 어떤 것에 흥미를 느끼는

지 파악해야 한다.

5) 아무도 택하지 않은 일을 선택했다.

대부분의 사람은 가능성이 제로에 가까운 재료를 연구하는 것은 무모한 도전이며, 시간만 낭비하는 것으로 생각한다. 사람은 누구나 쉬운 길을 택하려고 한다. 돌아가거나 만들어서 가는 길을 싫어한다. 그러나 우물 안에서 헤매는 것보다 그 우물을 벗어나야 비로소 다른 세상이 보이는 법이다. 나카무라 슈지는 우물을 벗어났고, 그 결과 성공했다.

토머스 에디슨의 전등 발명 이후 모두가 실패한 청색 LED 개발에 그는 당당히 도전장을 내밀었다. 그는 멈추지 않는 실행력으로 마침내 불가능의 벽을 깨기 시작한다. 그리고 밝게 빛나는 청색 LED를 얻기 위해 노력을 거듭한 끝에 성공한다. 전 세계 조명을 전부 LED 램프로 교체하면 전 세계 에너지의 25%를 절약할 수 있게 만든 것은 엄청난 일이 아닐 수 없다.

그는 이렇게 말한다.

"크고 안정된 것을 버리고 '작고 강한 것'을 선택하라!"

"남들과 똑같은 방식으로 인생에 안주하지 마라!"

"상식을 뒤엎는 '미친 짓'을 해야 꿈을 이룰 수 있다!"

"지금 고민하고 좌절하고 실패하는 시간은 더 큰 성공으로 가는 도화선이다. 자신을 믿어라. 그리고 끝까지 가라!"

6) 우직하게 자신만의 방법을 고수했다.

그가 성공을 거둔 핵심 요인은 '독창성'과 '우직함'이다. 그는 기존 연구 결과를 전혀 참고하지 않았다. 기초 이론만 숙지했다. 아무리 저명한 학자가 저술한 논문이라고 해도 실험 방식은 자신만의 방법을 고수했다. 실험 기구도 본인이 직접 제작했다. 그는 대기업 연구원처럼 모든 것이 갖춰진 환경에서 연구하지 못했다. 그런데도 그는 자신이 연구원인지 기능공인지 헷갈릴 정도로 매일 실험 도구를 개량해가면서 원리를 이해했다. 그 과정에서 책에서는 배울 수 없는 이해력과 직관을 키웠다. 이런 독창성을 뒷받침한 것은 다름 아닌 우직함이었다. 수년간 계속된 실패로 조직과 학계의 수모를 당하면서도 성공할 수 있다고 믿었다.

그의 전기를 보면 아무것도 없는 상태에서 하나부터 열까지 스스로 물건을 만들고 무슨 일이든 직접 실천하는 모습, 상사의 지시 사항이나 회사 방침은 따르지 않은 채 자기 뜻을 굽히지 않는 모습이 나온다. 월급쟁이에 불과한 연구원이 이런 행동을 한다는 것은 절대 쉽지 않다. 상식을 강요하는 사회와 규칙을 따라야 하는 회사 분위기 속에서 '비상식적인 주장'을 내세운다는 것은 난감한 문제이다. 그러나 그는 자신만의 독창성과 우직함을 바탕으로 과감히 맞섰다.

7) 열심히 일했지만 무리하지는 않았다.

그는 철야까지 해가면서 연구에 몰두하지 않았다. 저녁 8시에는 집으로 돌아가 가족과 함께 저녁식사를 했다. 연구에 열중한 나머지 불규칙한 생활을 한다고 해서 좋은 결과가 나오는 것은 아님을 알았기 때문이다. 이것은 그가 중고생 시절 배구부에 있을 때 얻은 교훈이다. 비효율적인 방법으로는 아무리 노력한들 좋은 결과를 기대하기 어렵다는 것을 그때 몸소 깨달았다. 그래서 그는 남들보다 갑절이나 노력하면서도 규칙적인 생활을 하려고 항상 주의를 기울였다.

8) 늘 새로운 목표를 향해 매진한다.

그는 지금도 변함없이 매일 자신의 연구실로 출근해 질화갈륨에 관한 연구를 하고 있다. 그는 노벨상이 자신의 연구 인생의 최종 목적지가 아닌 하나의 과정일 뿐이라고 말한다.

✔ 빌 게이츠의 시간사용법

빌 게이츠는 마이크로소프트사를 설립한 사람이다. 그에게는 여러 가지 별명이 있다. '세계 최고의 부자', '세계에서 가장 존경받는 기업인', '디지털 제국의 황제', '컴퓨터 천재', '인터넷 혁명의 기수', '세계 최고의 자선가', '노블레스 오블리주의 모델'이라는 별칭이다.

그는 1995년 윈도의 개발로 세계 소프트웨어 시장을 석권하며, 역사상 가장 어린 나이인 31세에 억만장자가 되었다. 지금도 그의 수입은 1초당 150달러씩 증가하고 있다. 그러면서 2014년 말까지 총 430억 달러를 사회에 기부했다. 그는 시간관리를 비롯한 인생의 모든 측면에서 본보기가 되기에 충분하다.

그는 세계에서 가장 바쁜 인물로 통한다. 과거 여러 차례 한국에도 방문했는데, 그때마다 분 단위로 스케줄을 짜고 모든 일정을 소화하여 주위 사람들을 놀라게 했다.

그의 시간 관리법의 특징은 다음과 같다.

1) 어린 시절부터 좋은 시간관리 습관을 길렀다.

어릴 때 길들인 습관은 평생을 간다. 그의 어머니는 식사를 규칙적으로 하도록 가르치는 것은 물론, 모든 일을 계획적으로 실행하여 시간낭비를 최소화하는 습관을 가르쳤다. 그는 어머니의 영향을 받아 철저하게 시간을 관리했다.

2) 학창 시절에 숙제나 악기 연주 등 그날 해야 할 일은 반드시 그날 해치웠다.

3) 새벽형 인간이다.

그는 새벽 3시에 일어나 2~3시간 정도 책을 읽는다.

4) 독서광이다.

젊었을 때부터 동네 도서관에 종종 가서 책을 많이 읽었다. 그는 동네 도서관에서 책을 읽는 경험이 하버드대학을 졸업하는 것보다 낫다고 말했다. 지금도 일주일 치의 신문을 처음부터 끝까지 빼놓지 않고 읽으며 견문을 넓히고 있다.

5) 원대한 사업 비전을 품었다.

그는 아직 컴퓨터가 보편화되지 않던 시절에 "모든 책상 위에 컴퓨터를! 모든 가정에 컴퓨터를!"이라는 원대한 꿈을 꾸었고, 지금까지도 그 꿈을 실현하고 있다.

6) 시간낭비를 최소화하려고 노력했다.

그는 쓸데없이 시간을 낭비하는 것을 가장 싫어한다. 특히 친구들끼리 모여 잡담으로 시간을 죽이는 것을 몹시 싫어한다. 그는 친구와 만날 약속이 있으면 어떤 주제로 이야기할지 미리 준비한다. 심지어 시간이 아까워 길에 떨어진 2달러 지폐를 보고도 그냥 지나쳤다는 일화도 전해진다.

7) 일하기를 무척 좋아한다.

그는 장시간 일해도 피곤을 느끼지 않는다. 창조적인 자세로 재미
있게 일하기 때문이다.

8) 수면을 충분히 취한다.

그는 "하루에 7시간 자는 것을 좋아한다. 이러한 수면 습관은 날카
로움과 창의력, 긍정적 마인드 등을 유지하는 데 필요하기 때문"
이라고 말했다.

9) 깊이 생각하는 시간을 따로 갖는다.

빌 게이츠는 1년에 두 차례씩 2주 정도 '생각 주간'을 만들어 생각
에 몰입한다. 인적 없는 호숫가 통나무집이나 호텔에 찾아가, 휴
대전화도 끄고 외부와의 일체 접촉을 금한다. 대신 임직원이 제출
한 프로젝트와 보고서를 살펴보는 데 열중하며, 치열하게 미래를
준비한다.

10) 많은 어록을 남겼다.

경험과 지식에서 우러나온 그의 어록은 많은 사람에게 좋은 교훈
이 된다. 인생에 관한 어록과 시간관리에 관한 어록으로 나누어
살펴보자.

인생에 관한 어록

"인생은 등산과도 같다. 정상에 올라서야만 산 아래 아름다운 풍경이 보이듯 노력 없이는 정상에 이를 수 없다."

"주어진 삶에 적응하라."

"피할 수 없는 현실이라면 수용하라."

"적응한 자만이 살아남는다."

"적극적인 마음 자세를 소유하라."

"자신의 단점에 도전하라."

"실망스러운 결과가 발생했을 때 빨리 극복하라."

"인생이 항상 원만할 것이라는 환상을 버려라."

"인격이 성공의 밑천임을 기억하라."

"성공은 자아실현의 욕구가 성취될 때이다."

"성공은 삶과 인격과 위상을 바꿔준다."

"나는 유별나게 머리가 똑똑하지 않다. 특별한 지혜가 많은 것도 아니다. 다만 나는 변화하고자 하는 마음을 생각으로 옮겼을 뿐이다."

시간관리에 관한 어록

"오늘 이 시간에 할 일을 절대 미루지 마라."

"시간을 장악하라."

"시간을 황금처럼 아껴라."

"시간도둑을 경계하라."

"시간낭비는 인생 최대의 실수다."

"휴일에도 시간을 잘 활용하라."

"시간관리를 위해 계획을 수립하라."

"오늘을 놓치지 마라."

"3분간 열심히 집중해서 쉬어라."

"일을 유연하게 바꾸면서 휴식하라."

"반드시 해야 할 일이라면 하라."

✔ 반기문의 시간사용법

유엔 사무총장은 세계 최대 규모의 국제기구 중 하나인 국제연합(UN)의 수석행정관으로서, 전 세계 193개 회원국의 이해관계를 살펴 분쟁을 조정하는 이른바 '세계의 대통령'이라 불리는 자리다. 반기문은 2006년 10월 14일에 제8대 유엔 사무총장으로 임명되었고, 2011년 6월 재선에 성공했다.

'한 달에 평균 지구 한 바퀴를 도는 사나이', '세상에서 가장 불가능한 직업을 가진 인물' 등의 수식어에서 엿볼 수 있듯, 그는 철저하게 시간을 관리하며 전 세계를 누비는 인물로 회자되고 있다. 그는 부지런함을 천성적으로 타고났다.

모든 사람에게 귀감이 되고 있는 반기문 유엔 사무총장의 시간 관리 특징을 살펴본다.

1) 어린 시절 '외교관'이라는 꿈을 품고, 결국 그 꿈의 정점에 올랐다. 외교관이라는 꿈이 있었기에 열심히 공부했고, 다양한 외국어를 익혔으며, 수준 높은 교양을 쌓았다. 그는 자신이 하고자 하는 목표는 무슨 일이 있어도 이루고자 노력했다.

2) 자투리 시간을 이용해서 외국어를 익혔다.
   그는 영어와 프랑스어, 독일어를 별다른 어려움 없이 구사한다. 1975년 외무부 국제연합과 차석으로 시작해, 1979년 유엔 대표부 1등 서기관 신분으로 처음 유엔본부에 발을 들여놓은 반 총장이 점심시간을 이용해 프랑스어를 익힌 일은 외교가에서도 유명한 일화로 남아 있다. 또한, 1998년 오스트리아 대사를 역임할 당시 반 총장은 자투리 시간을 이용해 독일어를 공부했고, 독어권 대사들과 모인 자리에서는 주로 독일어로 연설했다. 그는 외교관으로서 당연히 외국어를 배워야 한다는 의무감에서가 아니라, 국제 경쟁력의 원천은 다양한 외국어 구사능력에 달려 있음을 일찌감치 깨달았다.

3) 기회를 잘 활용했다.
   2001년 당시 유엔총회 한승수 의장의 부름을 받아 유엔총회 의장

비서실장을 맡았다. 이때의 경험과 인맥은 나중에 그가 유엔 사무총장으로 당선되는 데 밑거름이 되었다.

4) 오늘 해야 할 일을 오늘 완성한다.

그는 평생 철칙같이 지켰고, 지금도 여전히 고수하고 있는 시간관리 규율을 다음과 같이 설명한다.

"저는 직원들이 저에게 올리는 결재 서류를 처리하는 데 하루 이상 넘기지 않습니다. 사무실에서 다 끝내지 못하면 집에 가져가서라도 그날 끝낼 것은 그날 마칩니다."

5) 바쁜 일정을 무난히 소화해낸다.

반기문 총장은 스케줄 관리의 달인이다. 2007년 9월 유엔총회 때는 하루에 무려 28건의 일정을 소화했다. 대통령이나 총리 등 국가 원수급 인사들을 만날 때는 20분, 그 외에는 5~10분 정도 시간을 낸다. 마치 정해진 시간표대로 운행하는 고속 전철처럼 반 총장은 매일매일 분 단위로 시간을 관리한다. 학창 시절과 외교관 생활을 거치면서 몸에 배인 습관이 지금까지도 고스란히 남아 있는 것이다. 그는 2007년 1월 유엔 사무총장 취임 이후 1년 동안 58개국 120여 개 도시를 방문했다. 총탄이 오가는 분쟁 지역인 이라크와 아프가니스탄은 물론, 아프리카 다르푸르와 레바논 같은 위험한 지역도 마다하지 않았다. 이라크 바그다드에서는 기자회견 도중 인근에서

폭탄이 폭발하는 아찔한 순간도 있었지만, 순방을 멈추지 않았다. 지구 온난화의 심각성을 전 세계에 알리기 위해 남극과 안데스 산맥, 아마존 밀림 지역도 방문했다.

6) 시간이 날 때마다 늘 공부한다.

그는 이렇게 말했다.

"세계 각국의 특파원들과 인터뷰나 기자회견을 할 때에는 세계 각국의 이해관계가 걸려 있는 질문들이 쏟아지는데, 어떤 때에는 답변이 어려운 질문들도 있습니다. 늘 역사를 공부하고 세계 각국에서 일어나는 일들의 백그라운드를 공부해야 합니다. 하도 세상을 많이 돌아다니다 보니 지금은 인사말 정도는 15개국 언어로 할 수 있을 정도입니다."

그는 멀티 플레이어이다. 한 가지 일에만 몰두하는 것이 아니라 여러 분야를 두루 섭렵하면서 자신의 전문 분야를 더욱 넓혀 간다. 이는 기본적으로 꾸준히 자신의 영역을 넓혀 나가고 새로운 분야를 개척하려는 의지와 노력이 없으면 불가능하다.

7) 젊은이 못지않은 열정과 의욕으로 하루하루를 생활한다.

그는 1~2분도 허투루 보내는 일이 없다. 5분의 시간만 주어져도 세계 각국의 외교관을 만나 국제적인 현안이나 쟁점을 논의할 수 있기 때문이다. 그는 자신에게 주어진 일을 처리하는 데 빈틈이 없을 정도로 철두철미하다.

8) 노트와 메모를 잘 활용한다.

그의 업무 스타일 중 눈에 띄는 대목은 노트 정리 능력이다. 학창 시절부터 상대방의 말을 경청하면서 꼼꼼하게 기록하는 것이 그만의 노트 정리 비법이다. 현직에 이르러서는 상대방의 말의 핵심과 주요 내용을 재빨리 머리로 파악하여 주요 내용을 자기만의 암호와 압축 형식으로 변환하는 능력을 터득했다. 또한 그는 깨알 같은 글씨로 쓰인 개인수첩을 항상 양복 안주머니에 넣고 다닌다. 개인 수첩에는 그의 하루 일정은 물론 몇 개월 치 스케줄이 고스란히 담겨 있다. 하루 방문 장소만 해도 평균 20곳이 된다고 한다.

9) 늘 마음의 여유를 지니도록 노력한다.

유엔 직원들에게 '일벌레'로 소문난 반기문 총장은 유머 감각을 강조한다. 하루에도 5~6명의 외국 정상들과 전화 통화를 하며 국제 문제를 논의하는 빠듯한 일정 속에서 반 총장은 유머 감각으로 생활의 활력을 찾는다. 그는 외국 정상이나 외교관과의 대화를 원만하게 이끌고, 좋은 분위기를 연출하기 위해 의식적으로 유머 공부를 한다. 그는 풍부한 독서를 통해 지식을 쌓고, 적당한 타이밍에 유머를 구사할 수 있는 능력이 인생을 살아가는 큰 자산이라는 점을 강조한다. 아무리 바빠도 마음의 여유를 유지하는 그의 스타일을 볼 수 있다.

10) 건강을 잘 챙긴다.

그는 아침 출근길에 20분 거리의 유엔본부까지 걸어간다. 그래서 건강과 기분 전환의 효과를 얻는다.

11) 언제나 겸손과 겸양의 미덕으로 자신을 낮춘다.

아랫사람이 그에게 편지를 보내면 바쁜 일정 속에서도 일일이 답장을 했다. 시간이 없어 답장하지 못할 경우 비서진에게 답장을 쓰도록 하고, 서명은 반드시 자신이 했다. 지금도 이 원칙에는 변함이 없다.

12) 인내하는 사람이다.

그가 공직생활을 할 때 늘 승승장구한 것만은 아니다. 실패하기도 하고 관직을 박탈당하기도 했다. 하지만 그때마다 참고 견뎠다. 그 결과 그는 재기할 수 있었고, 엄청나게 좋은 기회도 잡을 수 있었다.

✅ 더글러스 맥아더의 시간사용법

한국전쟁의 전환점이 되었던 순간을 하나만 꼽자면 단연코 인천상륙 작전이다. 1950년 6월 25일 북한의 기습 남침으로 참혹한 전쟁이 발발 한 이후 계속 밀려온 전황을 일거에 뒤집을 수 있었다. 물론 이후에도 중공군의 참전처럼 전쟁의 향방을 바꾼 여러 사건들도 일어났지만, 인 천상륙작전 덕분에 위기를 극복하고 대한민국은 살아날 수 있었다. 이 작전을 승리로 이끈 주역은 바로 더글러스 맥아더 장군이다.

그는 제1차 세계대전과 제2차 세계대전, 한국전쟁에 미국군과 연합 군의 지휘관으로 활동하여 혁혁한 공을 세운 천재적인 군인이다. 1945 년 제2차 세계대전 종전 이후에는 극동군의 지휘관을 지냈고, 6년간 외 국인 신분으로 일본을 실제로 통치했으며, 일본의 복구에도 많은 공헌 을 했다.

맥아더는 한국전쟁이 발발하자 미국군 사령관으로 참전했다. 북한 인 민군이 대구까지 밀고 내려온 상황에서 인천상륙작전을 성공시켜 인민 군들을 남북으로 양분했다. 그러나 그는 만주지구 공격 등 강경책을 주 장하다가 트루먼 대통령으로부터 해임을 당했다. 미국에 귀환하여 국 회에서 "노병은 죽지 않는다"는 연설을 하고 퇴역했다. 그는 만년에 기 업인과 언론인으로 활동하다가 워싱턴 D.C.에서 타계했다.

그는 어려서부터 부모의 영향을 많이 받았다. 웨스트포인트 사관학 교에 가게 된 것도 아버지 때문이다. 아버지를 본받아 어릴 적부터 규칙을 지키는 습관을 길렀다. 아버지 아서는 중장 출신으로, 행군 때마다 사병들과 똑같이 걸음으로써 어린 맥아더에게 지휘관이 먼저 규칙을 지켜야 한다는 것을 가르쳐주었다.

그는 분명한 가치관을 갖고 행동했다. 그의 가치 기준은 웨스트포인트의 교훈인 '의무, 명예, 조국'으로 압축된다. 이 가치를 실현하기 위해 비전을 설정했고, 고도의 전문성을 연마했다. 물론 이 가치관도 부모의 영향을 받은 것이다. 그는 만년에 자신의 어린 시절을 돌아보며 이렇게 말했다.

"나는 단지 기초 지식뿐만 아니라 무엇보다도 책임감을 기르는 것을 배웠다. 개인적인 희생이 있더라도 언제나 정의롭게 행동해야 하고 조국을 우선으로 한다. 반드시 하지 않으면 안 되는 것이 두 가지가 있는데, 바로 '거짓말하지 않는 것'과 '비밀을 누설하지 않는 것'이다."

그는 나중에 가장 기분 좋은 찬사는 애국자로 불리는 것이라고 했다. 분명한 가치관에 따라 행동한 맥아더의 시간사용법에 대해서 살펴보도록 하자.

1) 예민한 시간감각을 가졌다.

이것은 작전에도 그대로 반영되었다. 인천상륙작년은 6.25전쟁이 시작된 지 1개월도 채 되지 않은 7월 22일에 개시하기로 계획했다. 그는 "전쟁사에서 패배한 경우를 보면 그 원인은 단 두 단어, '너무 늦었다(too late)'로 요약할 수 있다"고 말하며 빠른 대응을 강조했다. 해군 일부 인사들이 작전 성공률이 5천대 1이라며 격심하게 반대하는 와중에, 맥아더는 이런 난점이 오히려 적의 허점을 찌르는 기습이 될 수 있다면서 끝까지 인천상륙을 주장했다. 결국 8월 28일 미 합참본부로부터 승인을 얻어냈다. 그리고 9월 15일에 작전을 개시해서 성공했다.

그는 1942년 초, 필리핀에서 일본군과 싸울 때도 기습작전으로 대승한 바가 있다. 그는 "시간의 흐름에 따라 위험도 증가하는 법이다. 준비가 되었을 때 신속히 적을 공격하라. 시간이 지날수록 우리는 불리해진다"라고 말했다.

2) 시간관리의 기본원칙을 항상 준수했다.

목표를 설정하고 우선순위를 정했으며, 목표를 달성하기 위한 전략을 치밀하게 설계했다. 웨스트포인트에서 맥아더의 학업 능력은 모든 면에서 뛰어났는데, 그 이유를 스스로 이렇게 밝혔다.

"가치가 있는 일을 먼저 처리해야 함을 깨닫는 것이 가장 중요하다."

그는 해야 하는 일에 대한 집중력이 뛰어났으며, 기억력이 탁월했다.

맥아더는 작전 계획을 치밀하게 세우기 위해 최전선에서 부하와 함께 싸웠다. 인천상륙작전과 같은 위험도가 높은 전투도 실제로 확인하여 계획을 세웠다. 의사결정을 위해 전장의 현장을 직접 점검했다. 그리고 가능한 모든 방법을 동원해서 목표를 달성했다.

그는 실현 가능한 계획을 세웠다. 예측을 잘했으며, 적군의 강점과 약점을 잘 파악하여 작전을 세웠다. 또한 군대가 왜 존재하는지 궁극적인 목표를 정의하고, 이 궁극적인 목표를 장병들이 이해하여 국가와 군에 헌신하도록 했다.

그는 "전쟁에서 승리를 대신하는 것은 존재하지 않는다"라고 말하며 중점 목표를 지향하면서 행동했다.

3) 민감하고 정확하게 환경을 파악했다.

환경은 반드시 전략적으로 고려되어야 하는 것이다. 그는 많은 작전을 수행하기 전에 우선적으로 정보를 확보했다. 맥아더의 정보 사용은 전쟁과 적의 동향을 파악하는 데만 머물러 있지 않았다. 군대 내부가 어떻게 운영되고 있는지 항상 인지했다. 비즈니스의 성공을 위해서도 경쟁력 있는 시장 정보를 확보하는 것이 가장 필요하다.

4) 선택과 집중의 중요성을 알았다.

그는 군대를 언제, 어떻게, 어디에 집중해야 하는지를 알았다. 맥아더는 군사작전을 펼치는 데 집중의 원칙을 최대한 적용함으로써 훨씬 더 적은 병력과 자원으로 적군의 공격에 성공했다. 사업에 성공하기 위해서도 다양한 목표를 위해 자원과 노력을 적절하게 집중시켜야 한다.

5) 예측하지 못한 상황을 대비하기 위해 준비를 철저히 했다.

계획대로 진행되지 않으면 계획을 수정하는 융통성을 보였다. 그는 "융통성의 결여는 전쟁의 패배와 함께 그 이상의 재앙적 결과를 낳을 수도 있다"고 지적했다. 이순신과 원균의 차이점 중 하나는 융통성의 유무이다. 전자는 승리했고, 후자는 패망했다. 아무리 잘 짜인 계획이라도 실제 환경에서는 무용지물인 경우가 발생한다. 그럴 때는 융통성을 충분히 발휘해서 새판을 짜야 한다.

6) 참모들과 부하가 따를 수 있는 롤모델이 되기 위해 부단히 노력했다.

개성 있는 지휘관이 되기 위해 애쓰는가 하면, 부하들에게 동기를 부여할 능력을 키웠다. 맥아더는 최소한의 말로도 큰 힘을 주는 능력이 있었다. 그의 말은 매우 명쾌했다. '아마도'와 같은 불확실한 단어보다는 단순하면서도 확실한 '무엇'이 존재했다. 그는 화술에 능했으며, 개인이 가진 능력의 한계까지 재능을 확장하는 힘이 있었다.

또한 그는 위임을 잘했다. 위임은 리더의 시간을 절약해주고 부하의 능력을 신장시키는 이중 효과가 있다. 맥아더의 부관으로 7년 동안 일한 아이젠하워는 이렇게 회고했다.

"맥아더 장군과 함께 일하는 것은 보람이 있었다. 그는 업무를 위임하면 다른 질문은 전혀 하지 않았다. 임무 완수를 위해 얼마나

오랜 시간이 소요되는지도 크게 신경을 쓰지 않았다. 오직 그가 요구했던 것은 위임된 업무를 정확히 진행하여 완수하는 것이었다."

어떤 리더든지 조직 내에서 가장 영향력이 있는 롤모델이 되어야 한다. 말보다는 행동을 통해 구성원들에게 자신의 가치, 우선순위, 기대를 보여줄 수 있어야 한다. 위대한 리더는 평소에 강조하는 언행일치의 삶을 살며, 추종자도 그런 가치를 배울 수 있도록 모범이 되어야 한다.

7) 점령지를 잘 관리하기 위해 원칙을 세웠다.

점령지 관리는 가장 어려운 임무에 속한다. 그는 어떻게 전쟁 후에 일본을 잘 다스릴 수 있었을까? 원칙을 세웠기 때문이다. 그가 수행했던 점령국 관리의 원칙 5가지는 다음과 같다.

첫째, 조직원들과 함께 감정을 교류하라.

둘째, 국민들을 통해 변화를 선도하라.

셋째, 국가 질서를 확립하고 유지하라.

넷째, 전문가의 도움을 구하라.

다섯째, 점령 기간을 최대한 짧게 하라.

8) 일생 변화를 잘 다스렸다.

그는 변화의 시기를 현명하게 선택했다. 끊임없는 변화에 대응하는 노력과 아울러 어려움을 극복해나갔다. 무모한 변화를 꾀하지 않고 일관성 있게 변화를 도모했다.

9) 끊임없이 배우고 습득했다.

학습은 평생 실현해야 하는 작업이다. 리더는 배움의 능력을 향상함으로써 자신과 구성원들의 미래를 밝게 만들 수 있다. 소년 시절에 맥아더는 배움의 대한 열정이 넘쳤다. 그는 어릴 때부터 부모님의 독서 습관을 자연스럽게 배워, 평소에 다량의 책을 읽었다. 그리고 부하의 능력 계발에도 관심이 많았다. 육사 교장일 때는 생도들을 위해 다양한 분야의 전문가와 사회 지도층을 초청해서 특강 시간을 가졌다.

10) 리더로서 건강이 얼마나 중요한가를 일찍이 깨달았다.

그는 생도 시절은 물론 군대 생활을 하는 동안 운동을 매우 즐겼다. 실제로 군 복무 중 신체적 건강은 중요한 역할을 했다. 덕분에 평생 큰 병 없이 건강함을 유지할 수 있었다. 그는 점심시간을 충분히 가졌고, 오후에는 짧은 낮잠을 자면서 휴식을 취했으며, 평소 검소한 식사를 즐겼다. 60대에 접어들면서는 매일 미용체조를 했다. 그는 항상 걸어 다녔으며, 회의장에 가기 위해서 사무실을 오르내리기를 반복했다.

✅ 구약성서에 나오는 요셉의 시간사용법

성서에 나오는 이야기들 가운데 가장 흥미 있는 이야기가 무엇일까? 많은 사람은 요셉의 이야기라고 말하기를 주저하지 않는다. 이야기가 극적으로 전개되고 시공간을 초월해서 많은 공감을 불러일으키며 해피엔딩으로 끝나기 때문이다. 그래서 요셉의 이야기는 설교자들이 가장 많이 선택하는 주제이기도 하다. 그의 이야기는 구약성서 창세기 37장부터 50장까지 기록되어 있다. 한번 시간을 내서 본문을 읽어보기 바란다.

요셉은 매우 특별한 이력을 가진 사람이다. 히브리인이면서 이방인 이집트에서 주로 살았으며, 죄수 신분이었다가 총리대신이라는 지위에 오른 입지적인 인물이었다.

요셉은 야곱의 열두 아들 중에 열한 번째로 태어난 사람이다. 아버지 야곱의 사랑을 독차지하던 요셉은 꿈 이야기로 형들의 불같은 시기와 미움을 사게 된다. 어느날 요셉은 아버지의 심부름으로 음식을 싸들고 형들이 양을 치는 들판으로 갔다. 평소에 그를 증오하던 형들은 찾아온 기회를 놓치지 않고 요셉을 죽음으로 내몰았다. 그러나 요셉은 유다와 르우벤의 제안으로 죽음을 면하고 이집트에 노예로 팔려갔다. 이때만 해도 그의 꿈이 산산조각이 난 듯 보였다.

요셉은 이집트의 고관인 보디발의 집에 종으로 팔려갔다. 이후 10년 동안 열심히 일해서 주인의 전적인 신임을 얻었다. 그러나 주인의 아내의 요구를 거절한 그는 종에서 죄수로 전락했다. 하지만 감옥에서도 3년간 최선을 다해 살았다. 요셉의 특기가 있었는데, 그것은 꿈을 해석하는 능력이었다. 요셉은 절호의 기회를 얻어 애굽왕 바로의 꿈을 해석하고, 애굽의 총리로 급부상하게 된다. 애굽으로 팔려온 지 13년, 그의 나이 30세에 최정상의 자리에 우뚝 섰다. 총리가 된 그는 지혜롭게 국사를 운영해서 왕에게 사랑을 받았고, 국민에게도 존경을 받았다. 특히 그가 이룬 업적 중 가장 큰 업적은 7년 풍년과 7년 흉년을 잘 다스린 것이다. 그는 국가를 구했다. 그리고 총리가 된 지 9년 만에 아버지와 형제들과 그의 가족을 이집트에 이주하도록 했다. 그의 아버지 야곱은 이집트 땅 고센에서 아들 요셉과 극적인 상봉의 감격을 누리며 세상을 떠날 때까지 그곳에서 편안히 지냈다. 요셉은 110세의 나이로 이집트에서 생애를 마감한다.

요셉은 3,500년 전에 살았던 인물이다. 하지만 그의 생애는 시대와 장소를 뛰어넘는 귀한 교훈을 보여주고 있다. 시간관리 면에서 그의 모습을 살펴보자.

1) 원칙주의자이다.

그는 자신의 신조를 지켰다. 종으로 있을 때 보디발 주인의 아내가 유혹하자 냉정하게 거절했다. 그 결과 감옥에 가게 되었지만, 그곳에서 총리대신이 될 좋은 기회를 얻을 수 있었다. 전화위복(轉禍爲福)이란 이를 두고 하는 말이다.

2) 현실 적응 능력이 뛰어났다.

시간을 잘 관리하는 사람의 특징 중 하나는 새로운 환경에 잘 적응하는 것이다. 요셉은 종살이, 감옥살이를 잘 해냈을 뿐 아니라 총리로 부상했을 때 일을 척척 처리해나갔다. 자기 자신도 잘 다스렸다. 그 결과 그는 죽을 때까지 총리직에 머물렀다.

3) 주어진 환경에서 열심히 배웠다.

그는 보디발 집에 있었을 때 재무와 인사를 배웠다. 감옥에 있을 때는 이집트의 궁중예절과 상류사회의 언어를 익혔다. 이런 배움은 그가 나중에 총리가 되었을 때 큰 우군이 되어주었다.

4) 훌륭한 계획자였다.

그는 이집트의 7년 풍년과 7년 흉년이 들 것을 미리 알고, 이를 대비한 계획을 왕에게 말했다. 14년간의 장기계획을 세울 수 있었던 사람이었다. 그는 풍년 때 곡식 소출의 20%를 저축했다. 그리고 흉년 때 그 곡식을 사용했다. 오늘날에도 요셉의 방식에 따라 자신의 수입 20%를 꾸준히 저축한다면, 수입이 없는 날에 충분히 견딜 수 있다. '풍년'이란 수입이 많은 때가 아니라 '먹고살 만한 때'이다. 요셉처럼 평소에 준비를 철저히 하면 위기 때 근심을 면하게 된다. 요셉은 유비무환의 원리를 알고 실시했다. 어느 학자는 그가 고대 최초의 사회사업가라고 평했다. 그는 계획성 있게 모든 국가를 처리해서 왕으로부터 신임을 받았고, 백성들로부터 사랑과 존경을 받았다.

5) 과거를 잘 청산한 사람이었다.

과거를 잘 청산하는 것은 훌륭한 시간관리 비법이다. 요셉이 총리 대신으로 있을 때 10명의 형들이 곡식을 사러 요셉에게 왔다. 이때 요셉은 형들에게 충분히 복수할 수 있었다. 그러나 그는 오히려 관용을 베풀고 그들을 이주시켜 잘 살게 해주었다. 과거를 청산한 그는 모든 사람이 우러러볼 만한 훌륭한 인격자였다. 그는 겸손했기 때문에 관용을 베풀 수 있었다.

학습과 토의를 위한 질문

1. 이순신의 시간사용법 중에서 가장 특이한 점은 무엇인가?

2. 벤저민 프랭클린의 시간사용법 중에서 가장 특이한 점은 무엇인가?

3. 드와이트 아이젠하워의 시간사용법 중에서 가장 특이한 점은 무엇인가?

4. 나카무라 슈지의 시간사용법 중에서 가장 특이한 점은 무엇인가?

5. 위인이 되었다고 상상하고, 위인처럼 행동해보자.

12장
시간관리의 좋은 습관들

자신이 먼저 변하지 않으면 환경의 변화는 아무 도움이 되지 않는다.
*A change in surroundings will not help you unless you have first
made a change in yourself.*

✔ 습관의 위대한 힘

　우리는 살아가면서 좋은 습관과 나쁜 습관을 아울러 형성한다. 행동을 여러 번 반복하면 습관이 되는데, 이 습관은 성격의 일부가 된다. 따라서 우리가 살아가면서 운이 좋은 것보다 좋은 습관을 형성하는 것이 훨씬 더 중요하다.

　《상실의 시대》의 저자 무라카미 하루키의 라이프스타일이 많은 사람에게 교훈을 주면서 관심의 대상으로 떠올랐다. 그는 오전 4시 전후로 일어나 신선한 커피 한 잔을 내려 마신 후, 곧바로 책상 앞에 앉아 원고를 쓴다. 오전 10시까지 6시간 동안을 집필에 몰두한다. 그 후 숲 속을 10km 달린다. 그는 오전 시간을 허투루 쓰지 않고 충실히 활용하는 셈이다. 바쁘다는 핑계로 어영부영 시간을 보내는 사람과 비교하면 정오가 채 되기 전에 며칠의 인생을 산 것이다. 보통 사람은 제대로 누리지 못하는 자기만의 시간을 갖으면서 말이다. 오후 시간에는 번역 작업을 하거나 중고음반 가게를 돌아다니고, 장을 봐서 저녁을 지어 먹은 뒤 책을 읽다 밤 10시경 잠자리에 든다. 그는 생활을 단순화하여 순간순간을 충만하게 살아간다.

　좋은 습관은 성공으로 이끄는 위대한 안내자이며, 시간을 벌 수 있도록 도와준다. 우리는 좋은 습관을 부단히 기르고 나쁜 습관을 용감하게 없애는 노력을 해야 한다.

　그럼 지금부터 시간관리를 위한 좋은 습관이란 무엇인지 알아보자.

✔️ 얼리버드형 인생

현대그룹 창업자 고 정주영 회장은 재임 시절 오전 3시에 일어나서 5시에 조식을 한 다음, 출근했다고 한다. 그는 전형적인 '얼리버드'형의 기업인이었다. 전 세계 부자의 90% 이상이 고 정주영 회장처럼 다른 사람보다 적어도 3시간 전에 일어나서 활동한다고 한다.

새벽에 일어나는 사람을 '종달새'형이라고 하고, 늦게 일어나는 사람을 '올빼미'형이라고 한다. 이런 수면 습관 차이는 사회생활뿐 아니라 건강에도 영향을 끼칠 수 있다.

새벽에는 황금시간이 존재한다. 같은 1시간이라도 새벽 시간에 일하면 오전에 일하는 것보다 2배의 능률이 오르고, 오후나 밤에 일하는 것보다 4배의 능률을 올릴 수 있다. 특별히 방해하는 요인이 없어서 일에만 집중할 수 있기 때문이다. 새벽에 일어나서 2시간만 일에 집중한다면, 하루 일과의 80%를 능히 해낼 수 있다.

많은 사람이 '시간은 없고 할 일은 많다'라는 증후군에 시달린다. 시간이 부족하다 보니 일은 산더미처럼 쌓이기 일쑤다. 대체 어떻게 하면 이 증후군에서 벗어날 수 있을까. 한 가지 훌륭한 대안은 새벽에 일어나는 것이다. 성공하기 위해서는 얼리버드형 인간이 되어야 한다.

얼리버드형의 이점은 의외로 많다. 먼저 일찍 일어나면 하루를 기분 좋게 시작할 수 있다. 늦잠 자는 일이 없으므로 허둥지둥 서두르지 않아도 되고, 여유 시간이 생겨 그날그날의 과제를 대부분 마칠 수 있다.

반면 늦게 일어나면 하루에 마칠 수 있는 일도 다음 날로 넘어가는 수가 허다하다. 활동하는 시간이 상대적으로 부족한 탓이다.

새벽에 일어나서 활동하면 피곤을 풀기 위해 일찍 잠자리에 들게 되어 숙면을 취할 수 있다. 숙면으로 최상의 컨디션을 유지하면 자연스레 능률도 올라간다. 특히 여름철에는 다른 사람보다 더 능률을 올릴 수 있다. 무더운 여름철에 마음 놓고 집중해서 일할 수 있는 시간은 새벽뿐이다.

얼리버드형이 되어야 하는 중요한 이유는 바쁘고 복잡한 시대를 살아가면서 새벽 시간 외에는 집중할 수 있는 시간, 자기가 마음대로 이용할 수 있는 시간을 갖기 힘들기 때문이다. 매우 바쁜 일정 속에서 일하는 사람이라면 새벽에 2시간, 혹은 3시간을 할애하여 일을 처리해보자. 바쁜 생활에서 해방되어 여유를 찾을 것이다.

✔ 기회를 포착하는 힘

기회를 포착하는 것이 성공하는 데 얼마큼의 비중을 차지할까? 열심히 일하는 것이 10%, 다른 사람들에게 좋은 인상을 심어주는 것이 20%, 그리고 적절한 기회를 잡는 것이 무려 70%를 차지한다고 한다. 그런데 대부분의 사람은 열심히 노력하는 것을 성공의 제1요인으로 착각하고 있다. 이제는 기회를 보는 새로운 눈을 떠야 한다. 기회를 잡으면 행운이 연달아 온다. 기회에 대한 예민한 감각을 지니는 것이 행운을 부르는 지름길이다.

사람들은 자주 주어진 기회를 놓친다. 그 이유는 무엇인가? 가장 큰 원인은 행동이 늦기 때문이다. 기회는 느닷없이 찾아오고 순식간에 지나간다. 그래서 기회가 올 때 즉시 잡아야 한다. 시간은 우리를 기다려주지 않는다. 기회는 시간과 함께 흘러가버린다.

기회를 놓치는 또 다른 원인은 할 수 있는데도 하지 않았기 때문이다. 독일의 한 시인은 이렇게 말했다.

"우리의 삶은 언제나 두 가지로 형성된다. 즉, 하고 싶지만 불가능한 것과 가능하지만 실천하지 않는 것이다."

우리는 이런 질문을 하면서 살아가야 한다.

"지금 내가 해야 할 일은 무엇인가?", "지금 하지 않으면 나중에 후회하게 될 일은 무엇인가?", "나는 중요하게 생각하는 것을 실천하고 있는가?"

살아 있다는 것은 좋은 기회를 언제든 얻을 수 있으며, 무엇이든지 도전할 가능성을 가진다는 것을 의미한다. 지금까지 찾아온 기회를 놓쳤다면, 과거는 잊고 앞으로 자신에게 찾아올 황금 같은 기회들을 잘 포착하기 바란다.

✅ 미리미리 하기

E여대 C교수는 하버드대학에서 석사와 박사 과정을 밟을 당시, 학비와 생활비를 벌기 위해 기숙사 사감을 맡아 7년간이나 일했다. 하버드대 학생들의 공부량은 상당하다. 시험 기간에는 하루 18시간 이상 공부하고, 잠은 고작 2~3시간 잔다. 수시로 내는 에세이 등 과제물도 쉽지 않다. 그래서 졸업생들은 "하버드대만 졸업하고 나면 인생이 아주 쉬워진다"고 한다. C교수는 하버드대학에서 많은 학생을 만날 수 있었다. 그중에는 설렁설렁 노는 것 같은데 성적이 기가 막히게 좋은 학생들이 더러 있었다. C교수는 그들을 유심히 살펴보고, 비법을 알아냈다.

핵심은 '예정보다 10일 먼저 해치우기', 즉 일정을 열흘 앞당겨서 처리하는 것이다. 읽어야 하는 책, 써야 하는 에세이, 발표 준비 들을 모두 열흘 전에 끝낸다. C교수는 자기도 그렇게 해보았다. 물론 처음에는 열흘 분량의 일을 미리 해치워야 하는 탓에 시행착오를 겪었다. 이전의 습관 때문에 포기하고 싶은 순간도 있었지만, 결국 '10일 먼저 사는' 우등생이 되었다. C교수는 하버드대학에서 좋은 성적으로 졸업했다.

어느 회사의 사훈은 'Miri Miri'이다. 좋은 사훈이라고 생각된다. '미리미리 하기' 습관은 서두름과 졸작을 예방해주는 아주 좋은 습관이다.

해야 할 일을 미리미리 하면 심리적 부담감에서 해방되어 마음이 편안해질뿐더러 더 많은 기회를 얻을 수 있다. 또한, 예기치 않은 사고를 예방할 수 있고, 여유 시간을 가질 수 있다. 평소에 '미리미리'라고 속삭이면서 준비하는 습관을 길러라. 각종 사고와 부실을 예방할 수 있을 것이다.

✔ 바로 실행하는 습관

영어로 'Do it now!'라고 한다. 바로 실행하는 습관은 좋은 습관이다. 미루는 습관을 극복하는 데 바로 실행하는 것만큼 탁월한 방법도 없다. "다음에 하자"라는 습관을 "지금 해야지"라는 습관으로 바꾼다면 삶에 매우 긍정적인 변화가 일어난다.

일반적으로 사람들의 실행력은 매우 약하다. 결심한 것을 행동하는 힘을 키우는 것이 인생 최대의 과제이다. 그러면 어떻게 실행력을 키울 수 있을까?

가장 간단한 방법은 너무 곰곰이 생각하지 말고 바로 실행하는 것이다. 어떤 목표를 선택했으면 그것을 향해 전진하는 것이다. 일단 실행한 후에 얼마든지 수정할 수도 있고, 확장할 수도 있다. 작가가 글을 쓸 때 묘안이 떠오르지 않아도 책상에 앉아서 쓰기를 시작하면 이상하게도 아이디어가 쏟아져 나오는 것과 마찬가지다. 따라서 일단 결단하고 실행하는 것이 바람직하다.

구체적인 목표를 선택하는 것이 어려울 수도 있다. 하지만 그렇다고 결단을 늦춘다면 아무것도 이룰 수 없다. 가만히 있지 말고 항상 조금씩 행동해보라. 일을 잘하는 사람들은 늘 조금씩 조금씩 수행한다. 그들은 '안 하는 듯이', '매우 쉽게', '가벼운 마음'으로 일을 대한다. 하나가 끝나면 다른 하나를, 다른 하나가 끝나면 또 다른 하나를 하면 된다. 소위 게릴라처럼 '야금야금'하는 것이다.

✅ 메모 습관

시간관리를 잘하는 사람들의 특징 중의 하나가 메모하는 습관이다.

많은 위인이 메모광이다. 다산 정약용은 550권의 저서를 남겼는데, 책을 읽을 때마다 필요한 것을 메모하고 집필할 때 적절히 이용했다. 미국의 링컨 대통령은 항상 모자 속에 종이와 연필을 갖고 다니다가 좋은 말을 듣거나 영감이 떠오르면 바로 기록했다.

무엇을 적는 행위는 뇌세포를 자극하여 두뇌를 균형적으로 발달시키고 인지능력을 높인다. 메모를 하면 복잡한 일상을 일목요연하게 정리할 수 있고, 마음을 안정시키는 효과를 얻는다. 또한, 방대한 정보 중 필요한 것만을 걸러내 효율적으로 사용할 수 있다. 휴대전화, 컴퓨터, TV, 각종 정보지 등을 통해 쏟아지는 정보를 관리하기 힘든 오늘날 메모 습관을 기르는 것은 매우 중요하다.

메모하는 데 필요한 요령 세 가지를 알아보자. 우선 언제 어디서든 메모하는 것이다. 머릿속에 떠오른 생각은 그 자리에서 바로 기록하는 것이 좋다. 산보할 때, 목욕할 때, 다른 사람과 대화를 나눌 때, TV 볼 때 등 언제 어디서든 메모하라. 둘째, 어디를 가든 필기도구를 지니고 간다. 마지막으로 상황을 기억할 수 있도록 키워드 위주로 정리한다. 메모는 길게 할 필요가 없다. 순간의 느낌과 분위기를 포착하기 위해서는 시간을 허비해서는 안 된다.

메모하지 않는 가장 큰 원인은 메모의 중요성을 모르기 때문이다. 메모의 중요성을 안다면 어떤 방식으로든 메모하게 될 것이다. 또 다른 원인은 한 번 보고 들은 것을 모두 기억할 수 있다고 착각하기 때문이다. 하지만 기억하려고 애쓴다고 해도 시간이 지나면 모든 기억을 재생하기 힘들다. 아무리 좋은 기억도 기록하는 것보다는 못하다.

✔️ 몰입

플로우(flow)라는 개념을 만들어낸 헝가리 출신의 심리학자 미하이 칙센트미하이는 "인간은 플로우를 체험할 때 더욱 행복해진다"고 했다. 플로우는 몰입 혹은 집중을 뜻한다.

몰입은 그 순간이 좋아 그 순간에만 충실히 몰두하는 것을 의미한다. 놀이에 열중한 아이들을 보면 잘 알 수 있다. 놀이에 푹 빠진 아이들은 시간이 가는지 오는지 전혀 신경 쓰지 않으며, 그 놀이가 자신에게 어떤 이익을 가져다줄까 하는 질문은 결코 하지 않는다. 그들은 스스로 도전을 찾아 나서며 흔쾌히 몰입에 빠지는 명수다. 아이들을 모범으로 삼아 그 속도에 맞춰 지내다 보면, 아주 유쾌하고 편안한 순간을 맛볼 수 있다.

그렇다면 아이들은 왜 몰입을 잘할까. 호기심이 많고 노는 것을 지극히 좋아하기 때문이다. 누구나 자기가 좋아하는 일에는 고도의 집중력을 보이기 마련이다. 그런데 성인이 될수록 무언가에 집중하기가 힘들어진다. 관심을 갖는 대상이 많아지고 생각이 여러 갈래로 분산되기 때문이다. 해야 할 일이 많은 탓에 어디에 초점을 둬야 하는지 혼란스럽다. 그러므로 성인은 의도적으로 집중력을 강화하는 습관을 길러야 한다.

일하든 놀이를 즐기든 어떤 일에 몰두하는 것은 가장 효과적인 시간 관리 방법이다. 어떤 일에 몰두하면 시간이 멈춘다. 존재하는 것은 '여기'와 '현재'뿐이다. 과거와 미래도 현재라는 시간 속에 포함된다. 연구에 몰두하고 있는 과학자, 음악에 몰두하고 있는 연주자들, 연애에 몰두하고 있는 남녀, 경기에 몰두하고 있는 운동선수, 춤에 몰두하고 있는 댄서들은 몰입을 경험하며, 시간이 언제 흘러가는지 의식하지 못한다. 이렇듯 시간이 가는 줄 모르고 어떤 일에 집중하는 것이 능률을 최대한 높이는 방법이다.

하루에 집중하는 시간이 얼마나 되느냐에 따라 그날을 얼마나 충실하게 보냈는지 판가름할 수 있다. 어영부영 돌아다니고 대충대충 일을 하는 사람은 몰입을 체험하지 못한다.

집중하는 습관을 기르기 위한 요령을 다음과 같이 제시한다.

1) 자기가 하는 일을 좋아하라. 흥미 있는 일에는 푹 빠지기 마련이다. 하기 싫고, 재미없는 일을 할 때는 집중이 안 된다.
2) 분명한 목표가 있으면 집중이 잘 된다. 따라서 매사 정확한 목표를 세운다.
3) 한 가지 일에 장시간 집중하면 질리기 쉽다. 적당히 일하고, 적당히 휴식해야 한다. 긴장과 이완이 원활히 이루어져야 집중이 잘 된다.
4) 지나치게 높은 목표를 세우면 집중이 잘 안 된다. 큰 목표를 작은 목표로 나누어 한 가지씩 성취해나간다.
5) 마감시간을 의식하면서 일하면 집중이 잘 된다.
6) 규칙적인 식습관과 수면 습관으로 좋은 컨디션을 유지해야 집중이 잘 된다.
7) 집중을 방해하는 각종 요인, 즉 심리적 요인 및 환경적 요인 등을 다스려야 집중이 잘 된다.

✔ 현명하게 거절하기

우리는 일을 앞에 놓고 두 가지 결정을 할 수 있다. 하나는 '하자'이며, 또 하나는 '하지 말자'이다. 해야 할 것을 하며, 하지 말아야 할 것을 하지 않는 것이 삶의 지혜이다. 사람의 보편적인 성향은 '하는 것'에 치우친다. 하지만 무엇을 '하는 것' 못지않게 무엇을 '하지 않는 것'도 중요하다는 사실을 알아야 한다.

효과적인 시간관리 습관 중 하나는 '거절(No!)'이다. 일의 효율을 10%만 높여도 대단한 성과를 거둘 수 있다. 하지 말아야 할 것을 하지 않는 것은 효율을 100% 높이는 결과를 가져온다. 거절만으로 가만히 앉아서 엄청난 시간과 물질을 얻는 것이다. 그런데 많은 사람이 우유부단한 태도를 보이거나 정에 치우쳐서 거절의 기술을 활용하지 못하고 있다. 이것은 큰 낭비이다.

우리는 다른 사람들과 자신에게 분명히 "안 돼!"라고 말할 수 있어야 한다. 거절은 매우 간단한 기술이지만 아주 중요하다. 거절하지 못하면 시간을 제대로 관리할 수 없다. 사람은 일처리 능력이 높아질수록 더 많이 일하는 경향이 있다. 그러나 일을 많이 하기보다 일을 안 하는 것이 긍정적인 결과를 낳기도 한다.

물론 거절하는 일이 쉽지 않다. 하지만 거절해야 할 때 거절하지 못하면 시간과 신용을 잃을 수 있다. 생각 없이 약속을 하고 울며 겨자 먹기식으로 행동한 적이 얼마나 많은가?

그러면 무엇을 거절해야 할까? 단기적으로는 이익을 내지만 장기적으로는 손해를 끼치는 일, 자기 능력치를 벗어나는 일, 계획에 포함되지 않은 일 등이다. 그런데 무조건 거절하면 인간관계에 어려움을 겪을 수 있다. 상대방의 요구를 들어줄 수 없다면 문제를 해결하는 데 필요한 정보 및 아이디어를 제공하거나, 관심과 동정을 표명하는 것이 좋다.

✔ 사물을 단순하게 만들기

단순은 영어로 simple이라고 하며, 한문으로는 單純이라고 한다. 단(單)은 오직 하나이며, 독특한 것을 뜻한다. 순(純)은 완전하여 섞인 것이 없다는 뜻으로, 색깔로 말하면 한 가지 색이다. 그러므로 단순이란 순전하여 섞인 것이 없는 오직 하나를 말한다.

단순한 모습이 가장 인간다운 것이다. 단순한 모습이야말로 가장 위대한 삶의 모습이다. 역사상 뛰어난 위인들의 삶은 의외로 단순하다. 톨스토이는 "참으로 중요한 일을 하고 있는 사람은 누구나 항상 단순하다. 왜냐하면 쓸데없는 일을 생각할 틈이 없기 때문"이라고 말했다. 사실 우리가 바로 살지 못하는 가장 큰 이유는 복잡하게 계산하고 생각하기 때문이다. 단순하게 살아도 될 것을 사람들은 복잡하게 산다.

현대 사회는 "더 많이, 더 좋게, 더 빨리!"를 강요한다. 직장인들은 홍수처럼 밀려드는 정보와 업무에 파묻혀 떠내려가고 있다. 정말 중요한 것이 무엇인지 생각할 겨를도 없이 일에 파묻혀 하루를 보내기 일쑤다. 그들의 입에서는 "절차가 너무 복잡해", "잡무가 왜 이리 많아!", "열심히 일하는데 왜 성과는 나타나지 않지?"라는 불만이 쏟아져 나온다.

일을 단순하게 처리하는 방법을 배운다면 좀 더 신속하고 효과적인 의사결정을 할 수 있다. 잭 웰치 전 제너럴일렉트릭(GE) 회장은 자신의 책상에 올라오는 모든 서류는 결코 한 장을 넘겨선 안 된다는 원칙을 내걸고 수백억 달러가 넘는 투자 건도 한 장의 보고서만 검토했다. 스티브 잡스 또한 열정적으로 '단순함'을 추구했는데, 그는 단순해질 때까지 쓸데없는 요소를 계속해서 제거했다고 한다.

그런데 단순화하는 작업은 단순하지 않다. 책 한 권의 내용을 한 줄로 요약하는 과제를 해야 한다거나, 카피라이터가 광고 문안을 한 줄로 작성하는 것은 절대 쉽지 않다.

단순화하려면 본질에 초점을 맞추고, 부차적인 요소나 군더더기는 과감히 없애야 한다. 또한, 무엇을 빼고 무엇을 그만둘지 심사숙고해서 결정해야 한다. 레오나르도 다 빈치는 "단순함은 고도의 정교함이다"라고 말했다.

가만히 돌이켜보면 업무나 일상생활에서 줄이거나 뺄 수 있는 목록이 참으로 많음을 알게 될 것이다. 일상을 단순화하는 기술을 익혀라.

✔ 낮잠

시대가 변할수록 수면 시간은 계속해서 감소해왔다. 하지만 수면 부족은 여러 가지 후유증을 불러온다. 잠이 부족하면 업무 효율이 떨어질 뿐만 아니라 각종 실수와 교통사고 등이 발생한다. 비만과 당뇨병도 잘 생긴다. 잠이 부족한 사람은 스트레스나 피로와 싸우기 위해 더 많이 먹는 경향이 있기 때문이다.

한국인의 하루 평균 수면 시간은 6.5시간으로, 미국의 7.5시간보다 1시간이 적다. 특히 한국의 청소년은 공부로 인해 하루 수면 시간이 절대적으로 부족하다고 한다. 효과적인 수면 관리는 개인 문제를 넘어 사회 문제가 되어버렸다. 청소년은 일찍 자고 일찍 일어나는 것이 좋으며, 하루 7~8시간 잘 수 있도록 반드시 배려해야 한다.

비즈니스맨은 잠이 부족하다. 많은 업무와 프로그램을 소화해내려면 잠자는 시간을 줄이는 수밖에 없다. 따라서 새로운 수면 방법을 찾지 않으면 안 된다. 밤잠이 부족하다면 낮잠이 그 대안이다.

Y사장은 매일 오전 4시에 기상해, 3시간 정도의 새벽 시간을 활용한다. 8시 30분에 회사에 도착한다. 12시에 점심식사를 마치고, 1시에 사무실로 들어온다. 그러면 창문에 커튼을 치고 의자에 편안하게 앉아서 낮잠을 청한다. 식후라 잠이 잘 온다. 25분간 낮잠을 자고 일어나서 15분간 스트레칭을 한다. 그리고 1시 40분에 오후 업무를 시작한다. 그는 매일 자는 낮잠을 '꿀잠'이라고 부른다. 낮잠을 자면 기분이 좋아지고 에너지가 충만해져서 오후 일과를 활기차게 해낼 수 있다.

그 외에도 낮잠을 즐긴 위인들이 많다. 아인슈타인은 낮잠을 일상생활의 하나로 만들었다. 에디슨과 처칠 또한 그랬다. 트루먼, 아이젠하워, 케네디, 존슨 같은 미국 대통령들도 낮잠이 과중한 일에 따른 부담에 맞서는 가장 유용한 방패임을 알고 있었다.

낮잠은 부족한 밤잠을 보충해주는 역할을 하지만, 밤잠이 부족하지 않더라도 규칙적으로 낮잠을 잘 필요가 있다. 짧은 낮잠은 한숨 돌릴 휴식을 제공하고, 일의 능률을 높여준다. 장기적으로는 치매도 예방한다.

문제는 언제, 얼마나 낮잠을 자야 하는지를 아는 것이다. 몸은 언제나 동일한 패턴을 유지하려고 한다. 그러므로 낮잠도 매일 정해진 시간에 자는 것이 좋다. 점심식사 패턴에 따라서 보통 12시~3시 사이에 자는 것이 무난하다. 짧게는 15분부터 길게는 40분을 잔다. 어린아이는 40분 정도, 성인은 25분 내외로 낮잠을 자는 것이 적당하다. 낮잠이 너무 길면 밤잠을 설칠 수 있으니 유의해야 한다. 불면증이 있는 사람은 가급적 낮잠을 피한다.

장소는 아무 곳이든 상관없다. 사무실, 자동차 안, 정원 의자, 조용한 카페 등에서 잠을 청할 수 있다.

이렇게 스스로 시간을 정해서 낮잠을 잘 수 있는 사람은 다행이다. 모든 사람이 자고 싶을 때 자고, 일하고 싶을 때 일할 수 있는 자유를 누리는 것은 아니다. 그러나 가능하다면 한번 시도해보고, 생체리듬 측면에서 낮잠을 자는 편이 생산적인지 검토해보라. 낮잠의 효용을 알지 못했다면 이제부터라도 정기적으로 시간을 정해서 낮잠을 즐겨보라. "누군들 낮잠이 좋은 줄 몰라서 안 자는가?"라는 말은 하나마나다. 낮잠에 투자하는 것이 수지맞는 일이라는 것을 실감한다면 낮잠을 왜 마다하겠는가. 자기 시간을 통제할 수 있다면 매일 정기적으로 낮잠을 즐겨 에너지를 재충전해보자.

✅ 인내와 끈기

재능이 많다고 해서 반드시 성공하는 것도 아니고, 교육을 많이 받았다고 해서 반드시 성공하는 것도 아니다. 그러나 인내가 있으면 반드시 성공한다. 누구나 우공이산(愚公移山)의 철학을 신뢰하고 이대로 행한다면, 성공하지 못할 이유가 하나도 없다.

괴테는 60년에 걸쳐 《파우스트》를 완성했다. 악성 베토벤도 제9번 교향곡(일명 합창 교향곡)을 작곡하는 데 무려 29년이 소요되었다. 뉴턴은 말년에 "내가 발견한 것 중에 가장 귀중한 것은 인내였다"고 말했다. 또 그리스의 철학자 에픽테토스는 "포도 한 송이가 만들어가는 데도 과정이 있고 세월이 걸린다. 우선 꽃을 피게 하고, 그다음에 열매를 맺게 하고, 또 그다음에 여물게 한다"고 했다. 무슨 일이든 차근차근 단계를 충실히 거치며, 인내를 통해 성과를 거두어야 한다. 너무 조급해할 필요도 없고, 너무 결과에만 집착해서도 안 된다. 인생이란 결과보다 그곳에 이르는 과정이 더 중요하다. 괴롭고 힘든 길이라도 과정 자체에 의미가 깔려 있기 때문에 느긋한 마음으로 인내하며 꾸준히 걸어가야 한다.

한국인은 원래 '은근과 끈기'의 민족이었다. 그런데 빠른 것이 미덕인 현대 사회에서 인내력을 발휘하기란 힘들다. 인내력을 기르기 위한 훈련은 괴롭다. 그러나 참고 견디는 힘이 없고서는 아무것도 성취할 수 없다. 외부의 상황과 마음의 동요가 생기더라도 자신의 위치를 잃지 않고 내면의 평화를 유지해야 한다. "그대는 마음의 뜰에도 인내를 심어라.

그 뿌리는 쓰지만 그 열매는 달다"라는 명언을 기억하라.

우리는 당장 밥벌이가 되지 않는 일에 수십 년 매달리기 매우 어렵다. 그런데 특히 사업은 아주 장기적이고 지속적인 노력을 필요로 한다. 따라서 지름길은 없다는 점을 명심하고, 끈덕지고 집요하게 업무에 몰두해야 한다. 경제와 마찬가지로 사업도 한 번에 한 걸음씩 걷는 것이다. 갖가지 사소한 일과 결정, 행동, 아이디어 같은 여러 걸음이 모여서 사업이 된다. 오랫동안 정체 상태에 빠지지 않는다면 꿈은 이루어질 것이다. 재능보다 더 중요한 성품은 끈기이다.

장기적으로 혹은 단기적으로 이루어야 할 목표를 위해 매일 2시간씩 고정적으로 시간을 투입해보라. 놀랄 만한 결과를 얻게 될 것이다.

학습과 토의를 위한 질문

1. 앞에 설명한 여러 가지 습관을 익히기 위한 구체적인 행동 단계를 적어보자.

2. 나의 시간관리 장점을 기록하고, 그것을 다른 사람과 나누어보자.

3. 앞에 설명한 습관 중에서 자신이 가장 취약한 부분은 무엇인가?

4. 끈기를 기르기 위한 방법을 찾아보고, 그것을 다른 사람과 나누어보자.

13장
항상 배우고 늘 새로워지는 것만이 살 길이다

노력하면 더 나이지기 마련이고, 아무것도 하지 않으면 더 나빠진다.
Change for the better requires effort. Change for the worse needs none.

✅ 생존하려면 끊임없이 혁신해야 한다

개인, 단체, 국가가 생존하려면 끊임없이 혁신해야 한다. 어느 것도 예외가 될 수 없다. 매일 새롭게 변화해야 한다.

조선 후기 정조는 새로운 시대로의 대전환을 꾀했다. 그러나 그의 사후 개혁은 중단되었고, 우리는 우물 안에 갇혀 있다 국권을 잃고 말았다. 우물 안의 개구리는 자기 신세를 비관하지 않는다. 위기의식이 없기 때문이다.

우리 안에서 혁신을 저항하는 요소는 무엇인가? 바로 '익숙함'이다. 익숙해지면 편안해지고, 편안해지면 새로운 시도를 하려고 하지 않는다. 타성에 빠지면 여간한 자극이 아니고서는 그 상태에서 탈출하지 못한다. 변화하고 싶다면 익숙함과 타성으로부터 탈출해야 한다. 그러기 위해서 시시때때로 신선한 자극이 필요하다.

이스라엘 북쪽에는 해발 2,814m 높이의 헤르몬 산이 있는데, 여름에도 눈이 덮여 있다. 눈이 녹아 요단강을 이루고, 요단강이 흘러서 갈릴리라는 호수를 형성한다. 그 물이 넘쳐서 또 요단강을 이루고, 그 물이 흘러서 사해로 들어간다. 사해는 지구상에서 가장 낮은 호수이므로 물이 흘러들기만 하고 흘러나오지 않는다. 이름 그대로 물고기와 생물이 살지 못하는 죽음의 바다이다. 반면에 갈릴리 호수는 물이 늘 신선해서 수많은 물고기와 각종 생물들이 살고 있다. 이처럼 삶에 있어서도 변화를 추구하면 생명을 유지하게 되고, 변화하지 않으면 죽게 된다. 옛날

성인은 '일일신우일신(日日新又日新)'이라고 했다. 하루하루를 새롭게 하고, 또 날마다 새로워지라는 뜻이다.

루이스 캐럴이 쓴 동화 《이상한 나라의 앨리스》의 속편 《거울 나라의 앨리스》에는 앨리스가 붉은 여왕의 손에 끌려 달리는 장면이 나온다. 한참을 달렸는데도 이들은 제자리에 있다. 앨리스는 숨을 헐떡이며 붉은 여왕에게 "왜 계속 이 나무 아래인 거죠? 내가 살던 곳에서는 이렇게 오랫동안 빠르게 달리면 다른 곳에 도착하는데 말이에요"라고 묻는다. 붉은 여왕은 "여기선 있는 힘껏 달려야 지금 그 자리에라도 계속 있을 수 있단다. 다른 곳에 가고 싶으면 아까보다 최소한 두 배는 더 빨리 달려야 해"라고 대꾸한다.

적자생존은 진화론의 한 원리다. 만약 아무것도 하지 않으면 현 상태를 지키는 것은 고사하고 뒤로 밀려나 멸종하게 될 것이다.

✔ 작가 그린이 말하는 마스터리(대가)의 법칙

미국의 유명한 베스트셀러 작가인 그린은 누구나 자신에게만 있는 고유한 특질을 찾아내 발전시킨다면 보통의 인간도 천재의 경지에 오를 수 있다고 했다. 단, 끈질긴 열정과 2만 시간에 가까운 혹독한 수련이 뒷받침되어야 한다고 덧붙였다. 그는 천재에 얽힌 이야기는 대부분 허구라고 말하면서, 모차르트가 5세부터 음악을 작곡한 신동이라는 것은 사실이 아니라고 했다. 모차르트가 독창적으로 작곡하게 된 시기는 작곡을 시작한 지 10년이 훨씬 넘어서라는 것이다. 아인슈타인도 1905년 상대성 이론을 발표하기 전까지 약 1만 시간을 연구에 몰두했다고 한다. 천재라고 불리는 인물들 모두 본능적 열정 위에 뼈를 깎는 수련을 거쳐 불멸의 천재로 거듭났다는 것이다. 뒤집어 말하면 누구나 천재가 될 씨앗을 품고 태어났다는 이야기이다.

모든 사람은 태어날 때부터 그 사람만이 갈 길이 있다. 본래의 능력을 충실히 개발하는 것이 운명이자, 대가에 이르는 길이다. 만약 이에 따르지 않으면 흐르는 물결을 거슬러 오르는 것과 같이 힘겹고 불만족스러운 삶을 살게 된다. 이 이론은 진실이다. 많은 학부모가 자녀들의 적성을 무시한 채 일류 대학에 보내려고 하는데, 어쩌면 자녀들의 앞길을 망치는 것일지도 모른다. 일류 대학에 진학했다고 해도 적성에 맞지 않는 전공을 택했다면 행복하지도 않고 보람도 얻지 못하게 된다. 자신의 재능을 찾고, 이를 연마하는 것이 최상의 길이다.

✅ 고슴도치형, 여우형, 오리형

학자들은 그 사람이 지니고 있는 재능에 따라 사람을 '고슴도치'형과 '여우'형으로 나눈다. 고슴도치형은 한 가지 장기를 지니고 있는 전문가를 뜻하고, 여우형은 여러 가지를 다 잘하는 멀티 플레이어를 뜻한다.

어느 쪽이 더 나을까? 각기 유리하고 불리한 면이 다르기 때문에 어느 쪽이 낫다고 말할 수 없다. 양쪽 스타일을 융합한 것이 이상적이라고 할 수 있다. 즉, 블루오션과 같은 한 가지 뛰어난 장기를 갖추되 그 밖의 다른 능력도 골고루 갖추는 것이 좋다. 자신만이 갖추고 있는 고유한 특성은 이 세상을 살아나가는 핵심 동력이 될 수 있다. 그것이 자신만의 경쟁력이다.

그런데 '오리'형의 인간도 존재한다. 오리형은 여러 가지를 할 줄 알지만, 어느 한 가지를 특출하게 할 줄 모르는 사람을 뜻한다. 오리는 잘 날지도 못하고, 잘 걷지도 못하고, 제대로 헤엄치지도 못한다. 목소리도 탁하기 그지없다. 이 세상에는 '오리'형 인간들이 무수히 많다.

일생은 자신만의 특기를 개발하고 꿈을 이루기 위해 충분한 기간이다. 그런데 왜 특기자가 되지 못하는가? 목표가 없고, 우선순위가 자주 변하기 때문이다. 삶의 정열이 부족하기 때문이다. 천재와 둔재의 지능 차이는 매우 근소하다고 한다. 우리의 머리는 다 비슷비슷한 것이다. 결국 독하게 노력하는 방법밖에 없다. 시간을 쪼개 얼마나 더 집중해서 노력하느냐에 따라 인생의 성취도가 달라진다. 기회는 누구에게나 주어지지만, 평소에 꾸준히 준비하고 노력한 사람만이 낚아챈다.

✔ 110세 피아니스트

얼마 전 나치의 유대인 대학살 최고령 생존자 알리스 헤르츠 좀머 씨가 110세를 일기로 별세했다. 그녀는 체코 프라하의 유대인 가정에서 태어나 6세 때부터 피아노를 배웠다. 체코가 독일군에 점령당했을 때는 체코 필하모니 관현악단 피아노 연주자였으며, 결혼을 해 어린 아들을 두고 있었다. 사람들 대부분이 피란을 갔지만, 그녀는 병든 어머니를 돌보기 위해 남아 있기로 했다. 그러나 독일군은 병든 어머니를 억지로 떼어내 강제 수용소로 보내버렸다. 얼마 있다가 그녀와 남편, 아들도 다른 수용소에 감금됐다. 소름끼치는 악몽의 시작이었다.

그녀는 강제 수용소에서도 피아노를 연주하게 됐다. 히틀러는 수용소가 자유스럽다는 것을 선전하기 위해 음악회를 열게 했는데, 거기에 강제 동원됐다. 그 사이에 수용소에서는 매일 수백 명씩 질병과 영양실조로 죽어나갔다. 시체가 무더기로 쌓였다. 가장 큰 두려움은 강제 이송 명단에 오르는 것이다. 명단에 오르면 열차에 실려 아우슈비츠 집단 처형장 가스실로 보내졌다. 그녀와 남편, 어린 아들도 언제 그 명단에 포함될지 몰랐다. 어느 날 밤 수용소 다락으로 돌아오는데, 험상궂은 얼굴의 나치 친위대 장교가 길을 막아섰다. 그녀는 절망감에 휩싸였다. 그는 "당신의 연주회를 빼놓지 않고 봤소. 내 어머니도 피아니스트요. 고맙다는 말을 하고 싶었소. 두려워하지 말아요. 당신과 당신의 어린 아들은 가스실 이송 명단에 절대 넣지 않게 하겠소"라고 말했다. 그녀가 죽음의 수용소에서 어린 아들과 함께 끝까지 살아남을 수 있었던 것은 피아노 덕분이었다.

✅ 공부의 유익

공부의 유익은 이루 말할 수 없이 많다. 공부는 삶의 의미를 찾게 해 주고, 기쁨을 준다. 정신과 육체를 젊고 건강하게 유지시키는 것은 물론, 치매를 예방한다. 공부를 많이 하면 대화 소재가 풍부해져 의사소통이 활발하게 이루어진다. 환경 변화에도 잘 적응하게 된다.

공부하지 않으면 어떻게 되는가? 자신의 경험에만 의지하게 되고, 우물 안 개구리를 면치 못하게 된다. 교만과 편견, 독선에 빠져 사리분별을 명확히 하지 못한다. 무식한 탓에 용감하게 잘못을 저지른다. 변화나 발전 없이 제자리걸음만 하게 될 가능성이 크다.

현대 사회는 공부하기에 얼마나 좋은 조건이 갖추어져 있는지 모른다. 우리는 행복한 환경 속에서 살아가고 있다. 하지만 공부하지 않으면 아무리 좋은 조건이라도 무용지물이 되고 만다.

인생이 진행형인 것처럼 공부도 진행형이다. 끊임없이 배우자. 어른이 된 후에 공붓벌레라는 말을 듣는 것은 기분 좋은 일이다.

지식과 기술을 연마하는 것은 일생 계속해야 하는 과제이다. 높은 지위에 올랐고, 먹고사는데 지장이 없는 재력을 가졌다 할지라도 공부는 계속해야 한다. 공부를 통해서 더 나은 삶을 살아갈 수 있다. 누구도 하지 않는 특수한 분야를 공부해보는 것도 좋다. 그러면 남다른 기회가 많이 주어진다.

✔ 책을 읽지 않는 한국인

인도네시아 발리로 여행을 떠난 한 신문기자의 경험담이다. 그곳의 리조트 지배인이 말하기를 "가방에 담긴 짐만 보고도 어느 나라에서 온 여행객인지 맞힐 수 있다"고 했다. 기자는 지배인에게 한국인만의 특징이 있느냐고 물었다. 지배인은 "책이 없다(no book)! 한국인 여행객이 책을 읽는 모습을 좀처럼 볼 수 없다"고 대답했다. 리조트에는 도서관이 있는데 한국어로 쓴 책이나 잡지는 거의 찾아볼 수 없었다고 한다. 그것을 찾는 사람이 없기 때문이다. 일본인 여행객은 한국인 여행객보다 적은데도 일본어 책은 쉽게 눈에 띄었다고 한다. 발리 해변 곳곳에서도 책을 읽는 사람들을 쉽게 볼 수 있었다고 한다. 늦은 밤 마사지 가게에서 자기 차례를 기다릴 때도 사람들은 자연스레 가방에서 책을 꺼내 펼친다는 것이다. 지배인은 또 "한국인은 평소에 책을 많이 읽고 휴가 때는 쉬는 데에만 집중하는 것이냐"고 질문하더란다. 기자는 말문이 막힐 수밖에 없었다.

최근 통계에 따르면 한국은 1년에 한 권이라도 책을 읽은 사람의 비율이 OECD 국가에서 최하위라고 한다. 유엔 가입국 191개국 중에선 161등이라고 한다. 한국 사회와 개인이 크게 각성하여 독서량을 대폭 끌어올려야 하지 않을까?

초강대국 미국의 힘은 책에서 나온다고 한다. 미국인은 틈이 날 때마다 동네의 도서관에 가서 진지한 모습으로 책을 읽는다. 도서관의 주 이용객은 주부와 노인, 초·중학생이다. 노인과 주부들이 읽은 책을 한 아름 들고 와 반납하고, 새로운 책을 또 대여해간다.

우리는 시간이 넘쳐나도 책을 읽는 데 할애하지 않는다. 책을 읽는 것은 국민의 의무이다. 국민의 수준이 높아져야 나라가 발전할 수 있다.

우리 주위에는 비생산적인 모임이 많다. 특히 사람들은 밖에서 이루어지는 모임을 좋아한다. 먹고 마시고 즐기는 데 너무 많은 시간과 돈을 쓴다. 그러나 삶을 발전시키려면 의도적으로 기회를 만들어서 끊임없이 배워야 한다. 그래야 육체도 정신도 녹슬지 않는다. 공부하지 않으면 몸과 마음은 쉬이 녹슬어버린다. 끊임없이 배우고 익혀야 한다. 영원한 청춘처럼 살아갈 수 있다.

세상에서 가장 바쁜 사람 중 한 명인 빌 게이츠는 최근 NYT 인터뷰에서 1년에 50권 안팎의 책을 읽는다고 했다. 바쁠 때는 한 주에 한 권도 읽기 힘들지만, 휴가 때에는 가족과 함께 시간을 보내면서 4~5권은 거뜬히 읽는다. 그는 전자책보다 종이책을 고집하는 전통적 독서 스타일을 보인다. 또 "어린 시절 재미로 백과사전 읽기를 즐겼다"면서 자신의 독서 습관이 어릴 때부터 생긴 것이라고 말한다. 그는 "내가 원하는 책이라면 무엇이든 사주셨던 부모님을 둔 것은 행운이었다"고 회고했다.

아무리 바빠도 매일 시간을 내서 독서하라. 하루 15분씩만 해도 1년에 수십 권의 책을 읽을 수 있다.

✅ 독서 능력을 향상하자

어떤 분야든 발전을 이룩하는 데 가장 기본적인 수단은 독서다. 서양인이 잘 쓰는 말 가운데 "지도자는 독서가다(Leaders are readers)"란 말이 있다. 그런데 이제 사람들은 책을 읽는 대신 필요한 정보를 TV나 인터넷에서 구하려고 한다. 단편적 정보만 골라 수집하려 드는 것이다. 그보다 책을 읽는 편이 훨씬 유익하다. 전문서적뿐만 아니라 잡지에서도 좋은 정보를 얻을 수 있다.

당신은 최근 읽은 책이 무엇인지 기억할 수 있는가? 매월 책을 사는 데 얼마나 경비를 지출하고 있는가? 독서하는 데도 전략이 필요하다. 전략을 개발해 독서 능력을 향상해야 한다.

독서의 목적은 여러 가지가 있다. 즐거움이나 휴식을 얻기 위해서, 혹은 폭넓은 안목을 갖추기 위해서 책을 읽는다. 직업상의 발전이나 보다 훌륭한 인격자가 되기 위해서도 책을 읽는다.

직업을 가진 사람 가운데는 장기적인 독서 계획이나 전략 없이 일과 관계된 책만 읽는 사람이 많다. 통합적이고 장기적인 관점에서 볼 때 독서는 자아실현을 위해 반드시 필요하다. 다양한 독서를 통해서 인간은 성장하고, 인생에 대한 통찰력을 기른다.

우리는 독서를 통해서 동서고금의 위인들을 자유롭게 만날 수 있다. 한 권의 책을 통해서 저자가 수십 년 경험한 것을 불과 2~3시간 안에 터득할 수 있다. 1만 5천 원짜리 책을 읽었다면 부가가치는 150만 원 이상이 된다. 일찍이 소크라테스는 "다른 사람이 쓴 글을 읽는 데 시간을 투자하라. 그러면 다른 사람들이 힘써 얻은 바를 쉽게 얻을 수 있다"고 말했다.

독서 태도가 불량스럽거나 독서 기술이 뒤떨어져 있으면 시간을 낭비하게 된다. 독서하지 않는 사람도 시간을 낭비하는 것이다. 책에 기록된 사실이나 다른 사람의 경험에서 배우려고 하지 않는 사람은 시행착오를 많이 할 수밖에 없기 때문이다. 물론 실제 경험을 통해서도 많이 배울 수 있다. 하지만 누구든지 필요한 만큼의 경험을 할 수는 없다. 책을 통해서 간접 경험을 해야 하고, 필요한 지식을 얻어야 한다.

독서 능력은 인간의 종합 능력이다. 기억력, 이해력, 추리력, 상상력 등의 기본 능력과 보고 듣고 읽고 쓰는 등의 실제 능력이 종합되어 더욱 더 큰 효과를 낸다. 글을 읽을 수 있는 사람은 누구나 독서할 수 있는 것처럼 보이지만, 사실은 그렇지 않다. 독서 능력이 있어야만 가능하다.

이것저것 아무 생각 없이 기분 내키는 대로 읽기만 한다면 시간낭비에 지나지 않는다. 단순히 시간을 보내기 위해서 재미로 읽을 수도 있다. 그러나 인생을 하나의 통합된 목표를 가진 계획으로 이해한다면 독서도 분별력 있게 해야 한다. 독서를 인생의 목표를 이루어나가는 하나의 도구와 자원으로 삼아야 한다.

대부분의 사람은 시간이 없어서 책을 못 읽는다고 한다. 그럴듯한 변명 같지만, 실상은 그들의 삶이 비조직적이며 게으른 탓이다. 누구나 하루에 5분은 마련할 수 있다. 하루 5분씩 독서한다면 한 달에 2시간 30분간 하게 되고, 웬만한 교양도서 한 권은 충분히 읽을 수 있다.

책을 읽기 위해서는 목적의식이 뚜렷해야 하고, 책 읽는 시간을 적극적으로 마련해야 한다. 책 읽는 시간을 마련하는 방법에 대해서 리디아 로버츠는 다음과 같이 조언하고 있다.

1) 말하는 시간을 좀 줄여라.
2) 가방에 책을 넣고 다녀라.
3) 베개 밑에 책을 두고 잠이 안 오면 읽어라.
4) 매일 아침 15분만 일찍 일어나서 책을 읽어라.
5) 부엌에 있을 때나 옷을 입을 때, 혹은 전화를 걸 때 지니기 간편한 책을 지녀라.
6) 시간을 잘 지키지 않는 사람과 시간 약속을 했을 때는 책을 가지고 나가라.
7) 의사나 변호사를 만나러 갈 때는 당신이 읽고 있는 책을 가지고 가라. 그곳에 비치된 낡은 잡지를 왜 읽는가?
8) 교통이 혼잡한 때나 차를 수리하는 동안 기다리는 시간을 위해서

차에 아직 읽지 않은 책을 넣어두어라.

9) 여행을 다닐 때는 꼭 책을 지녀라. 더는 옆에 있는 사람과 잡담하지 말자.

10) 손안에 있는 책 한 권은 서점에 꽂힌 두 권의 책보다 가치 있다는 사실을 기억하라.

정보의 홍수 시대를 맞아 읽어야 할 것은 많은데, 시간은 부족하다. 부족한 시간 속에서도 책 읽을 시간을 될 수 있는 한 많이 마련해서 효율적인 독서를 해보자.

✔ 독서 계획을 새롭게 세우자

우선 자신이 왜 책을 읽는가를 분석하라. 신문은 많이 읽는데 책 읽기는 소홀히 하고 있지 않은가? 하루 중 더 많은 시간을 독서하는 데 투자할 필요가 있지 않은가? 가지고 있는 책 중에 당장 읽어야 할 책은 없는가?

그다음 1년간의 독서 계획을 구상해보라. 책상 위나 서가에 꽂힌 책 중에 읽을거리를 분류해 놓아라. 읽을 가치가 없는 것은 읽기를 중단하라. 현실적으로 1년에 몇 권의 책을 읽을 수 있는가? 쉽게 측정하는 방법은 책의 페이지 수를 책 읽는 속도와 비교하여 시간을 계산하는 것이다.

매일 정해진 시간에 책을 읽어라. 아침이든 저녁이든 최소한 몇 분, 몇 시간 정도 책을 읽겠다고 작정하고 실천하라. 어떤 주부는 매일 오후 3시부터 4시 사이에 초등학교에 다니는 딸과 함께 책을 읽기로 정해서 실천하고 있다.

1년에 책을 사는 데 얼마나 돈을 쓸 것인지 계획하라. 도서관이나 친구에게 빌려 읽을 수도 있다. 단, 전문서적은 구입하는 것이 좋다.

가능하면 자주 서점에 들러라. 헌책방도 괜찮다. 신간 도서 및 구간 도서를 꼼꼼히 살펴보고 필요한 자료를 찾아라. 자료를 찾는 과정에서 독서 의욕이 고취될 수 있다.

책을 잘 보이는 곳에 두어 읽은 후에도 수시로 활용할 수 있도록 하라. 그리고 당장 읽을 책은 책상 위에 놓아두라.

책을 읽는 데 마감일을 정하라. 늦어도 언제까지는 꼭 책을 읽겠다고 다짐하라. 책을 읽고 다른 사람과 토의해보는 것도 좋다. 가족과 함께 책을 읽은 후 비평해보는 시간을 가지는 것은 정말 유익한 일이다.

책을 항상 가지고 다녀라. 이 연습을 부지런히 하면 일주일에 2권을 읽게 되고, 1년이면 100권을 족히 읽을 수 있다. 버스나 전철 등 대중교통을 이용하면서, 또는 자투리 시간이나 한가한 시간을 활용하여 엄청난 분량의 책을 읽을 수 있다.

✅ 효과적으로 독서하는 비결

독서 연구가인 아들러는 책을 읽기 전 스스로 다음과 같은 네 가지를 질문해보라고 제언했다.

첫째, 이 책은 전체적으로 무엇에 대해 말하고 있는가?
둘째, 세부적인 면으로는 무엇이 쓰였으며, 어떻게 쓰였는가?
셋째, 내용이 전체적으로 혹은 부분적으로 옳은가?
넷째, 무엇에 관계된 내용인가?

이 질문은 다른 종류의 읽을거리에도 적용된다. 책으로부터 무엇을 얻기 원하는가를 스스로 물어보라. 즐거움을 위해서인가, 정보를 얻기 위해서인가, 견문을 넓히기 위해서인가? 그리고 정독해야 될 책인지 속독해야 될 책인지를 판단한다. 먼저 차례를 살펴보고 책 전체를 훑어보라. 한 가지 방법은 장마다 첫 단락과 마지막 단락을 읽는 것이다. 당신이 읽기 원하는 내용이 아니었다면 제쳐놓을 수 있다. 이것은 속독의 비결로 많은 자료를 건너뛰는 능력을 길러준다. 건너뛰면서 문장의 핵심단어를 파악하라. 그 단어에 동그라미를 쳐라. 밑줄을 긋는 것보다 낫다.

읽기 시작한 것을 모두 다 읽지 않았다고 걱정하지 말라. 잡지나 신문의 경우 전부 읽을 필요는 없다. 때때로 저자는 1장에 이미 요점을 말하고, 나머지 장은 요점에 대해서 해설하기도 한다.

처음에는 독서 속도가 느릴 것이다. 2~3자를 한꺼번에 보는 것에서부터 연습해, 차츰 숫자를 늘려나가자. 4~5자에서 7~8자를 한 토막으로 한꺼번에 보는 습관을 붙여보자. 그런 식으로 현재 읽는 속도에서 10%씩 단축해보도록 하라.

평상시 친숙한 자료를 읽는 것은 쉽다. 하지만 전혀 새로운 분야를 접했을 때는 속도가 떨어지는 것이 당연하다. 책이 요구하는 속도가 있다. 그래서 아들러는 "책이 요구하는 것보다 더 빠르거나 느리게 읽지 말라"고 충고했다. 때로는 다양한 책을 동시에 읽어보는 것도 변화를 위해서 좋다.

또한 한 가지 분야의 책을 집중적으로 읽는 것도 좋다. 전문지식이 향상될 뿐 아니라 책 읽는 속도도 빨라질 것이다.

뚜렷한 목적의식을 가지고 잘 관찰하면서 읽어라. 문장 속에 숨어 있는 진리나 지혜를 발견하라. 독서 능력을 높이려면 관찰력, 판단력, 추리력 등도 필요하다.

정독하는 기술은 다음과 같다.

첫째, 주의를 집중해서 읽는다.
둘째, 중요하다고 생각되는 부분은 줄을 치거나 따로 표시한다.
셋째, 책의 여백에 자신의 생각을 쓴다. 필요하면 노트에 옮겨 적는다.
넷째, 장, 절, 단락마다 요약한다.

다섯째, 책을 읽고 나면 유익한 점이 무엇인가를 분석하여 기록한다.

✅ 평생 학생이 되어야 한다

한국성인의 학습의지는 OECD 회원국 중에서 최하위권이다(〈성인 학습의지 꼴찌, 우리 미래가 어둡다〉, 동아일보 2016. 7. 22 기사 참고). 우리의 노동시간은 세계 2위이면서 노동생산성은 하위에 머물고 있다. 그 원인 중하나가 공부할 의지가 없다는 데 있다. 성인교육은 100세시대에 돌입한 우리 삶의 질을 높이는 데 필수과제이며 국가 경쟁력을 지속적으로 높이는 핵심요인이다. 평생 학생이 되기 위해 아래와 같은 방법을 일상화하기 바란다.

1) 책과 잡지를 많이 읽는다.

2) 배울 수 있는 모임에 열심히 참석한다.

3) 항상 생각하고, 새로운 지식과 기술을 수집한다.

4) 대화를 통해서 수시로 배운다.

5) 다양한 교육매체를 통해서 배운다. 교육방송, TV 등

6) 목적이 있는 여행을 많이 한다. 국내 여행은 물론 해외여행도 해 보자.

7) 서점 가기와 도서관 가기를 즐긴다.

학습과 토의를 위한 질문

1. 지난 1년간 어떤 책을 읽었는가?

2. 향후 1년간의 독서 계획을 세워보자.

3. 자기 발전을 위해 수입의 10%, 시간의 10%를 투자하고 있는가?

14장
행복을 창조하는 시간사용법

기쁨은 감정적 특징이자 훌륭한 철학이다.
Joy is character plus a good philosophy.

✅ 인생을 긍정하라

긍정의 시각을 가지고 사는 사람은 일생 행복할 것이요, 부정의 시각을 가지고 사는 사람은 일생 불행할 것이다. 이유는 간단하다. 긍정의 시각을 가진 사람은 밝은 세상에서 살고, 부정의 시각을 가진 사람은 컴컴한 세상에서 살기 때문이다.

모든 사물에는 긍정적인 면과 부정적인 면이 있다. 어떤 각도에서 바라보느냐에 따라 사물의 모습은 다르다. 사람들은 아침에 비가 오면 "날씨가 왜 이리 엉망이야?"라고 한다. 그런데 날씨가 엉망인 것은 아니다. 그냥 비가 올 뿐이다. 알맞은 옷을 입고 기분을 바꾸면 비 오는 날에도 기분 좋게 지낼 수 있다.

빌 게이츠는 아침에 일어나서 "오늘 나에게는 왠지 모르게 행운이 찾아올 것이고, 모든 일이 잘될 것이다"라고 외친다고 한다. 이런 긍정의 태도가 그를 행복한 위인으로 만들었는지도 모른다. 인생을 즐기면서 살고 싶으면 우선 삶을 긍정하는 자세가 필요하다. 성공하는 인생을 살고 싶다면 자신의 능력을 긍정해야 한다.

자신이 사용하는 말을 잘 검토해보기 바란다. 긍정적인 표현을 많이 하면 밝은 방향으로 인생이 굴러갈 것이요, 부정적인 표현을 많이 하면 어두운 방향으로 인생이 굴러갈 것이다.

행복한 사람이 되기 위해 기본적으로 취해야 할 태도는 긍정적인 말을 하는 것이다. 예를 들면 "나는 날씬하다. 돈을 잘 번다. 항상 젊다.

조금 더 좋은 곳으로 이사를 간다. 대인 관계를 행복하게 맺기 시작했다. 나는 유일무이한 존재이다. 나는 즐겁고 행복하며 자유롭다. 나는 아주 건강하다" 등의 말을 자주 하는 것이다.

앞으로 펼쳐질 인생에 대해서 끊임없이 긍정적으로 말해보자. 같은 말을 여러 번 반복하면 잠재의식에 영향을 미친다. 잠재의식은 순종적인 하인과 같아 당신이 말한 대로 믿게 된다.

긍정의 힘은 막대하다. 우리나라가 단시일에 도약할 수 있었던 것은 정치가와 기업가, 그리고 국민이 긍정의 힘을 믿었기 때문이다. '우리도 할 수 있다'라는 긍정적인 신념이 나라를 비약적으로 발전시킨 동력이었다.

✔ 시간과 친구가 돼라

시간과 친구가 되면 시간이 주는 모든 혜택을 누릴 수 있다.

당신은 시간과 잘 사귀고 있는가? 대부분의 사람은 시간과 잘 사귀지 못해 고통스러워하고 있다. 오히려 시간을 원수로 만들고 사는 사람도 많다. 이런 악순환을 끊고 선순환의 열차에 올라타라. 주변 사람이 시간과 관계가 나쁘다면 당신에게도 큰 부담이 될 수 있다.

시간에 쫓기며 '보다 빨리' 혹은 '보다 많이'를 외치는 사람은 행복할수 없다. 시간빈곤 병에서 과감히 탈출하고 자유를 얻어야 한다. 세상이 살 만한 가치가 있다고 생각하는 가장 쉬운 방법은 바로 느긋해지는 것이다.

일상생활은 시간에 따라 흘러가기 때문에 시계를 보지 않고서는 살 수 없다. 하지만 쉬는 날만큼은 온종일 시계를 보지 않고 지내보면 어떨까? 시계로 표시되는 시간은 지구의 구석구석까지 널리 퍼져 있는 거대한 시스템이다. 한번 그 시스템 속에 밀려들어 가면 쉽사리 빠져나올 수 없다. 그러나 일주일에 한 번 '시계를 보지 않는 날'이 당신에게 생각할 기회, 자기를 돌아볼 기회를 가져다줄 것이다.

지금부터라도 삶의 속도를 대폭 낮추어보면 어떨까? 많은 변화가 생길 것이다.

가끔 산도 보고 하늘도 바라보는 마음의 여유가 더 나은 내일을 가져온다고 한다. 산다는 것은 흐르는 물의 모습과 흡사해야 한다. 태백산에서 발원한 물줄기는 유유히 흐르기도, 소용돌이를 치기도, 폭포가 되기도 하여 한강을 이루고 결국은 서해로 흘러간다. 즉, 변화가 있으나 목적지를 향해 일관성 있게 흐른다. 우리의 삶도 목적지를 향해 유유자적하게 걸어가야 한다.

✔ 일은 금이다

알베르트 슈바이처는 "성공은 행복의 열쇠가 아니다. 행복이 바로 성공으로 가는 열쇠다. 당신이 하는 일을 사랑하면 성공하게 될 것이다"
라고 말했다.

평생 할 일이 있는 사람은 가장 행복한 사람이다. 자신의 재능을 일찍 찾아서 그것을 발전시키는 사람은 가장 효과적인 사람이다. 불행한 사람은 자신의 적성에 맞지 않는 일에 억지로 매달려 사는 사람이다.

고령화 시대에 접어들면서 많은 사람은 은퇴 후의 삶에 대해 노심초사한다. 그런데 은퇴 준비에 가장 좋은 방법은 은퇴하지 않는 것이다. 즉, 일하며 사는 것이다. 일이 있으면 여러 가지 파급효과가 생긴다. 돈이 따라오고 사회적 관계가 형성되며 건강도 유지된다. 자존감을 지킬 수 있고, 시간도 잘 관리할 수 있다. 일에 몰입하면 무료하지 않고 하루하루를 생산적으로 보낼 수 있다. 일은 금이고, 돈은 은이다.

✅ 행복한 인간관계를 창조하자

인간은 사회적 동물이다. 인간관계가 원만하지 않고는 행복을 누릴 수 없다. 새롭고 축복받을 만남을 가져라. 인간관계의 본질은 감정이나 생각을 주고받는 것이다. 그 핵심 가치는 사랑이다. 사랑하려면 자기가 먼저 행동을 취해야 한다. 인간관계가 서툰 사람은 괴롭게 살아갈 수밖에 없다.

매일 사랑을 실천해보라. 배우자나 자녀를 기쁘게 하는 일을 하루 한 가지 이상 실천해보라. 그러면 기쁨이 증가할 것이다.

사랑을 실천하려면 여유 있는 시간을 확보하는 것이 중요하다. 조급하면 마음이 있어도 선행할 수 없다.

시간을 내서 대화하고 그 과정에서 기쁨을 느껴라. 대화는 예술이다. 주위 사람들에게 작은 선물을 자주 하라. "선물을 잘 주는 사람에게는 모두가 친구이다(잠언 19:6)."

선행의 즐거움을 자주 경험하자. 헬렌 켈러는 "살아 있다는 것은 신나는 일이다. 남을 위해 산다는 것은 더욱 신나는 일이다"라고 말했다. 일일일선(一日一善)은 마음만 먹으면 누구나 할 수 있다. 일일일선을 한다면 삶에서 기쁨이 많이 늘어날 것이다.

먹고 마시고 즐기는 것은 나중에 보면 별로 기억이 남지 않는다. 그런데 남을 도와준 일은 기억에 남는다. 좋은 추억은 돈으로도 못 산다.

어느 노인이 세상을 떠나면서 자녀들에게 한마디 유언을 남겼다. 무슨 말을 했을까? 바로 "사랑한다"라는 말이다. 이 말은 유족들에게 큰 감명을 주었다. 나이가 먹을수록 중요해지는 사람은 배우자이며, 친구들이다. 마음을 터놓고 얘기하는 친구가 5명 이상 있다면 그는 행복한 사람이다.

사랑에도 '엔트로피 법칙'이 적용된다. 엔트로피 법칙이란 무엇인가. 그냥 두면 식어가기 마련이라는 것이다. 사랑이나 행복은 가만히 놔두면 식어버려서 행복하지 않은 쪽으로 진행된다. 사랑과 행복을 유지하려면 본래 투입하였던 에너지만큼 계속 노력해야 하는데, 사람들은 그렇게 하지 못한다. 세상에는 공짜가 없다. 노력하는 대로 얻는 것이다. 사랑도 마찬가지다. 아무리 가까운 사이라도 지속해서 관심을 가지고, 사랑을 위해 더 많이 투자해야 한다.

✅ 건강을 위해 시간과 돈을 투자하라

대한신경정신의학회는 최근 한국 성인의 행복도를 조사했다. 사람들은 지금보다 더 행복해지기 위한 조건으로 건강과 돈을 꼽았다. 특히 여성은 건강을, 남성은 돈을 우선시하였다.

행복을 가져다주는 요소 중 기본이 무엇인가? 그것은 '완전한 건강'이다. 우리는 '완전한 건강'을 목표로 정하고, 늘 추구해야 한다.

"건강하지 못한 사람은 하나도 가진 것이 없고, 건강한 사람은 모든 것을 가졌다"는 말이 있다. 건강을 최우선으로 삼아야 한다. 건강을 위해 시간과 돈을 아낌없이 투자해야 한다. 하루 중 일정 시간은 운동하는 데 반드시 할애해야 한다. 병이 나면 그토록 아끼던 시간을 병실에서 허비하게 된다. 몸은 망가질 때까지 주인에게 잘 신호를 보내지 않으므로 건강은 건강할 때 지켜야 한다.

건강 공식은 간단하다. '잘 먹고 잘 배설하고 잘 잔다', '잘 배설하기 위해 운동을 열심히 하고, 잘 자기 위해 기쁨과 평안함을 유지한다', '스트레스를 잘 다룬다' 등이다.

오래 살기 위해서라기보다 죽는 순간까지 건강해야 본인도 행복하고, 주위에도 폐를 끼치지 않는다. 건강하게 오래 사는 자가 인생 최후의 승자다.

"하루살이 버섯은 그믐과 초하루를 알지 못하고, 쓰르라미는 봄과 가을을 알지 못한다. 짧게 사는 것은 오래 사는 것에 미치지 못한다(장자)."

건강하게 오래 살려면 움직일 수 있을 때 걸어야 한다. 우유를 마시는 사람보다 배달하는 사람이 더 건강할 수 있다. 자동차에 너무 의지하다가는 영구차를 먼저 타는 수가 있다.

그리고 자연 속에서 즐기고 감동하라. 인간은 자연에서 태어났다. 물고기는 물에서 살고, 인간은 자연 속에서 산다. 인간의 유전인자도 자연에 적합하며, 자연은 우리를 기른다. 그래서 자연은 어머니의 품속과 같다. 인간은 자연 속에서 비로소 건강해지고 안락해지며 즐거워진다. 도시 속에서만 살면 건강에 문제가 생길 수밖에 없다. 숲은 문명에 찌든 인간의 몸을 치유하고, 고독한 영혼을 달랜다. 일상의 스트레스를 자연 속의 감동으로 날려버리자.

✔ 사소한 즐거움을 많이 찾자

살아가면서 큰 즐거움과 사소한 즐거움을 찾아서 누리면 행복해진다.

삶이 풍요로워진다. 즐거움을 많이 느끼는 자가 진짜 부자이다.

그런데 우리는 사소한 즐거움보다 큰 즐거움을 기대하는 경향이 있다. 예를 들면 결혼, 자녀 출생, 주택 마련, 취직, 승진, 큰돈을 버는 일, 집안의 경사, 복권 당첨, 선거에서 승리, 해외여행 등이다. 하지만 우리에게 큰 즐거움을 가져다 주는 일은 한계가 있으며, 자주 찾아오지 않는다.

반면 사소한 즐거움은 수시로 찾아온다. 그것을 찾고 즐겨라. 행복한 사람은 사소한 즐거움을 많이 체험하는 사람이다. 자신에게 사소한 즐거움을 주는 일의 목록을 한번 적어보자.

삶을 지탱하는 것은 사소한 것이다. 우리가 무의식적으로 흘려버리는 보잘것없는 행동도 자세히 들여다보면 귀중한 가치가 있다. 예를 들어 잠을 편히 잔다는 것은 얼마나 대단한 복인가? 이 세상에 불면증 환자가 얼마나 많으며, 잠을 못 자서 얼마나 고통스러워하는가? 휠체어를 타야 하는 사람이거나 누워서 생활하는 사람에게 자기 발로 걷는다는 것은 환상적인 일이다.

사소한 즐거움은 자살을 예방하는 힘도 있다. 〈체리 향기〉라는 영화에 이런 장면이 나온다. 스스로 목숨을 끊을 테니 자신의 무덤에 흙을 덮어달라고 말하던 한 노인이 있었다. 어느 날 그는 새벽 동이 트기 전 호젓한 길가의 나무로 가서 목을 매어 자살하려고 했다. 가져온 줄을 나무를 향해 힘껏 던졌으나 계속 실패했다. 그러자 그는 나무 위로 올라가서 줄을 가지에 칭칭 매었다. 그때 그의 손에 무엇인가 부드러운 것이 스쳤다. 가만히 보니 잘 익은 체리였다. 그는 체리 하나를 따 먹었다. 맛이 좋았다. 또 따 먹고, 또 따 먹었다. 그때 동편 하늘이 훤히 걷히면서 태양이 아름답게 떠올랐다. 그 모습을 바라보니 기분이 좋았다. 갑자기 나무 밑에서 아이들이 재잘대는 소리가 들렸다. 등교하는 초등학생들의 무리였다. 아이들은 나무 위에 있는 노인에게 "할아버지, 나무를 흔들어주세요"라고 말했다. 노인이 나무를 흔드니 체리가 와르르 땅으로 떨어졌다. 아이들은 즐겁게 주워 먹었다. 얼마 후 나무 위에서 내려온 노인은 체리를 한 줌 주워가지고 집으로 향했다. 자살할 생각은 온데간데없이 사라지고 말았다.

즐거움을 얻으려면 재미있는 정신활동을 통해 뇌를 자극하는 습관을 만들어야 한다. 신문, 책, 잡지를 읽거나 화투, 카드놀이 같은 게임을 즐겨라. 박물관에 가고, TV를 보며, 라디오를 듣는 등 간단한 정신활동이라도 자주 해라. 재미를 느끼면 집중력이 좋아져서 기억도 잘 된다. 재미있게 머리를 쓰는 취미활동을 해라. 지금 이 순간의 행복을 즐겨라. 즐거움은 마음에 있는 것이니 마음을 잘 관리하라.

✔ 웃는 시간을 많이 가져라

우리는 웃는 것이 습관화되어 있지 않다. 수년 전에 미국 여행을 가서 미국인의 얼굴을 유심히 살펴본 적이 있었다. 확실히 그들의 얼굴은 우리보다 환했고 미소도 잘 지었다.

시카고 시내를 관광할 때 2층 버스를 탔는데, 안내인은 듬직한 체구의 흑인 여성이었다. 40대 중반쯤 보이는 그녀는 제스처를 사용하면서 재미있게 말하는가 하면, 노래를 부르며 관광객을 즐겁게 했다. 무더운 날씨에도 미소를 잃지 않으면서 안내를 충실히 하는 그 여인은 상당히 인상적이었다. 이후 시카고 95층 건물 맨 꼭대기 전망대에서 식사를 했다. 그 식당의 매니저인 60대 중반의 영감님은 즐거운 표정으로 손님들을 접대했다. 그에게 왜 그렇게 행복해 보이냐고 물었더니, 지난여름에는 비가 많이 와서 장사가 잘 안되었는데 계절이 바뀌어 손님이 많아져서 즐겁다고 대답했다. 롱비치 공항에서 솔트레이크시티 공항으로 가는 동안 40대 중반의 스튜어디스는 환한 미소를 띠고 활발하게 움직였다. 또 레드라이언 호텔의 식당에서 서비스를 하는 뚱뚱한 미국 아주머니의 미소와 명랑한 음성은 지금도 기억에 새롭다. 미국인들은 미소가 생활화되어 있었다. 반면 옐로스톤을 함께 여행한 한국인 관광객 26명의 얼굴은 대부분 굳어 있었고, 험상궂기까지 했다. 미국에서 16년간을 가이드로 일해 왔다는 한국 안내인 얼굴 역시 굳어있기는 마찬가지였다.

'웃으면 복이 온다'는 말을 믿는가? 이것은 이미 과학적으로 증명된 사실이다. 그렇다면 미소 짓는 것을 제2의 천성으로 만들라. 미소 짓는 시간이 길수록 행복감은 오래 지속된다. 시원한 웃음이 그리운 사람은 아무도 없는 데서 가장 좋았던 일을 생각하며 미친 듯이 크게 웃어라.

억지로 웃어도 효과는 있다. 15초 이상 웃으면 진짜 웃음이 나온다. 웃으면 힘이 난다. 좋은 아이디어도 떠오른다. 아무도 없는 데서 연습해보고 시도 때도 없이 웃어라. 사람이 여럿 모여 있으면 환한 표정으로 같이 크게 웃도록 유도한다. 같이 웃으면 혼자 웃는 것보다 33배나 더 효과가 있다고 한다.

웃음은 상식의 틀이 깨졌을 때 나오는 놀라운 소리이기도 하다. 웃을 일이 별로 없는 사람은 고정된 생각으로 생활하는 탓이다. 혼자 차를 운전하다가 빨강 신호등이 켜지면 큰 소리로 웃어라. 효과가 있다. 자고 일어나서 손뼉을 치면서 크게 웃고, 자기 전에도 그렇게 해보라. 행복감과 건강을 얻는 이중효과를 톡톡히 누릴 것이다.

또한 유머가 풍부한 사람이 되도록 노력하라. 가정 분위기의 명암은 천차만별이다. 어느 가정은 즐거워서 웃음이 끊이지 않는 데 반해, 어느 가정은 침울하고 썰렁하다. 어느 가정은 정다운 데 반해, 어느 가정은 무뚝뚝하다. 유머감각이 부족하기 때문이다. 가정 분위기는 식구들이 만들어가는 것이다. 가정은 늘 명랑해야 한다.

유머가 풍부한 사람이 되기 위해서는 마음의 여유가 있어야 한다. 그리고 사물을 보는 시각을 달리하거나 재미있게 표현해야 한다. 때로는 자신을 바보 취급해라. 역설을 인정하라. 그렇게 노력하다 보면 재치가 늘고 여유가 생긴다. 항상 유머를 수집하고 활용하라.

✔ 하루를 행복하게 살자

노력하지 않아도 자연적으로 새날이 온다고 생각해서는 안 된다. 오늘은 만들기 나름이다.

기쁜 하루를 보내기 위해서는 우선 기분 좋게 일어나야 한다. 잠을 잘 자서 피곤이 완전히 풀린 상태로 일어나야 한다. 일어나서 "오늘은 좋은 하루가 될 거야", "오늘 좋은 일이 일어날 거야"라고 말하라. 긍정적인 효과가 있다. 좋은 생각을 가지고 하루를 시작해야 한다. 하루하루를 선물 받은 것처럼 여기고 최선을 다하라.

기도와 묵상의 시간을 가져라. 기쁨과 감사함에 푹 젖어보라. 오늘도 살아 있다는 것에 감격한다. 오늘 해야 할 일이 있다는 것에 감사한다. 이렇게 묵상을 하면 기분이 좋아진다. 그리고 그 기분은 온종일 간다. 묵상은 자기 자신을 새롭게 개조하는 효과적인 도구이다.

하루를 여유 있게 보내려면 아침에 일찍 일어나야 한다. 오전 5시 이전에 일어나서 하루 일과를 시작한다면 시간에 쫓기는 일은 거의 없을 것이다.

하루 일과표를 잘 짜보라. 일하는 시간과 휴식 시간을 잘 조율하라.

해야 할 일의 목록과 더불어 하지 말아야 할 일의 목록도 적어보라. 할 만한 가치가 없는 일은 무엇인가. 무시하고 싶은 일을 써보라. 회신하고 싶지 않은 이메일, 청소하기, 청소하지 않는 것에 대한 죄책감 등 목록을 수시로 살펴서 할 필요가 없는 일을 확인하라.

아침은 매일 똑같은 건강식으로 챙겨먹어라. 일관성이 중요하다. 정확하게 무엇을 언제 어떻게 먹을지 알면 스트레스를 줄일 수 있고, 덜 바쁘게 보낼 수 있다. 덧붙여 건강에 좋지 않은 음식을 먹을 확률도 줄어든다. 건강에 좋은 것을 선택하여 계속 먹도록 해라.

일과표에 따라 하루를 진행하되, 일의 속도와 감정을 잘 조절하라. 극단에 치우치지 말고 중용을 지켜라. 그러면 보람찬 하루를 보낼 수 있고, 보람찬 하루가 쌓이다 보면 행복해진다.

업무가 시작되면 가장 중요한 일부터 하나씩 처리해보자. 그러면 성취감을 맛보게 되고, 적당히 긴장된 상태로 하루를 보낼 수 있다.

만나는 사람마다 "잘 지내느냐"고 인사하자. 바쁘게 지내다 보면 다른 사람의 감정에 소홀해지기 쉽다. 그러나 따뜻함과 연민을 자아내며 "잘 지내느냐"고 물으면 자신의 기분도 좋아진다.

점심은 느긋하게 먹어라. 점심시간을 충분히 즐기면 오후 시간을 기분 좋게 보낼 수 있다. 오후 시간에는 신경을 쓰지 않아도 될 단순한 일, 몸을 움직이는 일 등을 하는 것이 좋다.

집에 일찍 들어가라. 성공한 사람 중에는 가정생활에 충실한 사람이 많다. 가정을 사랑하는 사람은 소유물에도 애정을 기울인다. 일용품이나 자동차는 물론, 삶의 보금자리인 집을 사랑한다. 자기 집을 사랑하는 사람은 다른 데 들르지 않고 일찍 귀가한다. 그래서 자기 시간을 충분히 확보한다. 가족과 대화할 시간을 넉넉히 가지는가 하면, 여유 있게 내일을 준비한다. 휴식, 재충전, 마음의 평화도 얻는다. 반면 늦게 귀가하는 사람은 초조한 나날을 반복하게 된다. 집이야말로 꿈을 실현하는 보금자리임을 모르기 때문이다.

저녁을 먹은 후 바로 일기를 써라. 일기를 쓰면서 하루를 돌아보라. 일기를 쓰다 보면 마음이 치유된다.

취침 전에 수첩을 펴놓고 내일 일정을 체크하라. 이것은 불안감을 없애고, 깊은 수면으로 인도한다.

잠자리에 들 때는 미소를 띠고 잠이 든다. '어떤 기분으로 잠을 청하는가?'가 중요하다. 미소를 띠는 것만으로도 행복 호르몬인 세로토닌이 뇌 속에 분출된다. 절대 찡그린 얼굴로 이불에 들어가지 말라. 즐거운 것만을 상상하며 방글방글, 생글생글 웃음을 지어라. 자기 전에 웃음을 지으면 행운을 불러올 수 있다.

잠을 잘 자야 한다. 그래야 신경 네트워크가 작용하여 몸과 정신을 보수하고, 최적의 상태로 유지해준다. 전쟁에서 명장들은 부하들이 조금이라도 푹 잘 수 있도록 배려했다. 낮에 움직이는 전투부대가 잠을 설쳐 정신이 혼미하면 승패는 뻔하다. 일상생활에서도 밤잠을 설친 다음날은 기분이 썩 좋지 못해 업무가 비능률적으로 진행된다.

아침을 바꾸기 위해서는 습관을 바꿔야 한다. 오후 10시 이전에 자고, 오전 5시에 일어나는 패턴을 권한다. 이런 의식의 변환과 새로운 습관으로 기상과 취침이 달라지면 하루를 더욱 알차게 보낼 수 있다.

늘 자신에게 가장 적합한 일과표를 만들어서 실행하도록 노력해야 한다.

학습과 토의를 위한 질문

1. 일의 가치에 대해 서로 토의해보자.

2. 나는 일생 추구하고 싶은 일을 가졌는가?

3. '나를 행복하게 하는 것들'이라는 글을 각자 써보라. 그리고 서로 바꿔서 읽어보자.

4. 행복한 인간관계를 위해 좀 더 세심한 관심을 기울여야 할 요소들은 무엇인가? 서로 의견을 나누어보자.

5. 하루를 행복하게 보내기 위한 방법을 자신만의 스타일로 재구성해서 글을 써보자.

15장
명언과 명시를 통해 배우는
시간관리 지혜

지식은 이미 지나간 과거의 것이고, 지혜는 다가올 미래의 것이다.
Knowledge is of the past. Wisdom is of the future.

✅ 시간관리에 관한 명언

- 오늘을 붙들어라. 되도록 내일에 의지하지 말라. 오늘이 1년 중에서 최선의 날이다. - 에머슨

- 지금 시작하라. 지금 못 한다면 과연 언제 할 수 있단 말인가?
  - 클라우스 요헨 쉐퍼

- 시간이 모든 것을 말해준다. 시간은 묻지 않았는데도 말을 해주는 수다쟁이다. - 에우리피데스

- 내 인생이 성공한 것은 어느 때라도 반드시 15분 전에 도착한 덕분이다. - 넬슨

- 변명 중에서도 가장 어리석고 못난 변명은 '시간이 없어서'라는 변명이다. - 에디슨

- 짧은 인생은 시간의 낭비에 의해 한층 더 짧아진다. - S. 존슨

- 가장 뛰어난 예언자는 과거이다. - 바이런

- 승자는 시간을 관리하며 살고, 패자는 시간에 끌려 산다. - J. 하비스

- 제일 많이 바쁜 사람이 제일 많은 시간을 가진다. - 비네

- 아침잠은 시간의 지출이며, 이렇게 비싼 지출은 달리 없다. - 카네기

- 시간은 모든 것을 데리고 가버릴 뿐 아니라 사람의 마음마저 가져가 버린다. - 베르길리우스

- 인간은 항상 시간이 모자란다고 불평하면서 마치 시간이 무한정 있는 것처럼 행동한다. - 세네카

- 내일을 위한 최선의 준비는 오늘의 일을 모두 마치는 것이다.
  - W. 오슬러

- 내가 헛되이 보낸 오늘 하루는 어제 죽어간 이들이 그토록 바라던 하루이다. 단 하루면 인간적인 모든 것을 멸망시킬 수 있고, 다시 소생시킬 수도 있다. - 소포클레스

- 과거는 과거다. 과거보다 미래가 더 중요하다. 미래보다 현재가 더 중요하다. 현재보다 오늘이 더 중요하다. 오늘보다 지금이 더 중요하다. 지금과 오늘을 소중히 여기고, 이것이 자기 자신을 위해서 있다고 확신하자. - A. 모루아

- 오늘 하루를 헛되이 보냈다면 그것은 커다란 손실이다. 하루를 유익하게 보낸 사람은 하루의 보물을 파낸 것이다. 하루를 헛되이 보내는 것은 내 몸을 헛되이 소모하는 것임을 기억해야 한다.
  - 헨리 프레데리크 아미엘

- 천 명 중의 한 사람만이 현재를 진실하게 사는 길을 안다. 나머지 사람들 대부분은 한 시간의 59분을 과거사 때문에 낭비한다. 혹은 미래의 꿈이나 공포 때문에 아까운 시간을 흘려보낸다. 그렇지만 과거는 이미 지나가버린 것이다. 그리고 미래에 대한 막연한 생각은 시간을 잃는 것이다. 사람들은 단 한 번 이 세상에 있다가 간다. 이 순간에도 세상은 사람들에게 무엇인가를 요구한다. 지금 바로 이 순간은 매우 중요하며 삶의 진정한 길은 순간순간을 낭비하지 않는 것이다. 오늘은 기적이고 이날은 되풀이되지 않음을 명심해

살아야 한다. - S. 제임스

- 시간을 가장 나쁘게 사용하는 방법은 전혀 할 필요가 없는 일을 열심히 하는 것이다. - 브라이언 트레이시
- 무슨 일이 일어나든 전부 받아들이는 사람은 일을 주체적으로 하지 못하고, 일에 끌려다니게 된다. - 폴리미디어
- 시간은 인생의 동전이다. 시간은 당신이 가진 유일한 동전이고, 그 동전을 어디에 쓸지는 당신만이 결정할 수 있다. 당신 대신 다른 사람이 그 동전을 써버리지 않도록 주의하라. - 칼 샌드버그
- 시간은 그 사용 여하에 따라서 금도 되고 납도 된다. - 프레보
- 이른 아침은 입에 황금을 물고 있다. - 벤저민 프랭클린
- 가장 만족스러웠던 날을 생각해보라. 그날은 아무것도 하지 않고 편히 쉬었던 날이 아니라, 할 일이 쌓여 있었지만 결국 모두 해냈던 날이다. - 마거릿 대처
- 낙관적인 태도는 목표를 이루기 위해 꼭 필요한 태도이고, 용기와 발전의 진정한 토대이다. - 알렉산더 로이드

✔ 역설적 시간관리 원리

- 어느 누구도 시간을 충분히 가지고 있지 않다. 그러나 역설적으로 모든 사람이 가질 만큼의 시간은 다 가지고 있다.

사람의 욕망은 한이 없다. 일은 죽을 때까지 해도 다 못한다. 이런 면에서 우리에게 주어진 시간은 부족하다. 하지만 시간관리를 잘해 시간의 밀도를 높인다면 해야 할 일 대부분은 다 할 수 있다. 즉, 시간의 양이 문제가 아니라 사용 방법이 문제이다.

• 바쁜 사람에게 일을 시켜라.

나폴레옹의 말이다. 그는 바쁜 사람이었고, 시간을 철저히 관리한 사람이었다. 논리적으로 생각하면 한가한 사람에게 일을 시키는 것이 타당할 것 같은데, 실제로는 그렇지 않다. 바쁜 사람은 시간을 효율적으로 사용할 줄 안다. 미국의 유명한 목사 비처는 "나는 누구에게 부탁해야 할 일이 있으면 교구에서 가장 바쁜 사람에게 부탁한다. 그러면 틀림없이 그 일이 마무리된다"고 했다.

• 생활을 편리하게 해주는 장치가 많으면 많을수록 생활을 즐길 시간은 그만큼 적어진다.

예를 들어보자. 승용차를 소유하지 않았을 때보다 소유한 후에 자연히 외출을 많이 하게 된다. TV나 컴퓨터, 스마트폰이 등장하고 나니 그것들에 시간을 많이 빼앗기게 된다. 문명의 이기를 소유하면 어쩔 수 없이 사용하는 경우가 생긴다. 문명의 이기 사용을 절제해야 필요한 시간을 확보할 수 있다. 아무리 좋은 도구라도 꼭 필요한 것만 소유하고, 그 사용도 자제해야 한다.

생활수준이 높아질수록 사람들은 시간의 부족감을 느낀다. 생활수준이 높아질수록 필수품의 종류도 많아지고, 가야 할 곳도 많아지고, 해야 할 일도 많아지기 때문이다. 시간은 예전이나 지금이나 동일한 분량이다. 따라서 상대적으로 시간의 부족감을 느낄 수밖에 없다. 이것은 '타임 푸어(Time Poor)'의 주요인이기도 하다.

• 활동적인 사람들은 활동적인 무질서를 만들어낸다.

열정은 좋은 것이나 방향이 없는 열정은 무가치할 뿐 아니라 유해하다. 계획 없이 행동하거나, 무턱대로 일을 벌이는 것은 비생산적이다. 현대는 질을 추구하는 시대이다. 열심히 일하는 사람이 폐품을 더 많이 생산한다는 말이 있다. 매사 시작하기에 앞서 심사숙고해야 한다.

• 스마트폰은 최대의 시간절약 도구인 동시에 최대의 시간낭비 도구이다.

스마트폰은 신비한 문명 도구이다. 시간을 엄청나게 절약해주는 동시에 시간을 엄청나게 낭비하게 만든다. 처음에는 자신이 스마트폰을 다스리지만, 적절히 관리하지 않으면 스마트폰이 자신을 다스리게 된다.

• 일은 이용 가능한 시간을 채우기 위해 자주 늘어난다.

이것은 '파킨슨의 법칙'이라고도 한다. 마감일을 너무 느슨하게 잡으면 일을 열심히 하지 않을뿐더러 쓸데없는 활동이 개입될 여지가 많다.

시간이 남았다고 일을 더 잘하는 것은 아니다.

• 계획할 시간이 부족하면 부족할수록 더 많이 계획할 시간을 갖는다.

바쁘면 생각할 여유가 없어져서 시행착오를 자주 겪게 된다. 이런 악
순환은 한없이 계속될 뿐이다. 악순환을 끊는 방법은 계획할 시간이나
생각할 시간을 갖는 것이다. 계획할 시간을 많이 가질수록 일의 효율이
높아져 시간이 절약된다.

• 시간은 사용하지 않아도 없어진다.

돈은 사용하지 않으면 그대로 있으나, 시간은 사용하든 안 하든 그대
로 흘러가버린다. 이것이 돈과 시간이 판이하게 다른 점이다. 그러므로
시간을 그때그때 잘 활용해야 한다.

• 대부분의 자유 시간은 자유롭지 않다.

자유 시간이라 함은 정기적인 업무 외의 시간을 말한다. 자유 시간 중
에 해야 할 일은 많다. 건강을 유지하고, 가족과 함께 시간을 보내며,
사회활동과 자기계발을 해야 한다. 그러므로 자유 시간에 해야 할 것들
을 잘 계획해야 하며, 일하는 시간과 휴식 시간을 명확히 구분해야 자
유를 즐길 수 있다.

• 많이 버리면 많이 얻는다.

우리는 하루 24시간 동안 불필요한 일들을 너무 많이 한다. 그래서 중요한 일을 할 시간이 상대적으로 부족하다. 불요불급한 일들을 사정없이 쳐내야 한다. 쓸데없는 욕망을 버려야 한다. 마음을 비우면 진정한 부자가 될 수 있다.

✔ 시간관리에 관한 명시

시간의 가치를 알라

시간의 참된 가치를 알라.

시간을 붙잡아라.

억류하라.

그리고 그 순간순간을 즐겨라.

게을리하지 말며, 해이해지지 말며, 우물거리지 말라.

오늘 할 수 있는 일을

내일까지 미루지 말라(체스터필드).

세월에 대한 비유

세월이 거북이처럼 느리다고

20대의 청년이 말했다.

세월이 유수(流水)처럼 흘러간다고
40대의 중년이 말했다.
세월이 날아가는 화살이라고
50대의 초로가 말했다.
세월이 전광석화(電光石火)라고
70대의 노인이 말했다.
한평생이 눈 깜짝할 사이라고
마침내 세상을 뜨는 이가 말했다(임보).

기회를 잡아라

생활의 흐름 속에서
황금의 순간들은
우리 옆을 스쳐 지나간다.
그러나 우리는 단지
모래만을 볼 뿐이다.
천사들이
우리를 방문하러 온다.
그러나 우리는
천사들이 떠난 후에야
그들이 왔었다는 사실을 알게 된다(조지 엘리엇).

햇수가 아니라 행동으로!

햇수가 아니라 행동으로

호흡이 아니라 생각으로

시계 눈금판의 숫자가 아니라 감정으로

우리는 산다.

우리는 심장의 고동으로 시간을 계산해야 한다.

가장 많이 생각하고

가장 고상하게 느끼며

최선을 다하는 사람이

가장 많이 사는 것이다.

시간의 다양한 모습

내가 어릴 때 나는 웃고 또 울었네.

그때 시간은 기어갔지.

내가 젊었을 때 나는 꿈꾸고 대화했네.

그때 시간은 걸어갔지.

내가 어른이 되었을 때 시간은 뛰어갔네.

그러나 내가 노인이 되었을 때 시간은 날아갔네.

내가 인생길을 계속하는 동안

시간은 영원히 지나가버리는 것을 깨달을 날이 곧 올 것이네.

시간을 내라

일하기 위해 시간을 내라. 그것은 성공의 대가이다.

생각하기 위해 시간을 내라. 그것은 능력의 근원이다.

운동하기 위해 시간을 내라. 그것은 끊임없이 젊음을 유지하는 비결이다.

독서하기 위해 시간을 내라. 그것은 지혜의 원천이다.

친절하기 위해 시간을 내라. 그것은 행복으로 가는 길이다.

꿈을 꾸기 위해 시간을 내라. 그것은 대망을 품는 일이다.

사랑하고 사랑받기 위해 시간을 내라. 그것은 구원받는 자의 특권이다.

주위를 살펴보는 데 시간을 내라. 이기적으로 살기에는 하루가 너무 짧다.

웃기 위해 시간을 내라. 그것은 영혼의 음악이다.

하나님을 위해 시간을 내라. 그것은 인생의 영원한 투자이다(아일랜드 민요).

내가 도달할 수 있는 범위

오직 내가 도달할 수 있는 높이까지만
나는 성장할 수 있다.
오직 내가 추구하는 거리까지만
나는 갈 수 있다.

오직 내가 살펴볼 수 있는 깊이까지만
나는 볼 수 있다.
오직 내가 꿈을 꾸는 정도까지만
나는 될 수 있다.

결코 포기하지 말라

하나의 깨어진 꿈은
모든 꿈의 마지막이 아니다.
하나의 부서진 희망은
모든 희망의 마지막이 아니다.
폭풍우와 비바람 너머로
별들은 빛나고 있으니
그대의 성곽들이 무너져 내릴지라도
그래도 다시 성곽 짓기를 계획하라.
비록 많은 꿈이 재난에 무너져 내리며
고통과 상한 마음이
세월의 물결 속에서 그대를 넘어뜨릴지라도
그래도 신앙에 매어 달려라.
그리고 그대의 눈물에서
새로운 교훈을 배우기를 힘쓰라(에드가 게스트).

✔ 시간관리에 관한 고사성어

- 근자필성(勤者必成) : 부지런한 사람이 성공한다.
- 유비무환(有備無患) : 준비가 되어 있으면 근심이 없다.
- 총명불여둔필(聰明不如鈍筆) : 아무리 기억력이 좋아도 그때그때 적어두어야 한다.
- 정신일도하사불성(精神一到何事不成) : 정신을 한곳에 모으면 이루어지지 않을 일이 없다.
- 우각괘서(牛角掛書) : 시간을 아껴 공부에 힘쓴다.
- 독서삼매(讀書三昧) : 책 읽기에 온 정신을 집중한다.
- 망중유한(忙中有閑) : 바쁜 가운데도 한가한 짬이 있다.
- 우공이산(愚公移山) : 끊임없이 노력하면 뜻을 이룬다.
- 권토중래(捲土重來) : 실패에 굴하지 않고 몇 번이고 다시 일어난다.
- 임갈굴정(臨渴掘井) : 준비 없이 일을 당하면 허둥지둥 서두르게 된다.
- 과유불급(過猶不及) : 지나친 것은 미치지 못한 것과 같다.
- 천재일우(千載一遇) : 좀처럼 만나기 힘든 좋은 기회

학습과 토의를 위한 질문

1. '시간관리에 관한 명언' 중 한 가지만 골라서 그것이 자신에게 주는 의미를 설명해보자.

2. '역설적 시간관리 원리' 중 한 가지만 골라서 그것이 자신에게 주는 의미를 설명해보자.

3. '시간관리에 관한 명시'를 소리 내어 천천히 읽고, 그 뜻을 음미해보자.

4. '시간관리에 관한 고사성어' 중 한 가지만 골라서 그것이 자신에게 주는 의미를 설명해보자.

16장
다양한 시간관리 비법

행운은 준비된 자에게 주어진다는 사실에 놀라지 마라.
Don't be surprised to discover that luck favors those who are prepared.

✅ 직장인의 열 가지 시간관리 Tip

원리를 알면 노력하게 된다. 그리고 원리를 일목요연하게 정리하면 행동으로 옮기기 쉽다. 직장인의 보편적 시간관리 원리는 다음과 같다.

1) 직장의 핵심 가치와 중요 목표를 숙지하고, 자신의 주요 책임과 기능을 파악한다. 그러면 자신의 존재 의의가 분명해져, 회사 발전에 이바지할 수 있다.

2) 출퇴근 시간을 최대한 유용하게 활용한다. 가장 좋은 방법은 회사 근처에 사는 것이다. 차선책은 교통체증 시간을 피해서 출퇴근하거나, 시간을 활용할 방법을 찾는 것이다.

3) 일과표를 작성한 후 일과를 시작한다. 그날 해야 할 일이 무엇인지, 무엇을 먼저 해야 할지 일과표에 기록한다. 일과표에 따라 행동하는 것이 효율적이다. 오전에는 중요한 일이나 머리를 써서 해야 하는 일을 하고, 오후에는 반복적인 일이나 움직이는 일을 하는 것이 좋다.

4) 주어진 일에 몰두한다. 현재, 여기에 집중하라. 일에 방해되는 요소를 미리 차단하라.

5) 적절한 휴식을 취하고 기분전환을 한다. 효과적으로 재충전하면 짧은 시간에 더 많은 일을 할 수 있다.

6) 오늘 계획했던 일은 가급적 오늘 마친다. 내일에는 내일 할 일이

기다리고 있다.

7) 매일 자기계발 시간을 반드시 확보한다. 전문성 계발, 독서, 취미 생활을 향유한다.

8) 매일 건강증진을 위한 시간을 확보하고 실천한다. 건강하면 양질의 시간을 얻는다.

9) 효과적으로 의사소통을 하고 팀워크를 활용한다. 함께 일할 수 있는 능력을 키운다.

10) 직장생활, 가정생활, 개인생활의 조화를 이룬다. 세 가지는 서로 연관이 있다. 좋은 시간 관리는 삶의 여러 요소가 균형과 조화를 이루는 것이다. 토요일과 일요일을 잘 활용하면 평소 부족했던 가정생활과 개인생활을 위한 시간을 보충할 수 있다.

✔ 바쁜 사람을 위한 열 가지 시간관리 Tip

1) 여유를 가지고 깊이 생각하는 습관을 기른다. 시간은 마음이 느긋할 때 생긴다. 생각할 시간을 충분히 떼어놓아라. 자주 자신을 살펴보아라. 필요한 시간을 내는 가장 손쉬운 방법은 원하는 만큼의 시간을 사전에 뚝 떼어놓는 것이다.

2) 시곗바늘만 좇지 말고 시간을 지배하라. 자기만의 목표를 가지고 스스로 계획을 세워라. 시간에 끌려다니지 말고 주도적으로 행동

하라.

3) 우선순위를 지킨다. 일과표를 작성하고 그대로 진행하라. 우발적으로 일어나는 일들을 최소화하라. 그날의 우선순위를 지키도록 노력하라. 선택하는 능력과 거절하는 능력을 길러라. 자신이 통제할 수 있는 일만 일과표에 집어넣어라.

4) 아침에 한 시간만 빨리 일어나라. 그러면 아침에 여유를 갖게 되고, 하루를 순조롭게 진행할 수 있다. 저녁에도 늦게까지 일해야 한다면 낮잠을 15분 이상 자라.

5) 당장 할 일, 오늘 안에 할 일, 내일 해도 되는 일을 구분하라. 이것이 주어진 하루 24시간을 온전히 쓰는 첫걸음이다. 진짜 일과 바쁜 일을 구분하라. 진짜 일은 주요 목표와 직결된 것이며, 사업과 능력을 성장시킨다. 바쁜 일은 진짜 일을 회피할 별미를 제공한다. 지금 꼭 해야 하는 일이 아니라면 주저 없이 보류하라.

6) 장거리 슛보다 단거리 패스를 적극 활용하라. 거대한 목표를 달성 가능한 과제들로 세분화하라. 한 번에 한 가지 일만 하라. 한 단계를 성공적으로 완수하면 자부심을 느끼면서 기뻐하라.

7) '일당백이 미덕'이라는 생각을 버린다. 혼자 북 치고 장구 치지 마라. 위임할 것은 과감히 위임하고, 도움받을 것이 있으면 부끄러워하지 말고 요청하라.

8) 집중력을 기른다. 바쁘면 마음이 분산되기 쉽고 무엇을 해야 할지 몰라 허둥댄다. 하고 싶은 것을 정확하게 파악하면 해야 하는 것

이 분명해진다. 집중력을 배우면 분산된 에너지를 효율적으로 사용할 수 있다.

9) 휴식과 여가를 위한 짬을 의도적으로 갖는다. 일과 중 휴식 시간을 잘 지키며, 여가를 충분히 활용하라.

10) 미리 계획한다. 시간적 여유를 가지고 계획하고 차근차근 실행하면 서두르지 않고도 많은 일을 할 수 있다.

✅ 라이프스타일이 불규칙한 사람을 위한 열 가지 시간관리 Tip

1) 스케줄 중심이 아니라 일 중심이어야 한다. 일의 성격상 스케줄에 따라 진행하기 어려운 때도 있다. 일에 맞추어서 스케줄을 짜야 한다.

2) 중점 목표를 달성하도록 힘쓴다. 아무리 바빠도 우선순위를 지켜라.

3) 기상과 취침, 식사만큼은 일정한 시간에 한다. 이를 위해 자기 나름대로 시간표를 작성한다.

4) 하루에도 짧은 휴식을 여러 번 취한다. 생활이 불규칙하기 때문에 다른 사람보다 더 피곤을 느낄 수 있다. 이에 대처하는 비결은 틈나는 대로 쉬는 것이다.

5) 아무리 바빠도 어느 정도 여유 있게 행동하라. 급한 일이 몰아닥친

다 하더라도 심리적 여유는 항상 있어야 한다.

6) 일에 대한 사전준비를 철저히 하라. 평소에 앞을 내다보고 미리 준비한다면 일이 폭주해도 당황하지 않고 해낼 수 있다.

7) 일의 효율을 높여라. 현재의 일을 더 잘할 방법을 끊임없이 찾아라. 더 나은 방법은 항상 존재한다.

8) 변화를 잘 관리하라. 새로운 상황에 접할 때가 많다. 이에 잘 적응하지 못하면 스트레스가 쌓인다.

9) 인내력을 기른다. 불규칙한 생활로 미루어볼 때 일에서 지루함을 느낄 가능성이 크다. 일의 가치를 새롭게 인식하거나, 일의 방법을 달리하거나, 시간표를 다양하게 작성하라.

10) 삶의 균형을 유지하라. 한곳에 몰두하다 보면 균형을 상실할 우려가 있다. 건전한 균형감각을 갖고 직업 외에 가정, 건강, 사회활동 등 다른 방면에도 관심을 두어야 한다.

✔ 주부를 위한 열 가지 시간관리 Tip

1) 자신의 정체성을 분명히 하라. 그러면 당당한 모습으로 삶을 영위할 수 있다. 어느 유명인은 자신의 정체성을 "첫째는 좋은 아내가 되는 것, 둘째는 좋은 어머니가 되는 것, 셋째는 좋은 직장인이 되는 것이다"라고 말했다. 자신의 역할을 종이에 분명하게 기록하는

것이 좋다. 역할이 분명치 못하면 행동에 일관성이 없고, 우선순위가 뒤죽박죽된다.

2) 하루를 여유 있게 시작한다. 좀 일찍 일어나서 활동하는 것이 좋다.

3) 가족에게 도움을 최대로 요청한다. 당신이 해야 할 과제와 그 일을 완성하는 데 필요한 시간을 솔직하게 말해서 가족의 협조나 의견을 구하라. 이것은 이중의 효과가 있다. 하나는 가족이 당신에게 관심을 쏟는 것이며, 다른 하나는 당신의 수고와 시간이 절약되는 것이다.

4) 남편과 자녀에게 집안일 일부를 위임한다. 어느 주부의 경험담이다. 남편에게 집 안 청소를 시키고 적절한 칭찬을 한 번 해주었더니, 그다음부터는 시키지 않아도 남편이 즐겁게 청소를 하더란다. 주부는 남편이나 자녀가 효과적으로 시간을 관리할 수 있도록 훈련하는 교사이기도 하다. 어느 주부는 초등생 딸과 함께 요리한다. 시간도 절약되고 대화할 시간도 많아져서 일거양득이라고 한다.

5) 창의적인 일처리 방법을 개발한다. 예를 들면 복잡한 일을 단순하게 처리하기, 집중적으로 처리하기, 일괄적으로 처리하기, 병행하여 처리하기, 즉시 처리하기 등이다.

6) 단조롭고 무료한 시간을 예방한다. 같은 일이 반복되면 지루할뿐더러 일이 무의미하게 느껴진다. 이를 극복하기 위해 일의 개념을 바꾸고, 일의 시작과 끝맺음을 분명히 하라. 한 가지 일을 너무 오래 하지 마라. 취미 생활을 즐겨라. 도전적인 목표를 세워라. 다양

한 사람들과 접촉하라. 사소한 일도 의욕적으로 처리하라. 생기발랄하게 정신적인 젊음을 유지하라.

7) 변화를 잘 관리한다. 자녀 출생, 입학, 일가친척의 결혼 등 예측할 수 있는 변화와 더불어 갑자기 위기가 찾아올 수 있다. 무슨 일이든 침착하고 냉정하게 대처하라.

8) 감정을 잘 다스려라. 특히 여성은 감정이 너무 섬세하여 사소한 일에 민감하게 반응할 때가 많다. 똑같은 일에도 여성은 남성보다 두 배 이상 스트레스를 받는다고 한다. 사소한 일에 화내지 말라. 조그만 일에 불평하지 말라. 작은 일은 양보하라. 무시할 만한 일은 지나쳐라. 감정을 잘 관리하지 못하는 것은 큰 시간 낭비다.

9) 기록을 잘하라. 일과표 작성, 메모하기, 가계부 작성, 일기 쓰기 등 기록을 생활화하면 좋은 정보를 수집하는 것은 물론 실수도 예방할 수 있다.

10) 자신을 경작하는 데 많은 시간과 돈을 투자한다. 궁극적인 목표를 향해 전진하는 방법은 의도적으로 변화를 만드는 것이다. 박사학위가 있다 해도 자기 발전을 도모하지 않으면 5년 후에는 평범한 여자로 변할 것이다. 적어도 하루 1시간 이상 목적 있는 독서를 하라. 그리고 모든 수단을 통해 적극적으로 자기계발을 하라. 나이와 환경에 구애받지 않고 새로운 일을 시작할 수 있다면 보람차고 행복한 인생을 살아갈 수 있다.

✅ 독신생활자의 열 가지 시간관리 Tip

1) 장기계획을 분명하게 세운다. 10년 단위로 직업, 건강, 금전, 사회 활동 계획을 세우는 것이 좋다. 미래의 자기 모습이 초라하고 무력하지 않도록 지금부터 철저히 준비해야 한다.

2) 단기계획을 분명하게 세운다. 독신생활자들은 가족의 통제가 없는 탓에 자유분방하게 활동할 수 있는 이점이 있지만, 불규칙한 생활 습관을 형성하기 쉽다. 식사 시간, 취침 시간, 일하는 시간이 불규칙하면 삶의 리듬이 깨어질 우려가 있다. 그러므로 항상 표준시간표를 작성하여 규칙적으로 삶을 운영해야 한다.

3) 매일 저녁 가계부를 쓴다. 수입 지출을 세심하게 관리해야 한다. 충분히 저축하도록 한다.

4) 운동을 규칙적으로 한다. 운동은 건강과 젊음을 유지하는 데 필수 요소이다. 자기에게 맞는 운동을 선택하여 꾸준히 하라.

5) 시간표의 내용을 다양하게 짠다. 독신생활자는 결혼생활자에 비해서 단조롭게 살기 쉽다. 또 삶의 균형을 잃기 쉽다. 그러므로 다양한 활동을 통해 변화를 추구하는 습관을 지녀야 한다.

6) 좋은 취미를 갖는다. 다양한 취미도 좋지만, 현재 지위와 자아실현에 직접 도움이 되는 취미가 더욱 좋다. 취미로 돈도 벌 수 있다면 금상첨화이다. 독신생활자는 시간이 비교적 넉넉하므로 어학 공부, 악기 배우기, 부전공 개발, 애완동물 기르기 등을 하면 고독을

물리치는 데도 효과적이다.

7) 다양한 인간관계를 갖도록 의도적으로 노력한다. 독신생활자는 자신도 모르는 사이 고독에 익숙해져서 인간관계를 소홀히 할 가능성이 있다. 따라서 흉금을 터놓을 수 있는 친구와 정기적으로 만난다거나 부모 형제, 친척과 자주 접촉하는 노력이 필요하다. 동창회, 각종 동호회, 종교 모임에 적극적으로 참여한다.

8) 책을 많이 읽는 것은 물론 교양을 넓히는 일에 힘쓴다. 자기 자신을 열어놓고 넓은 세계와 대화할 기회를 늘 추구해야 한다. 시간을 허투루 쓰기보다는 성숙한 인격을 도모하는 데 할애하는 것이 바람직하다.

9) 늘 위기에 대처한다. 독신생활자는 자기에게 발생하는 문제를 민감하게 받아들이기 쉽다. 따라서 예기치 않게 찾아오는 위기를 위해 항상 준비해야 한다. 갑자기 아프거나 사고를 당했을 때, 자기를 보호해주고 도와줄 사람이 없으면 당황하게 된다. 만일을 대비해서 자기를 도와줄 사람을 평소에 정해 놓는 것이 좋다.

10) 주어진 자유를 십분 활용하여 자신만만하고 당당하게 살아간다. 자기에게 맞는 시간관리법을 고안하여 실천하면 훨씬 행복하고 보람차게 살아갈 수 있다.

✔ 학생을 위한 열 가지 시간관리 Tip

1) 공부에 대한 강박증을 갖지 않는다. 초연한 태도로 장기적인 공부 목표를 세워서 하나하나 달성해나가라.

2) 자신에 관한 정보를 정확히 안다. 의외로 자신도 모르는 습성이 많다. 기상과 취침 스타일, 성격, 학습 방식을 정확히 알아야 시간표를 효과적으로 짤 수 있다.

3) 자기에게 맞는 학습 스타일을 개발한다. 어느 시간에 어떤 과목을 공부하는 것이 가장 효율적인지 알아본다.

4) 단기 학습 목표를 세우고, 그것을 달성한다. 성취감을 느끼는 동시에 더 잘하려는 의욕이 생긴다.

5) 우선순위가 높은 과목을 공부하기 위해서 매일 특정 시간을 할애한다. 이를테면 '하루 최소한 2시간의 영어 학습 시간을 갖는다'고 시간을 미리 정해 놓는다.

6) 공부 시간과 휴식 시간을 적절하게 조절한다. 휴식 시간을 잘 지켜라. 공부와 휴식의 균형이 깨지면 몸 상태가 나빠진다.

7) 공부에 재미를 붙인다. 공부가 재미있으면 학습의 어려움이 어느 정도 해소된다. 재미없는 과목일지라도 재미를 붙여 가라.

8) 변화를 주면서 공부한다. 같은 과목을 2시간 이상 공부하지 말라. 또한, 비슷한 개념의 공부를 연속적으로 하지 말라.

9) 수업 시간을 효과적으로 이용하라. 특히 수업 시작 5분 전과 수업

종료 5분 전을 중요시하라. 시작하기 5분 전에는 배울 요점을 파악하고, 종료하기 5분 전에는 배운 요점과 강조점을 다시 확인하라.

10) 수면 시간을 효과적으로 관리하라. 일정한 시간에 자고 일정한 시간에 일어나라.

✅ 리더를 위한 시간관리 열 가지 Tip

1) 지도력이 미치는 범위를 파악한다. 위치를 분명히 알 때 어떻게 시간을 관리할지도 분명해진다.

2) 사소한 일을 최소화하고, 업무의 80% 이상을 지도력을 발휘하는 일에 할애한다.

3) 프라임타임을 고수한다. 하루 2시간 프라임타임을 정해서 가장 기본적이고 필수적인 일을 처리하라. 그 시간대가 침해당하지 않도록 보호하라.

4) 의사결정을 올바로 한다. 사소한 결정은 빠르게, 중요한 결정은 신중하게 한다. 우유부단한 태도는 금물이다.

5) 효과적으로 위임한다. 할 수 없는 일, 할 필요가 없는 일, 남이 더 잘할 수 있는 일은 과감하게 부하에게 위임하라.

6) 위기관리의 명수가 된다. 예기치 않게 발생하는 위기도 있지만, 주기적으로 발생하는 위기도 있다. 위기를 대처할 방안을 마련하면

많은 시간을 절약할 수 있다.

7) 계획할 시간을 충분히 갖는다. 리더는 창의적이어야 한다. 새로 운 생각을 하는 시간을 충분히 가져야 발전할 수 있고, 시행착오 를 줄일 수 있다.

8) 원활하게 의사소통한다. 부하들을 잘 이해하며 열린 마음으로 소 통하라.

9) 시간관리의 모범이 된다. 부하들에게 시간관리를 효과적으로 가 르쳐라.

10) 일중독에 빠지지 않는다. 리더는 일중독에 빠지기 쉽다. 일에만 몰 두하지 말고 가족과 함께하는 시간이나 휴식 시간도 충분히 내라.

학습과 토의를 위한 질문

1. 다양한 시간관리 비법 중 자신에게 해당되는 부분을 읽고, 자신만의 열 가지 시간관리 Tip을 만들어 보자.

2. 열 가지 시간관리 Tip을 다른 사람의 것과 비교해보자.

3. 이 책을 읽은 후 소감을 간략하게 적어라. 그리고 그 내용을 서로 나누어 보자.

17장
4차 산업혁명과 다가오는 평생학습 시대를 대비한 시간관리법

21세기 문맹인은 읽고 쓸 줄 모르는 사람이 아니다.
배운 것을 잊고 새로운 것을 배울 수 없는 사람이다. – 앨빈 토플러
The illiterate of the 21st century will not be those who cannot read and write,
but those who cannot learn, unlearn, and relearn. – Alvin Toffler

✅ 4차 산업혁명이란?

2016년 1월 스위스의 다보스에서 열린 세계경제포럼에서 '4차 산업혁명의 이해'가 의제로 떠오르면서 4차 산업혁명에 대한 관심이 촉발되었다.

4차 산업혁명이란 1700년대 후반 영국에서 시작된 증기기관과 기계화로 대표되는 1차 산업혁명, 1800년대 후반 전기를 이용한 대량생산이 본격화된 2차 산업혁명, 1969년부터 시작된 컴퓨터 정보화 및 자동화 생산 시스템이 주도한 3차 산업혁명에 이어 로봇이나 인공지능을 통해 실제와 가상이 통합돼 사물을 자동적, 지능적으로 제어할 수 있는 가상세계와 현실세계의 물리 시스템의 구축이 기대되는 산업상의 변화라고 할 수 있다.

4차 산업혁명이 3차 산업혁명과 구분되는 또 다른 산업혁명으로 간주되는 가장 큰 이유는 기술 변화가 전례 없이 빠른 속도로, 전 방위적으로 이뤄지고 그 영향이 광범위하기 때문이다.

4차 산업혁명의 핵심적인 과학기술은 인공지능(AI)을 비롯하여 로봇공학, 나노기술, 3D 프린팅, 사물인터넷(IoT), 빅데이터, AR, VR, 바이오엔지니어링 등이 주도하고 있다고 해도 과언이 아니다. 이러한 기술들은 서로 융합적으로 작용하여 빠른 속도로 서로의 영역을 확장하고 있다.

또한 공유경제(sharing economy), 블록체인의 부상으로 새로운 경제적 가치가 창출되고 있다.

4차 산업혁명이 불러올 변화는 과연 긍정적일까, 부정적일까? 이전의 3번의 산업혁명기를 되돌아보면 혁신적인 기술의 등장은 새로운 일자리를 비롯해 무한한 기회를 창출하지만 동시에 일자리를 파괴하는 등 많은 사람의 삶의 터전을 송두리째 흔들어 버릴 수도 있다.

따라서 정부나 기업뿐 아니라 모든 사람은 4차 산업혁명이 가져올 미래를 다양한 시각에서 분석하고, 그 결과를 바탕으로 충분히 대비해야 할 것이다.

✔ 4차 산업혁명이 직업의 판도에 미칠 영향

일반적으로 기술력 발전 결과에 따른 노동력 절감을 통한 효율성 개선 속도는 기술 발전으로 인한 새로운 일자리 창출 속도보다 빠르다. 그렇기 때문에 기술 변화가 일어나면 일자리 파괴가 먼저 나타나고 그 다음에 일자리 창출이 따라온다.

역사적으로 급진적인 기술 변화는 사회 불안과 불만의 원인을 제공했다. 영국의 직물공업지대에서 일어난 기계 파괴 운동(러다이트 운동, Luddite movement, 1811~1817년)이 그것을 보여주는 역사적 사례이다.

산업혁명이 진행돼 직물공업에 기계가 보급되는 한편, 나폴레옹 전쟁의 영향으로 경제가 불황에 빠져 실업자가 증가하고 물가가 나날이 오르자 근로자들은 실업과 생활고의 원인을 기계 탓으로 돌리며 기계 파괴 운동을 일으켰다.

이후 기술 혁신에 대한 반응은 그리 부정적이지 않았지만 기술 변화로 기업이 망하고 실업자가 대량으로 발생한 일이 있었기 때문에 산업 혁명기의 기술의 급진적인 변화는 사회 불안을 일으키는 중요한 잠재적 원인이 되어왔다.

4차 산업혁명기의 일자리 변화 동향에 따른 특징은 다음과 같다.

첫째, 4차 산업혁명으로 전체 일자리는 늘어난다 하더라도 그것이 과학기술 고급 일자리와 저급 일자리에 편중되고 중급 일자리가 크게 줄어든다면 일자리의 양극화가 심화되고 많은 사람의 삶의 질이 떨어질 수 있다.

둘째, 이전의 일자리가 없어지고 새로운 일자리의 창출 과정은 특정 근로자, 기업, 사회에는 고통스럽고 힘든 사회 · 경제적 조정을 필요로 한다.

셋째, 4차 산업혁명 시기에는 평생직업의 개념은 사라지고 평생학습의 개념이 더욱 중요해진다.

4차 산업혁명의 시대는 평생학습의 시대, 즉 새로운 정보, 기술 등이 매우 빠른 속도로 등장하므로 인생의 모든 기간 동안 학습이 필요한 시대이다.

따라서 자신에게 필요한 새로운 정보와 기술을 발 빠르게 찾아서 스스로 학습하는 능력이 어느 때보다 중요하다.

✔ 4차 산업혁명기에 필요한 역량

21세기에는 지식의 양이 폭발적으로 증가하여 2020년에는 인류의 모든 지식이 73일만에 2배로 증가한다고 한다. 이제는 지식을 단순히 암기하는 관점에서 벗어나야 한다.

따라서 기존의 지식뿐 아니라 필요한 정보와 지식을 스스로 찾아 학습하고, 실제적인 문제를 창의적으로 해결하는 데 활용하는 창의 융합적 역량이 필요하다.

전 세계적으로 유명한 글로벌 기업들이 요구하는 인재상은 무엇일까? 4차 산업혁명 시대에 필수적인 역량은 어떤 것일까? 〈사회구조 변화와 고용서비스 인력의 전문성 확보를 위한 고용정보원의 역할〉(임승빈, 2016)에서는 미래 일자리의 9가지 핵심 직무 능력을 다음과 같이 제시하였다.

미래 일자리의 9가지 핵심 직무 능력

기본 능력

인지 능력
· 인지 유연성
· 창의성
· 논리력
· 문제인식 감수성
· 수리력
· 시각화 능력

신체 능력
· 육체적 힘
· 신체 동작의 정교함과 정확성

기본적 직무 능력

업무 내용 관련 역량
· 능동적 학습
· 구술 표현력
· 독해력
· 작문 표현력
· ICT 이해도

업무 처리 관련 역량
· 능동적 경청
· 비판적 사고
· 자기 모니터링과 타인 모니터링

직능을 넘나드는 직무 능력

사회관계 역량
· 협동 능력
· 감성 지능
· 협상력
· 설득력
· 서비스 지향성
· 타인 교육훈련 능력

시스템적 역량
· 판단력과 의사결정력
· 체계 분석력

복합적 문제 해결 역량

자원관리 역량
· 재무자원 관리
· 물질자원 관리
· 인적 관리
· 시간관리

테크놀로지 역량
· 장비 유지 및 보수
· 장비 작동 및 제어
· 프로그래밍
· 품질관리
· 기술 및 UX 디자인
· 기술적 문제 해결

그중에 직능을 넘나드는 직무 능력에 사회관계 역량, 시스템적 역량, 복합적 문제 해결 역량, 자원관리 역량, 테크놀로지 역량 카테고리가 있다.

자신에게 주어진 자원을 활용하는 역량도 미래 일자리의 매우 중요한 핵심 직무 능력임을 알 수 있다. 특히 시간관리 역량도 자원관리 역량에 포함된다.

✅ 4차 산업혁명기와 시간관리 역량

4차 산업혁명 시기에 꼭 필요한 자원관리 역량 중 하나인 시간관리 역량을 어떻게 키울 수 있을까?

요즘은 정보가 홍수처럼 쏟아지는 시대이므로 어느 때보다 자신의 목표가 뚜렷해야 한다. '어디로 노 저어 가는지 알지 못하면 어떤 바람도 이롭지 않다'라는 명언이 있듯이 자신이 추구하는 인생의 방향이 명확해야 한다. 직업은 다이내믹하게 변화할 수 있으나 핵심적인 역량은 한 번 갖추면 쉽게 변화하지 않는 능력이다.

시간관리 측면에서는 '선택과 집중'이 더욱 중요해졌다. 모든 것을 완벽하게, 고르게 하기 어렵다면 자신이 정말 중요하다고 생각하는 방향, 역량을 위해 시간을 투자해야 한다. 이러한 시간 투자 방향을 생각하고 실천하는 역량이야말로 4차 산업혁명 시기에 꼭 필요한 시간관리 역량이다.

미래는 매우 변동성이 큰 시대이므로 미래를 위해 현재의 행복을 미루는 것보다는 순간순간 최선을 다해 살아야 한다. 현재 행복한 삶을 살아야 미래에도 행복할 수 있다.

시간도 자신이 사용할 수 있는 중요한 자본 중 하나이므로 이러한 자본을 어떻게 하면 효율적으로, 효과적으로 활용할 수 있는지에 대해 지혜롭게 판단하고 생각하는 자세가 필요하다. 우선순위를 설정할 때 긴급하지는 않지만 정말 중요한 것들, 예를 들면 가족과의 여행과 같은 것의 우선순위가 중요하지는 않지만 긴급한 것에 밀리지 않아야 할 것이다.

새로운 트렌드의 변화에 민감해야 하며, 새롭게 등장하는 기술, 정보를 학습하는데 시간을 투자해야 할 것이다. 더 나아가서는 기존의 트렌드를 따라가기보다는 자신만의 스토리, 자신만의 트렌드를 창조하는 사람이 되어야 한다.

제너럴 어셈블리, 플루럴사이트, 유다시티, 코세라 같은 온라인 대중 공개강좌(무크, Massive Open Online Courses)와 같은 대중 공개강좌 플랫폼은 4차 산업혁명이 요구하는 신기술들을 중심으로 근로자가 필요한 교육을 온라인에서 받을 수 있는 기회를 제공하고 있다. 일부 단기 프로그램들은 과정 수료 시 수료증을 발급해 경력관리에도 도움을 준다.

이러한 새로운 학습 방식에도 자신의 시간을 기꺼이 투자해야 한다. 4차 산업혁명이 위기가 될지, 기회가 될지는 각자의 선택에 달려 있다.

오직 내가 도달할 수 있는 높이까지만

나는 성장할 수 있다.

오직 내가 추구하는 거리까지만

나는 갈 수 있다.

오직 내가 살펴볼 수 있는 깊이까지만

나는 볼 수 있다.

오직 내가 꿈을 꾸는 정도까지만

나는 될 수 있다.

학습과 토의를 위한 질문

1. 여러분이 생각하는 4차 산업혁명의 정의는 무엇인가?

2. 미래사회에 사라질 직업과 새로 생겨날 직업의 예를 각각 3가지만 들어보자.

3. 미래 일자리의 9가지 핵심 직무 능력 중 나의 강점 영역과 약점 영역은 무엇인가?

4. 자원관리 역량 중 시간관리 역량을 키우기 위한 구체적 실천 방법은 무엇인가?

부록

1. 주간계획표

주간계획표 (월 일 ~ 월 일)

	월		화
아침		아침	
7		7	
8		8	
9		9	
10		10	
11		11	
12		12	
1		1	
2		2	
3		3	
4		4	
5		5	
6		6	
7		7	
저녁		저녁	
기타		기타	

이번 주 주요 목표

1.

2.

3.

4.

5.

6.

7.

이번 주 주요 회의, 모임, 약속

1.

2.

3.

4.

5.

6.

7.

수		목		금		토		일	
아침		아침		아침		아침		아침	
7		7		7		7		7	
8		8		8		8		8	
9		9		9		9		9	
10		10		10		10		10	
11		11		11		11		11	
12		12		12		12		12	
1		1		1		1		1	
2		2		2		2		2	
3		3		3		3		3	
4		4		4		4		4	
5		5		5		5		5	
6		6		6		6		6	
7		7		7		7		7	
저녁		저녁		저녁		저녁		저녁	
기타		기타		기타		기타		기타	

2. 일일계획표

일일계획표 A

시간	활동 월 일 요일
아침 시간	
오전 8:00 ~ 12:00	
점심 시간	
오후 1:00 ~ 6:00	
저녁 시간	
약속, 모임, 기억해야 할 것들	

일일계획표 B

■ **해야 할 일**(오늘의 주요업무)

_____

_____

_____

_____

_____

_____

■ **회의, 모임, 약속**

_____

_____

■ **만나야 할 사람**

_____

_____

_____

_____

■ **전화할 곳**

누구에게 : _____

전화번호 : _____

■ **기타**

_____

_____

6 : 00	_____
:30	_____
7 : 00	_____
:30	_____
8 : 00	_____
:30	_____
9 : 00	_____
:30	_____
10 : 00	_____
:30	_____
11 : 00	_____
:30	_____
12 : 00	_____
:30	_____
1 : 00	_____
:30	_____
2 : 00	_____
:30	_____
3 : 00	_____
:30	_____
4 : 00	_____
:30	_____
5 : 00	_____
:30	_____
6 : 00	_____
:30	_____
7 : 00	_____
:30	_____
8 : 00	_____
:30	_____
9 : 00	_____
:30	_____
10 : 00	_____
:30	_____
11 : 00	_____
:30	_____
12 : 00	

참고문헌

- 유성은 지음, 《시간관리와 자아실현》, 숭문출판사, 1988
- 유성은 지음, 《시간관리와 업무혁신》, 산업경영연구원, 1991
- 유성은 지음, 《시간소프트》, 21세기북스, 1992
- 유성은 지음, 《현대여성의 시간관리》, 생활지혜사, 2003
- 유성은 지음, 《시간관리와 자아실현》(개정판), 중앙경제평론사, 2006
- 유성은 지음, 《한국인이 꼭 알아야 할 행복습관》, 중앙경제평론사, 2012
- 유성은 지음, 《성공하는 사람들의 시간관리 습관》, 중앙경제평론사, 2013
- 유성은 지음, 《사장의 시간학》, 팬덤북스, 2014
- 유성은 지음, 《돈이 모이는 시간사용법》, 대림북스, 2015
- 유성은 지음, 《이순신처럼 생각하고 리드하라》, 평단문화사, 2015
- 유성은 · 유미현 지음, 《청소년을 위한 시간관리와 공부비법》, 평단문화사, 2015
- 김찬배, 《개인과 회사를 살리는 변화와 혁신의 원칙》, 시대의 창, 2003
- 나카무라 슈지 지음, 《끝까지 해내는 힘》, 비즈니스북스, 2015
- 민재형 지음, 《생각을 경영하라》, 청림출판, 2014
- 서정명 지음, 《워렌 버핏처럼 부자되고 반기문처럼 성공하라》, 무한, 2008

- 스튜디오 해닮 지음, 《Who? 드와이트 아이젠하워》, 다산어린이, 2013
- 앨런 라킨 지음, 《시간을 지배하는 절대법칙》, 디엔씨미디어, 2012
- 월간 《좋은생각》, 2015. 8월호
- 이용태, 〈습관을 바꾸면 인생이 달라진다〉, KBS 1TV '아침마당 목요특강', 2011. 6. 9
- 전용재 외 지음, 《2014 하늘양식》, 도서출판 kmc, 2013
- 카슨 테이트 지음, 《바쁘지 마라, 일을 부려라》, 알에이치코리아, 2015
- THEODORE KINNI · DONNA KINNI 지음, 《맥아더의 승리하는 리더십》, 북코리아, 2010
- 〈매일경제〉, 기사, 2014. 1. 24
- 〈매일경제〉, 기사, 2014. 10. 15
- 〈조선일보〉, 기사, 2014. 2. 25
- 〈중앙일보〉, 기사, 2015. 12. 11
- EBS, '5분 사탐경제', 2014. 5. 23

중앙경제평론사 Joongang Economy Publishing Co.
중앙생활사 | 중앙에듀북스 Joongang Life Publishing Co./Joongang Edubooks Publishing Co.

중앙경제평론사는 오늘보다 나은 내일을 창조한다는 신념 아래 설립된 경제·경영서 전문 출판사로서
성공을 꿈꾸는 직장인, 경영인에게 전문지식과 자기계발의 지혜를 주는 책을 발간하고 있습니다.

인생을 바꾼 시간관리 자아실현 〈개정증보판〉

초판 1쇄 발행 | 2016년 6월 28일
초판 3쇄 발행 | 2017년 2월 20일
개정증보판 1쇄 발행 | 2018년 9월 20일
개정증보판 2쇄 발행 | 2020년 7월 10일

지은이 | 유성은(SeongEun Yoo)·유미현(MiHyun Yoo)
펴낸이 | 최점옥(JeomOg Choi)
펴낸곳 | 중앙경제평론사(Joongang Economy Publishing Co.)

대   표 | 김용주
편   집 | 한옥수·유라미
디자인 | 박근영
마케팅 | 김희석
인터넷 | 김회승

출력 | 한영문화사   종이 | 한솔PNS   인쇄·제본 | 한영문화사

잘못된 책은 구입한 서점에서 교환해드립니다.
가격은 표지 뒷면에 있습니다.

ISBN 978-89-6054-207-5(03320)

등록 | 1991년 4월 10일 제2-1153호
주소 | ㉾ 04590 서울시 중구 다산로20길 5(신당4동 340-128) 중앙빌딩
전화 | (02)2253-4463(代)   팩스 | (02)2253-7988
홈페이지 | www.japub.co.kr   블로그 | http://blog.naver.com/japub
페이스북 | https://www.facebook.com/japub.co.kr   이메일 | japub@naver.com
♣ 중앙경제평론사는 중앙생활사·중앙에듀북스와 자매회사입니다.

Copyright ⓒ 2016 by 유성은·유미현
이 책은 중앙경제평론사가 저작권자와의 계약에 따라 발행한 것이므로 본사의 서면 허락 없이는
어떠한 형태나 수단으로도 이 책의 내용을 이용하지 못합니다.

※ 이 도서의 국립중앙도서관 출판시도서목록(CIP)은 서지정보유통지원시스템 홈페이지(http://seoji.nl.go.kr)와
국가자료공동목록시스템(http://www.nl.go.kr/kolisnet)에서 이용하실 수 있습니다.(CIP제어번호:CIP2018025491)

중앙경제평론사에서는 여러분의 소중한 원고를 기다리고 있습니다. 원고 투고는 이메일을 이용해주세요.
최선을 다해 독자들에게 사랑받는 양서로 만들어드리겠습니다. **이메일 | japub@naver.com**